지혜만찬

한창덕

1955년 서울 뚝섬에서 나서 살고 있다. '믿음으로 일하는 자유인'을 가르치는 신일고를 다녔고, 6백여 년 유교 전통의 뿌리를 가진 성균관대학교에서 정치외교학을 배우고, '진리가 너희를 자유케 하리라'는 연세대학교에서 행정대학원을 졸업하고, 주경야독으로 성균관 한림원에서 유학을 공부했다. 30년 사무직 직장생활을 마치고 만학으로 서강대학교에서 종교학 석사과정을 이수했다. 20대에 시작한 기독교 신앙생활은 여전히 삶의 중심이다. 가까운 서울숲 산책으로 일과를 삼고 틈틈이 주식투자도 하며 인생살이를 배운다. 평안이 있는 삶을 늘 상상하며 특별히 종교적 관점에서 존엄사 문제에 관심을 두고 있다.

• 대한예수교장로회 조양교회 은퇴장로
• 〈지혜로 쓴 오랜 편지〉 저서
• 〈동아시아의 종교〉(H.G. 언더우드 저) 번역서
• E-mail : hchangd@yonsei.ac.kr

◆ 표지사진 제작: 김영숙

지혜만찬

ⓒ 한창덕, 2025

초판 1쇄 발행 2025년 3월 6일

지은이   한창덕
펴낸이   이기봉
편집   좋은땅 편집팀
펴낸곳   도서출판 좋은땅
주소   서울특별시 마포구 양화로12길 26 지월드빌딩 (서교동 395-7)
전화   02)374-8616~7
팩스   02)374-8614
이메일   gworldbook@naver.com
홈페이지   www.g-world.co.kr

ISBN   979-11-388-3806-1 (03100)

지혜만찬

Wisdom Feast

성현들이 보낸
오랜 편지

한창덕 지음

좋은땅

서문

　기독교 성경, 불교 불경, 유교 경전을 여러 해 뒤적이면서 문득 이런 상상을 해보았다. 어느 날 예수, 부처, 공자 세 분이 제자들을 데리고 함께 저녁 만찬을 하셨는데 필자는 그 자리에 물시중을 들면서 그분들이 나누는 담소를 귀동냥으로 듣는 복을 누렸다. 보석처럼 빛나는 그 말씀들이 혼자 듣기 아깝다는 생각에 나름대로 정리해서 쓴 책이 〈지혜로 쓴 오랜 편지〉다. 따져보니 얼추 20년 가까운 작업시간이 걸린 것 같다. 지금은 절판되어 사라진 기록들이 아쉬움으로 남아 이제 다시 제목을 바꾸고 조금 다듬어 개정판을 내게 되었다.

　성현들의 가르침 속에 담겨 있는 지혜의 말씀들을 되새기며 평안을 그려본다. 그 말씀들이 험한 세상을 살아가는 인생살이에 조금이나마 위로가 되고 쉼이 되기를 바라는 마음이다.

2025년 3월 서울숲 아파트 우거에서

저자 한창덕

　우리는 매일 어떻게 살까를 궁리하며 산다. 무엇을 해서 먹고살지를 걱정하며 생활이 안정되기를 바라고 형편이 나아지면 즐길 만한 것이 어디 있나 찾는다. 잘산다는 기준은 시대에 따라 사는 곳에 따라 다르지만 기본적으로는 먹고살기의 해결이 우선이다. 최근 이 사회가 겪고 있는 4차 산업혁명이라는 현상은 문명사에 신기원을 이루는 변혁이 될 전망이다. 과학의 발전은 일차적으로 먹고사는 문제를 해결하기 위한 것이지만 이제는 인간의 정체성을 바꿀 만큼 충격으로 다가오고 있다. 2050년쯤 가면 휴머노이드라는 로봇과 결혼이 허용되는 사태가 벌어지리라는 예측이 나오니 앞으로 상상을 초월한다는 말을 실감하며 살게 될 날이 멀지않았다.

　천지가 개벽한다는 옛말이 현대에 어울리는 표현인 것같은데 그래도 아직까지 변함없는 사실이 있다. 이는 모든 살아 있는 생명이 마주쳐야 할 공동의 운명이다. 운이 좋아 놀고먹는 사람이나 팔자가 사나워 먹고살기에 급급한 사람이나 우주의 시간 속에서 보면 짧은 생을 살다 간다는 점에서는 한가지다. 첨단문명을 누리며 살든지 뒤쳐져서 허덕이든지 결국은 어디인가 모르는 한 곳에서 만난다. 수명을 연장하는 연구가 성공한다고 해도 기껏 몇십 년의 차이일 뿐이다. 언제부턴가 백세인생이 긍정적인가에 회의론이 등장하고 요즘은 웰다잉이 화제가 되고 있다.

그래서 새삼 떠올리는 생각이 왜 사는가 하는 물음이다. 즐거움도 잠깐이고 괴로움도 잠깐이라면 뭘 그렇게 애를 쓰며 살아야 되는지. 내일은 누구도 장담할 수 없는데 천년만년 살 것처럼 한껏 교만을 부리고, 당장이라도 세상이 망할 것처럼 낙담하며 한숨짓기도 한다. 어떻게 살까의 문제로 본다면 인간은 스스로 제어하기 어려울 만큼 앞서 나가 있다는 것이 전문가들의 진단이다. 편리함을 꿈꾸며 만든 인공지능이 세상을 지배하고 인간은 종의 신세로 전락할 것이라는 공상과학이 실제가 될까 염려되고, 지구 전체를 수십 번 파괴하고도 남는다는 핵무기의 위력에 제대로 대처해서 살아남을 수 있을지도 의문이다. 세상에서 가장 무서운 일은 상상하지 못했던 일이 닥치는 것이라는데 정말로 그런 일이 일어나기 전에 왜 사는가를 되짚어보는 성찰이 있어야 할 듯하다.

다행히 인류에게는 성찰의 대가들이 오래전에 남겨 준 위대한 유산이 있다. 바로 '종교적 지혜'인데 불행히도 현대사회에 오면서 퇴색하는 경향이 있다. '종교적'이라는 말에 거리감이 있는 이유는 아마도 완고한 진리 의식 때문이 아닌지 모르겠다. 절대적 신뢰와 순종을 요구하는 종교적 진리는 맹목적인 추종자들이 보이는 배타성으로 인해서 합리적인 현대인의 관심으로부터 멀어지고, 여기에 학문적, 문화적 성과에 고무된 휴머니즘의 발달이 그러한 경향을 부추기는 측면이 있는 것 같다. 하지만 옛 성인들의 가르침에는 완고하고 배타적인

지혜만찬

말씀만 있는 것이 아니고 서로 공감할 수 있는 부분이 더 많으며 또한 품격을 높여주는 인간중심사상이 깊이 깔려있음을 여러 경전에서 살펴볼 수 있다.

먹고사는 문제로 고단하고 일상이 위태로워 보이는 세상에 살면서 평안이 있는 삶을 꿈꾸며 다시금 성현들이 보낸 오랜 편지를 뒤적여 보았다. 성경, 불경, 유교 경전 속에 예수, 부처, 공자의 말씀이 보석처럼 빛난다. 그것을 지혜라는 그릇으로 담아서 함께 나누고 싶었다. 무식하면 용감하다고 능력이 미치지도 않으면서 거리낌 없이 해 보았지만 공자의 말씀처럼 군자의 행보라면 어림없을 일이었다.

한없이 어렵고 심각한 문제들을 단순하게 풀어 보았는데, 큰 줄거리로 보자면 종교를 지혜로 이해해 보려는 시도다. 쇠퇴하는 경향이 있기는 하지만 종교는 여전히 무진장한 지혜의 보고다. 종교적으로 우리의 상황은 매우 특이하다. 세 줄기로 나뉘어서 기독교와 불교가 신앙으로 양립하고, 유교가 사상의 저변을 이루고 있는 모습이 평범한 현상이 아니다. 종교는 궁극적으로 진리를 찾아가는 여정이라는데 여러 종파에서는 각기 다른 절대 진리를 설파한다. 자칫하면 충돌을 면하기 어렵고 갈등이 발생할 여지도 많다. 하지만 반대로 생각해 보면 이런 상황은 다양한 깨달음을 경험할 수 있는 기반이 될 수 있다. 단일종교사회에서는 접해 볼 수 없는 희귀한 여건을 갖추고 있는 셈이다. 갈등의 요소를 잘 소화한다면 높은 수준의 정신세계를 누릴 기회가 될 수 있을 것이다.

그런 의도에서 첨예한 진리 문제는 접어두고 대신 지혜라는 관점에서 세 종교를 들여다보았다. 그 안에 말씀들이 서로 통하는 모습을 보인다. 자의적인 해석이 되겠지만 같은 뜻에 부합하고 공감할 수 있는 구절들을 모았다. '참음', '만족', '중용' 세 가지를 공통적으로 추구하는 덕목에 선정하고 실천과정에서 핵심 역할을 하는 '베풂'을 추가했다. 여기에 각 경전에서 뽑아온 말씀을 인용하여 정리하고 나름의 설명으로 앞뒤에 사족을 달았다.

현대인은 어느 때보다 지식에 목말라 하지만 사실 진정으로 찾고자 하는 목표는 지식 자체라기보다 그 너머에 있는 지혜가 아닐까 생각한다. 대부분 지혜라고 하면 처세술에 가까운 경향을 보인다. 여기에 더하여 종교적 지혜는 삶에 대한 깊은 성찰을 담고 있으면서 지식만으로 깨우칠 수 없는 평안의 길을 가르쳐 준다. 경전은 고전 중의 고전이라고 할 수 있는 위대한 영적 유산이다. 이를 통해서 생각을 밝히고 위안이 되는 가르침을 찾아보는 일은 정보와 지식에 맹종하며 각박해져 가는 현실에서 생명과도 같은 쉼을 얻을 수 있는 좋은 수행이 되리라 믿는다.

서로 공감할 수 있는 말씀을 통해 깨달음을 얻고 다양한 시선으로 인생을 관조해 보는 시도는 독특한 환경이 낳은 산물이라고 할 수 있다. 그리고 다종교사회에서는 필요한 작업이기도 하다. 그 사회의 일원이며 종교인의 한 사람으로서 이러한 작업이 성과가 있기를 바라는 마음 간절하다. 하지만 좁은 소견에 여기저기 오류도 많고 지혜를 논하기에 부족한 면이 많음을 고백하지 않을 수 없다. 짧지 않은 생

지혜만찬

을 살아오며 깨우침을 찾아보려고 노력한 흔적으로 너그럽게 보아주시기를 바랄 뿐이다.

험한 인생길에 지치고 곤한 영혼을 이끌고 평안의 길을 찾아 나선 모든 님들에게 이 책을 바친다.

2017년 10월 서울숲 아파트 우거에서

저자 한창덕

차례

서문   *04*

지혜로 쓴 오랜 편지 서문   *05*

1장 ——————————————

인생살이

1. 괴로움   *16*

2. 귀함   *24*

3. 목숨   *27*

4. 어리석음   *32*

2장 ——————————————

종교

1. 프롤로그   *38*

    1) 행복   *38*

    2) 절대성   *43*

    3) 선택   *47*

    4) 본질, 형식   *50*

    5) 윤리   *57*

6) 심성   61

7) 죽음   64

2. 발단   69

1) 시초   69

2) 기복   71

3) 신비   74

3. 깨달음   82

1) 새종교   82

2) 사람   89

3) 인생   96

4) 마음   104

3장 —————————————————

지혜

1. 일반적 이해   114

1) 통찰력   114

2) 유익   118

3) 학문   122

2. 종교적 지혜   127

1) 위로부터   127

2) 사람중심   134

3) 초월적 능력   139

3. 유사 개념들   146

1) 기술   146

2) 지식   151

3) 진리   156

4장 —————————————————————————————

지혜바다

1. 참음   165
1) 참는 자   165
2) 화   168
3) 오래참음   178
4) 인욕   185
5) 충서   191
2. 만족   195
1) 족함   195
2) 욕망   198
3) 재물   212
4) 불만   224
3. 중용   233
1) 치우침   233
2) 중도   248
3) 중용   257

5장 —————————————————————————————

지혜&삶

1. 지혜로움   274
2. 행함   278
1) 지행합일   278
2) 베풂   283

3) 보시   291

3. 영성   298

  1) 영혼   298

  2) 희생   305

  3) 평안   312

4. 정진   321

  1) 노력   321

  2) 믿음   332

6장

에필로그

1. 일장춘몽   340

2. 상상   347

3. 영원   354

인용경전   366

1장

인생살이

1. 괴로움

마음을 다하며 지혜를 써서 하늘 아래에서 행하는 모든 일
을 연구하여 살핀즉 이는 괴로운 것이니 하나님이 인생들
에게 주사 수고하게 하신 것이라

〈구약성경 전도서〉

하나님의 섭리가 그러하니 누구든 아픈 손가락 하나쯤 다 갖고 산
다. 인생이 무엇이냐고 하면 철학적이거나 감상적인 답을 생각하기
쉽다. 그러나 살기가 어떠냐는 물음에는 현실적인 문제들이 떠오른
다. 여러 가지가 얽혀있지만 인생살이를 단순하게 말하자면 먹고살
기다. 형편이 괜찮으면 살 만하다고 하고 그렇지 않으면 살기 힘들다
고 말한다.

어느 때 부처님께서는 사위국 승림급고독원에 계실 때 생
문 바라문이 와서 물었다 고타마시여 집에 있는 사람은 어
떤 괴로움이 있으며 집을 나와 도를 배우는 사람은 어떤

지혜만찬

괴로움이 있나이까 집에 있는 사람은 재물과 곡식 하인 등을 소유하지 못하게 되면 괴로워하고 슬퍼한다 그리고 출가하여 도를 배우는 사람은 그 행이 탐욕과 성냄과 어리석음을 따르게 되면 괴로워하고 슬퍼한다 어찌하여 그러한가 집에 있으면서 부모와 처자식을 부양하려면 재물이 있어야 하는데 재물이 붙지 않으니 괴로울 수밖에 없다 돈이 없어서 배를 곯고 있는 식구들을 바라보는 일은 큰 고통이요 슬픔이 아닐 수 없고 추운 방에서 지낸 탓으로 발이 얼어 터지는 것도 큰 고통이 아닐 수 없다 또 부부간에 의견충돌이 잦거나 고부간에 갈등이 심해 가정불화를 겪는 것도 큰 고통이다 그리고 3독을 끊고 마음이 안온을 얻고자 출가 수행하는 이는 자꾸 3독심에 끌려 다니게 되면 이 또한 큰 괴로움이다

〈중아함경 하고경〉

사위국은 인도 중북부 코살라국의 수도이고 승림급고독원은 기수급고독원이라고도 하며 줄여서 기원정사라고 한다. 마가다국의 수도 왕사성에 있는 죽림정사와 더불어 불교의 2대정사로 부른다. 죽림정사는 부처가 초기에 머물던 곳이고 기원정사는 후기에 오랫동안 머물며 불도를 가르쳤던 사원이다. 3독심이란 탐(貪), 진(瞋), 치(癡) 즉 탐욕, 성냄, 어리석음을 말한다. 인생살이의 괴로움을 해결하려고 출가한 사람마저 괴로움이 있다고 하니 하늘 아래 모든 일이 괴로움이

라는 말씀이 틀리지 않은가 보다. 먹고사는 문제와 상관없이 인간관계에서 생기는 불화는 또 다른 괴로움이다. 인생살이가 자체로 괴로움이라면 삶의 의미를 찾기가 쉽지 않다. 인생의 고통을 극단적으로 경험했던 어떤 사람이 살아 있음을 한탄하며 부르는 '탄식시'가 성경에 있다.

어찌하여 내가 태에서 죽어 나오지 아니하였던가 어찌하여 내 어머니가 해산할 때에 내가 숨지지 아니하였던가 어찌하여 무릎이 나를 받았던가 어찌하여 내가 젖을 빨았던가 그렇지 아니하였던들 이제는 내가 평안히 누워서 자고 쉬었을 것이니… 나에게는 평온도 없고 안일도 없고 휴식도 없고 다만 불안만이 있구나

〈구약성경 욥기〉

괴로움뿐인 인생이라면 살아있다는 사실이 원망스럽고 차라리 태어나지 않은 자가 더 복되다는 한탄도 나온다.

그러므로 나는 아직 살아있는 산 자들보다 죽은 지 오랜 죽은 자들을 더 복되다 하였음이 이 둘보다도 아직 출생하지 아니하여 해 아래에서 행하는 악한 일을 보지 못한 자가 더 복되다 하였노라

〈구약성경 전도서〉

지혜만찬

얼마나 힘이 들고 괴로우면 이미 죽은 자들을 부러워하고 아직 태어나지 않는 자를 복되다고 할까. 세상은 매일 당하고 싶지 않은 악한 일로 넘쳐난다. 흔히 먹고살 만하다는 말은 일차적으로 물질의 풍족함을 말한다. 불행하게도 세상에는 먹고살 만하다는 사람보다 그렇지 않은 사람이 더 많은 것 같다. 당장은 괜찮아도 내일 걱정이 앞서고 또 잘난 사람과 비교하다 보니 늘 부족하다고 느낀다.

> 사는 데 꼭 필요한 것은 물과 빵과 옷 그리고 알몸을 가려
> 줄 집이다
>
> 〈가톨릭성경 집회서〉

인생살이가 기본적으로 먹고살기라는 당연한 말씀이다. 당시에는 이런 것들이 더 절실했을 수도 있다. 지금은 먹을 것 입을 것이 흔하지만 옛날에는 그렇지 못했다. 집은 지금도 문제이기는 하다. 어떻든지 의식주는 사는 데 꼭 필요한 것이라는 사실은 변함이 없다. 이 문제가 해결이 안 돼서 살 수가 없다면 인생무상이니 하는 말은 사치스럽게 들린다. 먹고살기는 인생에서 우선으로 해결해야 할 과제다. 이것을 무시하면서 행복 타령이나 하고 있으면 성실한 삶이라고 할 수 없다. 그런데 예수는 다른 말씀을 한다.

> 그러므로 염려하여 이르기를 무엇을 먹을까 무엇을 입을
> 까 하지 말라 이는 다 이방인들이 구하는 것이라 너희 하

늘 아버지께서 이 모든 것이 너희에게 있어야 할 줄을 아
시느니라 그런즉 너희는 먼저 그의 나라와 그의 의를 구하
라 그리 하면 이 모든 것을 너희에게 더하시리라

〈신약성경 마태복음〉

무엇을 먹을까보다 먼저 의를 구하라는 말씀인데 그러면 문제가 해
결되는지 궁금하다. 먹고살기는 인간만이 겪는 문제가 아니다. 모든
생물이 살아남기 위하여 치열하게 투쟁한다. 사자와 같은 육식동물
이 무리를 이루어 약한 영양을 사냥하는 장면은 잔인하게 보일지라
도 그것은 생존을 위한 일상의 모습이다. 사냥에 실패하면 자신이 굶
어 죽는다. 아마도 초기 인류사에서는 먹고살기에 성공하는 것이 바
로 인생의 성공이 되었을 법하다. 현재도 하루 세끼의 밥을 먹지 못
하는 절대적 빈곤층이 존재한다. 세계적으로 대략 10억이 넘는 인구
가 하루 1달러 미만으로 살아간다고 한다. 이들에게는 굶지 않고 하
루를 지내는 일이 행복으로 여겨질지 모른다. 먹고살기 위한 몸부
림은 인간이나 동물이 별 차이가 없다.

맹자가 말씀하였다 사람이 짐승과 다른 점이 아주 드문데
보통사람들은 이것을 버리고 군자는 이것을 보존한다

〈맹자 이루하편〉

사람이 짐승과 다른 점이 드물다는 말씀은 먹고살기는 일반이라는

지혜만찬

뜻으로 들린다. 그런데 약간의 차이가 사람다움을 구별하게 하며 그것을 지키면 군자라고 한다. 그 작은 차이가 무엇인지를 성현들이 가르친다. 사람과 동물이 본질에서 다르냐 아니면 같으냐 하는 문제를 논하는 어려운 철학적 논쟁이 있지만 일반적으로 말하기는 인간은 만물의 영장이라고 하여 구별한다. 먹고사는 문제에 파묻히다 보면 인간답게 살기 어렵다. 공자는 수제자 안회를 칭찬한 적이 있다.

> 어질다 안회여 거친 밥 한 그릇과 한 바가지 물을 마시며 누추한 마을에 사는 것을 사람들은 그 근심을 견디지 못하는데 안회는 그 즐거움을 바꾸려 하지 않으니 안회는 어질구나
>
> 〈논어 옹야편〉

안회는 누추한 곳에서 어렵게 살면서도 즐거움을 잃지 않았다. 그런데 거친 밥 한 그릇이라도 얻을 수 없는 상황이라면 어찌되는가. 이런 극단적인 형편은 일반적이지는 않지만 가끔 일어난다. 구약성경에 보면 이스라엘이 이웃나라의 공격을 받아 성이 포위되고 식량이 떨어지자 자식을 잡아먹었다는 이야기가 나온다.〈구약성경 열왕기하〉 그렇게 인간답지 못한 행위를 한 이스라엘은 얼마 후 율법을 따르지 않은 죄로 하나님의 진노를 받아 멸망하게 된다. 예수가 말한 '먼저 하나님의 나라와 의를 구하라'는 말씀은 하나님의 명령인 인간다움을 지키며 살라는 충고다. 먹고살기도 어려운데 인간의 품위를 유지하기란 쉽지 않지만 그러나 먹고살기가 중하기는 해도 그것이 삶의 목표가 될 수

는 없다. 인간의 욕구는 그렇게 단순하지 않기 때문이다.

인생살이는 살 만하면 또 다른 문제가 생겨나서 근심 걱정이 꼬리를 물고 나타난다. 불교에서는 문제의 근원에 3독이 있어서 그렇다고 한다. 이것에서 자유롭지 못하면 고달픈 인생살이를 면할 수 없다. 욕심을 부리고 화를 내며 어리석은 요행수를 생각한다면 그럴 수밖에 없다. 각박해지는 인생살이를 성경은 이렇게 묘사하고 있다.

> 너는 이것을 알라 말세에 고통당하는 때가 이르러 사람들이 자기를 사랑하며 돈을 사랑하며 자랑하며 교만하며 비방하며 부모를 거역하며 감사하지 아니하며 거룩하지 아니하며 무정하며 원통함을 풀지 아니하며 모함하며 절제하지 못하며 사나우며 선한 것을 좋아하지 아니하며 배신하며 조급하며 자만하며 쾌락을 사랑하기를 하나님 사랑하는 것보다 더하며 경건의 모양은 있으나 경건의 능력은 부인하니 이 같은 자들에게서 네가 돌아서라
>
> 〈신약성경 디모데후서〉

인생살이의 온갖 부정적인 모습이 드러나 있다. 우리 자화상인지도 모른다. 이런 일들은 먹고살기가 어려워서 벌어지는 상황이 아니다. 먹을거리가 없어서 저지르는 죄를 생계형 범죄라고 하는데 그런 것이라면 동정의 여지는 있다. 먹고살 만해지면 다른 욕심을 일으킨다. 쾌락과 탐욕이다.

그러므로 땅에 있는 지체를 죽이라 곧 음란과 부정과 사욕
과 악한 정욕과 탐심이니 탐심은 우상숭배니라

〈신약성경 골로새서〉

지체는 육신을 통하여 작용하는 악습이나 죄악을 말한다. 탐심이
우상숭배라고 하니 탐심을 가지고서는 올바른 신앙생활이 될 수 없
다는 말이다. 인생살이는 세속의 삶이고 그것이 우리의 환경이기는
하지만 거기에 빠지지 말라는 경고다. 탐심을 버리는 것, 그것이 괴
로움을 벗어날 길이다.

부처님의 거룩한 법 가운데 있으면서 끊을 8가지 세속일이
란 살생 도둑질 사음 거짓말 탐착 성냄과 해침 미움과 질투
거만이다 부처님의 눈에는 그 어떤 형식보다도 내면의 이
러한 더러움들이 곧 세속이요 세속일인 것이다 그러므로
어떤 사람이 설혹 머리를 깎고 사문의 옷을 입었다 할지라
도 위와 같은 세속일을 행하면 그는 곧 세속인이요 또 설혹
어떤 이가 세속인의 형상을 하고 있을 지라도 위와 같은 세
속일을 행하지 않으면 그는 세속인이 아닌 것이다… 부처
님 법에 있으면서 살생 도둑질 사음 등의 세속일을 끊은 뒤
에는 또 끊어야 할 일이 있으니 그것은 욕심이다

〈중아함경 포리다경〉

2. 귀함

인생살이에 지치다 보면 품위를 유지하기 어렵고 그럴 능력도 없다고 자조하기 쉽지만 그럼에도 인생은 귀하다. 맹자는 사람의 귀함에 대하여 이렇게 설파했다.

> 귀하고자 함은 사람의 똑같은 마음이니 사람마다 자기에
> 게 귀함이 있는데 스스로 생각하지 않을 뿐이다
>
> 〈맹자 고자상편〉

세상에서 가진 것 없고 천대받는 자리에 있을지라도 나를 귀하게 여길 수 있는 길을 가르쳐 주는 것이 종교다. 영적인 존재로서 인간은 누구나 평등하며 귀하다. 세상에서는 부귀와 빈천으로 몸값을 따지지만 영적 세계에서는 그러한 구별이 없다. 오히려 사후세계에 가서는 부귀와 빈천이 뒤바뀌는 예화를 예수가 말씀한다.

> 한 부자가 있어 자색 옷과 고운 베옷을 입고 날마다 호화

롭게 즐기더라 그런데 나사로라 이름하는 한 거지가 헌데
투성이로 그의 대문 앞에 버려진 채 그 부자의 상에서 떨
어지는 것으로 배 불리려 하매 심지어 개들이 와서 그 헌
데를 핥더라 이에 그 거지가 죽어 천사들에게 받들려 아브
라함의 품에 들어가고 부자도 죽어 장사 되매 그가 음부에
서 고통 중에 눈을 들어 멀리 아브라함과 그의 품에 있는
나사로를 보고 불러 이르되 아버지 아브라함이여 나를 긍
휼히 여기사 나사로를 보내어 그 손가락 끝에 물을 찍어
내 혀를 서늘하게 하소서 내가 이 불꽃 가운데서 괴로워하
나이다 아브라함이 이르되 얘 너는 살았을 때에 좋은 것을
받았고 나사로는 고난을 받았으니 이것을 기억하라 이제
그는 여기서 위로를 받고 너는 괴로움을 받느니라

〈신약성경 누가복음〉

아브라함은 이스라엘 민족의 조상이고 기독교에서는 믿음의 조상
이라고 부른다. 세상에서 부를 누리며 산 인생이 죄가 될 리는 없겠
지만 웬일인지 이 부자는 죽은 후에 혹독히 대가를 치르고 있다. 이
말씀으로 보면 부자로 살다 죽는 인생이 좋은 일만은 아닌 듯싶다.
부하면서 인색하게 사는 것을 경계하는 말씀이리라. 우리 민요에 '어
떤 이는 팔자 좋아 고대광실에 누웠고 어떤 이는 팔자 사나워 종일
서서 노동만 하누나'는 넋두리가 있다. 부귀영화를 부러워하는 노래
를 부르며 신세를 한탄하는 모습에서 인생의 귀함은 찾기 어렵다. 그

러나 거지 나사로의 예를 보면 고난을 받은 만큼 나중에는 귀한 모습으로 위로와 보상을 받는다고 하니 짧은 인생살이에 괴로워만 하지 않아도 괜찮을 것 같다.

3. 목숨

　인생살이는 먹고살기에 허덕이고 걱정거리로 고단하지만 그래도 죽기보다는 살아있는 것이 백번 낫다고 생각한다. 사실 세상에 죽기보다 싫은 일은 없다. 죽음을 부러워하는 노래는 극단의 상황에 몰린 특별한 경우에나 있을 법한 이야기이다. 영원을 꿈꾸는 일도 살아있을 동안의 얘기다. 목숨에 대한 애착은 첫째가는 자연의 이치요 살아있는 생물에게 지워진 숙명이다.

　　모든 산 자들 중에 들어 있는 자에게는 누구나 소망이 있음은 산개가 죽은 사자보다 낫기 때문이다

　　　　　　　　　　　　　　　　　〈구약성경 전도서〉

　살아야겠다는 본능은 인생살이에 힘이 되어 고단함을 견디게 한다. 사람이 죽으면 위안 삼아 '좋은 곳으로 편안히 갔다'고 말하는 것이 상가에서 나누는 덕담이다. 그러나 허망함이라든지 비통함 같은 감정은 여전히 산 자들에게 질문을 던진다. 어차피 때 되어 죽을 목

숨이라면 아등바등 사는 인생살이에 무슨 의미가 있나.

> 몸의 건강보다 좋은 재산은 없고 마음의 기쁨보다 큰 즐거
> 움은 없다 비참한 삶보다 죽음이 낫고 지병보다 영원한 휴
> 식이 낫다
>
> 〈가톨릭성경 집회서〉

영원한 휴식이란 물론 죽음이다. 죽음을 휴식이라고 상상하는 것은 삶의 연장선에서 죽음을 맞이한다는 의미를 담고 있다. 생명을 쉽게 포기하는 것은 삶의 정체성에 혼란을 가져올 수 있는 문제점이 있지만 의학의 발달에 따른 무의미한 생명의 연장은 또다른 문제를 야기하는 면이 있다. 요즘 존엄사 문제가 중요한 담론이 되고 있는데 이 성경말씀이 큰 도전이 될 것 같다. 안락사도 자주 거론되고 있지만 존엄사와 관련해서 명확한 개념 정의가 안되고 있는 실정이다. 생명의 소중한 가치와 아울러 죽음의 자기결정권이라는 주장도 새로운 논의가 필요한 시점이 아닌가 생각된다. 흔히 영면에 들었다는 표현은 산 자와 죽은 자 모두에게 편안한 말이다. 이 우주의 광대무변한 시공간을 넘나들며 온갖 상상을 하는 위대한 인간이 목숨이 끊어지면 아무 것도 없는 것과 마찬가지라는 사실은 도무지 이해할 수 없는 일이다. 그래서 죽는 것을 영원한 잠에 든다고 하면 최소한 그 존재는 남아있는 셈이니 허망하지는 않다고 위안을 삼는지 모르겠다.

지혜만찬

죽은 이를 위하여 울어라 빛을 떠났기 때문이다 어리석은
자를 위하여 울어라 슬기를 떠났기 때문이다 그러나 죽은
이를 두고는 그리 슬퍼하지 마라 쉬고 있기 때문이다

〈가톨릭성경 집회서〉

살아있는 동안 인생살이가 굴곡이 없이 순탄하기를 바라는 것은 모든 이의 소망이다. 그러나 아무 탈도 없이 넘어가는 인생길은 없다. 한 많고 사연도 많은 생을 살아온 사람은 힘들었던 지난날을 회상하면 절로 눈물이 난다. 〈귀천〉이란 시로 유명한 어느 시인은 인생을 아름다운 소풍이라고 노래하기도 했다. 누구든지 힘든 인생보다는 소풍 같은 인생이면 좋겠지만 정작 그 시인은 그리 평탄치 못한 삶을 살았고 말년도 편안치 못했다. 평안의 복이란 사는 동안 사건이나 사고에서 벗어나 아무 탈이 없을 때 찾아오는 것이 아니고 어떤 형편이든지 마음먹기에 달렸다는 깨우침을 모든 종교가 가르친다.

맹자가 말씀하였다… 화와 복은 스스로 구하지 않음이 없다

〈맹자 공손추상편〉

맹자는 공자의 직접 제자는 아니고 백여 년 후에 활동하지만 공자의 사상을 더욱 발전시켜서 유교의 기틀을 완성한 인물이다. 이 말씀은 화를 불러오는 행위를 하면 화를 당하고 복을 받을 만한 일을 하면 복을 받는다는 말이며 동시에 어떤 일을 당해서 그것을 화로 받아

들이면 화가 되고 복으로 알면 복이 될 수 있다는 의미이기도 하다. '전화위복'이라고 하는데 마음먹기에 따라 화가 복이 되기도 한다. 반대로 복을 받고도 만족하지 못하고 불평거리를 찾으면 받은 복이 화가 되는 수도 있다. 무엇을 어떻게 받아들이느냐 하는 마음가짐이 중요하다.

어느 때 부처님께서 사위국 승림급고독원에 계셨다 그때에 어떤 비구는 고요하고 편안한 곳에서 홀로 앉아 깊이 생각했다 무엇이 이 세상을 끌고 가는가 무엇이 탐욕에 물들어 집착하는가 무엇이 자재(自在)를 일으키는가 그리고는 해 질 녘에 연좌에서 일어나 부처님께 나아가 예배하니 부처님께서 이렇게 설하셨다 비구여 마음이 세상을 끌고 가고 마음이 탐욕에 물들어 집착하며 마음이 자재를 일으킨다 비구여 그러나 많이 아는 거룩한 제자는 마음이 끌고 가는 것이 아니요 마음이 탐욕에 물들어 집착하는 것이 아니며 마음이 자재하는 것이 아니다 많이 아는 거룩한 제자가 마음의 자재를 따르는 것이 아니라 마음이 많이 아는 거룩한 제자를 따르는 것과 같으니라

〈중아함경 심경〉

자재란 구속이나 방해를 받지 않음이다. 세상 모든 일이 마음에서 일어나니 불제자들은 그 마음에 끌려다니다가 곤경을 당하지 말라는

지혜만찬

경계의 말씀이다. 적당한 만큼만 가지면 더 욕심을 부리지 말아야지 하면서도 그 욕심이 화근이 되어 재앙을 만드는 일이 흔히 보이는 괴로움이다. 살아있다는 사실은 복이다. '개똥밭에 굴러도 이승이 좋다'고 하고 '산 개가 죽은 정승보다 낫다'는 말도 있다. 또 '죽은 사람만 불쌍하다'는 말에는 생명에 대한 미련이 짙게 깔려있다. 그래서 어떻게든 목숨을 부지하려고 저마다 살길을 찾아 나선다. 그런데 살아보려고 발버둥을 치면 더 곤경에 빠지는 수가 있다. 불우한 환경을 탓해보기도 하지만 대부분은 우리가 알게 모르게 저지르는 어리석음 때문이다.

4. 어리석음

고집, 탐욕, 교만 등이 다 어리석음이다. 이들이 인생사에 불가피하게 끼어들어 지나고 나면 늘 후회를 남긴다. 쉽게 살고 싶은데 쉬운 일이 없다. 나만 그런가 하고 둘러보면 다들 그러고 사는 것처럼 보인다. 만만치 않은 인생살이를 더욱 괴롭게 만든다. 어떻게든 이 어리석음에서 벗어나야 고달픔을 덜 수 있고 세상일도 순조롭게 풀릴 터인데 마음처럼 잘 안된다.

> 살아가면서 많은 재산을 갖는 것이 바람직하다면 모든 것
> 을 이루는 지혜보다 더 큰 재산이 어디 있겠는가
>
> 〈가톨릭성경 지혜서〉

어떤 재산보다도 크다면 먹고살기 위해 재물을 모으는 일보다 지혜를 얻는 일이 급선무다. 재산은 많은데 어리석다면 순식간에 사라지기도 하고 잘못되면 재앙이 되어 돌아오는 수도 생긴다. 당장은 재물이 없더라도 지혜가 있다면 자족하는 마음이 찾아올 수도 있다. 그러니

지혜만찬

우선 구해야 할 것은 지혜라는 말씀이다. 이런 지혜를 어디서 찾을까.

> 지혜는 바래지 않고 늘 빛이 나서 그를 사랑하는 이들은 쉽
> 게 알아보고 그를 찾는 이들은 쉽게 발견할 수 있다 지혜는
> 자기를 갈망하는 이들에게 미리 다가가 자기를 알아보게
> 해 준다 지혜를 찾으러 일찍 일어나는 이는 수고할 필요도
> 없이 자기 집 문간에 앉아 있는 지혜를 발견하게 된다
>
> 〈가톨릭성경 지혜서〉

지혜를 찾으러 깊은 산 속으로 들어갈 일이 아니고 며칠씩 밥을 굶
을 필요도 없다. 찾는다고 헤매고 다니면 몸만 고생이다. 진리라면 모
를까 지혜는 그럴 필요가 없다. 지금 내가 하는 일, 내가 만나는 사람들
속에 지혜가 들어 있다는 말이다. 가까이에 있지만 평범함에 담겨 있는
지혜는 어리석음에 가려져서 쉽게 발견하기가 어렵다. '참는 자에게 복
이 있다'는 말은 누구나 할 수 있다. 하지만 그것을 지키고 누리기는 결
코 쉽지 않다. 이론과 실제는 다르다. 많이 안다고 되는 일도 아니다.

> 공자께서 자공에게 말씀하시기를 너는 내가 많이 배워서
> 아는 자라고 생각하느냐고 하시자 자공이 대답하기를 그
> 렇습니다 아닙니까 하니 공자께서 말씀하셨다 아니다 나
> 는 하나의 원리로 모든 일을 관통하고 있다
>
> 〈논어 위령공편〉

많이 알아서 지혜로운 것이 아니라는 말씀이다. 흔히 지혜로워지려면 많은 지식이 필요하다고 생각한다. 지식이 적으면 어리석은 줄로 안다. 그래서 지식을 쌓으려고 애를 쓰며 이에 대한 갈망은 큰 미덕으로 칭송을 받는다. 그러나 많이 배운 사람이 욕심만 커진다면 오히려 어리석게 되는 결과를 보기도 하고, 반대로 배운 것이 없어도 잘 참고 절제할 줄 아는 사람이 더 지혜로워 보이기도 한다. 두꺼운 경전 안에 있는 많은 말씀을 다 기억해야 하는 것이 아니다. 한 가지 가르침이라도 제대로 깨우치면 지혜를 얻는데 어려움이 없다. 공자가 말씀한 '하나의 원리로 관통하고 있다'는 '일이관지'(一以貫之)는 뒤에 다시 나온다.

> 부처님께서 쿠루우스의 캄미싯담마라 쿠루우스의 도읍에 계시면서 말씀하셨다 이 세상 사람들은 기쁘지 않고 옳지 않은 법은 멸하게 하고 기쁘고 사랑스럽고 옳은 법은 나게 하려고 애쓴다 그러나 정작 기쁘고 옳은 법은 멸하고 기쁘지 않고 옳지 않은 법은 생긴다 왜냐하면 세상 법은 어리석은 법이기 때문이다 내 법은 매우 깊어 보기도 어렵고 알기도 어렵지만 기쁘지 않고 옳지 않은 법은 멸하고 기쁘고 옳은 법은 나게 하기 때문이다
> 〈중아함경 수법경〉

세상법은 어리석은 법이고 불법은 옳은 법이라고 한다. 세상법은

세상의 지혜고 불법은 종교적 지혜라고 할 수 있다. 우리가 지혜라고 아는 많은 예들은 처세술에 가깝다. 처세술을 찾아다니는 사람들은 대개 어떤 욕망을 채우는 수단을 구한다. 욕망이 다 부정적이지는 않지만 절제되지 않고 탐욕으로 커지면 어리석음에 빠지게 된다. 종교의 입장에 서면 세상 것들이 어리석게 보일 수 있다. 종교적 지혜는 어리석은 욕망으로부터 해방되는 길을 가르쳐 주기 때문이다.

> 공자께서 말씀하셨다 인하지 못한 사람은 오랫동안 곤궁에 처하지 못하며 오랫동안 즐거움에 처할 수 없나니 인자(仁者)는 인을 편안히 여기고 지자(知者)는 인을 이롭게 여긴다
>
> 〈논어 이인편〉

　인(仁)은 '어질다'는 뜻인데 이 말 속에는 지혜의 의미가 포함된다. 인을 지혜로 해석하고 지(知)를 지식으로 해석해 보면 인자는 지혜로운 사람이고 지자는 지식이 있는 사람이라고 할 수 있다. 지혜를 이해관계로 따지면 이로움이 있을지 몰라도 평안은 누리기는 어렵다는 말씀으로 풀이된다. 인은 종교적 지혜로, 지는 세상적 지혜로 볼 수도 있다. 인을 편안하게 여기든지 이로움으로 여기든지 그 행함은 좋은 것이고 바람직하지만 차이가 있다. 인생살이에서 어리석음을 면하자면 지혜를 구하는 일이 중요하고 종교적인 것이 더 깊은 의미가 있다고 하겠다. 그래서 인류의 역사에서 종교는 먹고사는 문제 이상

으로 삶과 밀접한 관계를 유지해 왔다. 현대는 종교에 회의적인 시각이 늘어가는 추세다. 그래서 종교에서 말하는 지혜가 세상살이에 도움이 안 되고 오히려 어리석음으로 비치기도 하는 것이 요즘 세태다.

인생살이가 즐겁거나 고달프거나 저마다 형편은 다르겠지만 제대로 한번 살아 보고 싶은 욕망은 같을 것이다. 부지불식간에 일어나는 어리석음에서 벗어나기가 어렵기는 하지만 그래도 하나님의 모상이고 부처를 품으며 하늘 같은 사람이 사는 인생은 지혜로워야 한다. 지혜로움은 특권이며 동시에 절대자를 향한 의무라는 양면성이 있다. 그리고 그 특권을 누리지 못하고 어리석은 행위로 받는 것이 후회라고 하는 달갑지 않은 벌이다. 이 점을 통찰한 예수는 이렇게 말씀한다.

> 그러므로 하늘에 계신 너희 아버지의 온전하심과 같이 너희도 온전하라
>
> 〈신약성경 마태복음〉

무엇을 어떻게 해야 어리석음을 면하고 온전해질 수 있을까. 욕심이나 두려움에서 근심이 생기고 어리석은 생각이 일어난다. 욕심이나 두려움, 근심을 걷어내는 방법을 궁리하며 평안의 길을 찾으려고 노력한 흔적들이 절대적 존재를 상상하는 종교현상으로 나타난다.

지혜만찬

2장

종교

1. 프롤로그

1) 행복

모든 사람이 행복을 최고의 가치로 추구하며 산다. 고대 철학자 아리스토텔레스는 '행복은 인생의 목적이다'라고 말했고, 현존하는 최고승으로 추앙받는 달라이라마도 같은 말을 했다. 살면서 느끼는 감정을 대략 희로애락(喜怒哀樂)이라 하는데 기쁨, 노여움, 슬픔, 즐거움이다. 기쁘고 즐거우면 행복이고 노엽고 슬프면 불행이다. 행복이 무엇인지 설명하자면 철학적, 심리학적으로 단순하지 않지만 보통은 만족감이나 기쁨 같은 좋은 느낌을 행복으로 안다. 하지만 살면서 매 순간을 행복으로 누리는 사람은 별로 없다. 끊임없이 무엇인가 바라지만 뜻대로 되는 것보다 안 되는 일이 더 많기 때문이다. 그래서 불행의 순간을 당하면 이를 벗어나고자 애를 쓰며 행복해질 수 있는 방법을 찾는다. 마침내 찾으면 오래 누리고 싶어하지만 어느 순간 불행이 다시 다가온다. 행복을 느끼는 순간은 무언가를 성취했을 때라고 한다. 목표를 이루거나 희망이 실현되었을 때 성취감을 맛보며 행복

지혜만찬

해한다. 그러나 그런 감정은 지속적이지 않고 짧게 지나간다. 그러면 또 다른 성공을 이뤄야 하고 그래야 행복이 지속될 수 있다. 계속 추구해야 하는 성취감 뒤에는 까닭 없는 허무감이 찾아오는 수도 있다. 행복과 불행은 일상의 삶 속에 쳇바퀴 돌 듯 반복적으로 찾아온다. 어떻게 하면 불행을 멀리하고 행복은 가까이 오래 머물게 할 수 있을까 그 방법을 찾으려고 고대로부터 많은 사람이 행복론을 탐구했지만 '불행한 철학자의 행복론'이라는 말처럼 이론만으론 별 소용이 없다. 행복만 갖고 싶은데 불행이 필연적으로 따라온다면 그런 행복을 인생의 목적으로 삼는 것이 타당한지 모르겠다. 불경 〈숫타니파타〉에 나오는 "살아 있는 존재는 모두 행복하라"는 말씀은 모든 생명에게 주는 축복이다. 이때 행복은 일시적이지 않은 지속적이고 변함없이 영원한 의미일 것이다.

행복하여라 마음이 가난한 사람들 하늘나라가 그들의 것
이다
행복하여라 슬퍼하는 사람들 그들이 위로를 받을 것이다
행복하여라 온유한 사람들 그들은 땅을 차지할 것이다
행복하여라 의로움에 주리고 목마른 사람들 그들은 흡족
해질 것이다
행복하여라 자비로운 사람들 그들은 자비를 입을 것이다
행복하여라 마음이 깨끗한 사람들 그들은 하느님을 볼 것
이다

행복하여라 평화를 이루는 사람들 그들은 하느님의 자녀
라 불릴 것이다
행복하여라 의로움 때문에 박해를 받는 사람들 하늘나라
가 그들의 것이다

〈가톨릭성경 마태오복음서〉

예수의 설교에서 나오는 말씀인데 여기서 말하는 행복은 일반적인
의미와 사뭇 다르다. 마음이 가난한 사람, 슬퍼하는 사람, 온유한 사
람, 의에 주리고 목마른 사람, 자비로운 사람, 마음이 깨끗한 사람,
평화를 이루는 사람, 의로움 때문에 박해를 받는 사람이 행복한 사람
이라고 한다. 가난과 슬픔까지도 행복으로 알라는 말씀은 이해하기
힘들다. 슬퍼하는 사람에게 행복이란 어불성설이다. 그러나 그들이
위로를 받을 수 있기 때문에 행복하다는 말은 종교적인 차원에서 이
해될 수 있는 역설이다. 위로와 자비를 받고 하늘나라를 차지하리라
는 예언과도 같은 여덟 가지 내용은 숫타니파타의 생명에 대한 축복
을 설명해 놓은 것처럼 보인다.

평안을 너희에게 끼치노니 곧 나의 평안을 너희에게 주노
라 내가 너희에게 주는 것은 세상이 주는 것과 같지 아니하
니라 너희는 마음에 근심하지도 말고 두려워하지도 말라

〈신약성경 요한복음〉

지혜만찬

이 또한 예수의 말씀이다. 근심 없고 두려움이 없는 상태는 일반적인 의미의 행복과는 달라 보인다. 그것은 평안의 상태이며 진정한 행복일 수 있고 또는 행복도 불행도 넘어선 차원에서 가능한 일인지 모른다. 마음먹기만 잘하면 될 것 같으면서 현실에서는 쉽게 이루기가 어렵다. 예수가 따르는 사람들에게 전해주고자 하는 복음은 '평안'이다. 그러나 그것은 세상에서 느끼는 것이 아니다. 세상이 주는 것과 다르다는 의미는 세상의 평안은 행복과 같이 불완전한 상태일 뿐이라는 말씀이다. 심리학에서는 행복을 '주관적인 안정감'이라고 하는데 안정감은 곧 평안과 같은 뜻으로 이해된다. 그런 점에서 행복과 평안은 중복되는 면이 없지 않다.

유교에서 군자는 일반사람들이 수양의 목표로 삼는 이상적인 인간상이다. 사마우라는 제자가 군자에 대하여 묻자 공자는 이렇게 설명한다.

군자는 근심이 없고 두려움이 없다

〈논어 안연편〉

근심이 없고 두려움이 없다는 것은 예수가 말씀한 평안의 상태다. 사람이 최고의 경지에 오르면 평안을 누린다는 가르침이다. 물론 이런 말씀은 종교적인 의미를 포함하고 있다. 우리의 경험상 종교를 가지고 있는 사람이 그렇지 않은 사람보다 더 행복하고 평안을 누리며 사는지는 확인되지 않는다. 종교를 믿지 않아도 그럭저럭 잘 사는 사람들이 많고 종교인이라고 하는 사람이 자살로 생을 포기하는 일도 가끔 본다. 요즘 젊은 층에서는 종교인이 현저하게 줄어들고 있고 복지제도가 잘 되어 있다는 서구 국가에서는 종교가 쇠퇴하는 경향이 있다. 반면에 종교를 거의 의무로 믿는 중동 지역의 국가에서는 끊임없이 전쟁이 일어나서 난민들이 발생하여 고통을 당하고 이웃 나라에도 피해를 주는 사례가 빈번하다. 종교의 의의를 다시 생각해 볼 만한 시대에 와 있는 것 같다. 실용주의 입장에서 본다면 종교는 인간의 삶에 무언가 긍정적으로 기여하는 바가 있어야 한다.

> **모든 사람과 더불어 화평함과 거룩함을 따르라 이것이 없이는 아무도 주를 보지 못하리라**
>
> 〈신약성경 히브리서〉

화평함은 종교의 중요한 역할이고 거룩함은 종교의 기본적인 속성이다. 일시적인 행복이든 영원한 평안이든 인간에게 끼치는 영향력이 있기 때문에 종교는 존재해 온 것이다. 그런데 행복이나 평안은 종교가 아니라도 찾을 방법이 없는 것은 아니다. 문학이나 예술을 통해서 그런 경지를 누리며 학문이나 과학의 성과로 경험하기도 한다. 감성을 울리는 선율이나 한 폭의 그림으로 행복해하고 마음을 녹여주는 시 한 편에서 평안함을 얻는다. 오늘날 종교가 이들이 누리는 행복과 평안을 뛰어넘는 경지를 제시할 수 있는가. 그렇지 못하다면 종교는 점점 더 쇠퇴의 길을 가게 될지도 모른다. 하지만, 인류가 수

지혜만찬

천 년을 보물처럼 여겨 온 정신적 자산을 가벼이 외면하는 처사는 아무래도 현명한 판단이라고 할 수는 없다. 그런 점에서 종교를 새롭게 새겨 보는 일은 행복의 추구를 삶의 목표로 삼는 일반의 의식수준에서 보더라도 가치가 있는 작업이라고 생각된다.

2) 절대성

종교에 몸담고 있는 사람은 자기가 믿는 교리를 앞세우며 신앙은 선택이 아니라 필연이라고 말한다. 그리고 내가 속한 종교만이 진리이고 다른 곳에서는 진리를 찾을 수 없다고 확신한다. 모든 진리가 절대성을 속성으로 하고 있지만 종교에서만큼 그것을 생명처럼 여기는 곳도 없다. 그래서 절대성에 갇혀 있는 종교는 상대를 좀처럼 받아들이려고 하지 않는다. 이 문제는 종교의 본질에 관한 논쟁으로 이어지고 진리가 무엇이냐는 질문과 연관된다. 종교는 근본적으로 진리를 찾아가는 여정이다. 하지만 우리가 알고 있는 여러 종파는 저마다 다른 진리를 설파한다. 그 진리가 궁극적으로는 같은 것이라는 주장도 있지만 그것은 종교를 바라보는 관점에 따라 다르다.

지난 역사를 살펴보면 무수한 종교가 일어났다 사라진 사실을 확인할 수 있다. 지금은 세계종교라고 하는 기독교와 불교, 그리고 동아시아에서 문화적으로 큰 영향을 끼쳐온 유교도 그 시작에서는 다른 종교와 경쟁을 거치거나 혹은 의혹의 눈초리를 받는 미약한 존재에 지나지 않았던 적이 있었다. 기독교는 청년 예수가 천국을 선포하고 죽은 후에 그 제자들이 부활을 주장하며 종교로 성립되었다. 그러나 기독교의 모태인 유대교를 믿는 이스라엘 사람들은 이를 믿지 않았다. 지금도 믿지 않는다. 부활의 종교라고 하는 기독교가 유대 민중 사이에 전파되기 시작하자 위기감을 느낀 유대교의 지도자들은 기독교인을 탄압했다. 그들을 이단으로 규정하고 싹을 자르려 했다. 당시의 종교지도자들이 어떻게 이 새로운 종교운동에 대처해야 할지를 토론하는 가운데 한 사람이 이렇게 말하는 장면이 성경에 나온다.

그들이 듣고 크게 노하여 사도들을 없이하고자 할 새 바리새인 가말리엘은 율법교사로 모든 백성에게 존경받는 자라 공회 중에 일어나 명하여 사도들을 잠깐 밖에 나가게 하고 말하되 이스라엘 사람들아 너희가 이 사람들에게 대하여 어떻게 하려는지 조심하라 이 전에 드다가 일어나 스스로 선전하매 사람이 약 사백 명이나 따르더니 그가 죽임을 당하매 따르던 모든사람들이 흩어져 없어졌고 그 후 호적할 때에 갈릴리의 유다가 일어나 백성을 꾀어 따르게 하다가 그도 망한즉 따르던 모든사람들이 흩어졌느니라 이제 내가 너희에게 말하노니 이 사람들을 상관하지 말고 버려두라 이 사상과 이 소행이 사람으로부터 났으면 무너질 것이요 만일 하나님께로 부터 났으면 너희가 그들을 무너뜨릴 수 없겠고 도리어 하나님을 대적하는 자가 될까 하노라 하니 그들이 옳게 여겨 사도들을 불러들여 채찍질하며

예수의 이름으로 말하는 것을 금하여 놓으니 사도들은 그
이름을 위하여 능욕 받는 일에 합당한 자로 여기심을 기뻐
하면서 공회 앞을 떠나니라

〈신약성경 사도행전〉

예수가 활동했던 무렵에 그와 비슷한 종교운동가가 몇 명 더 있었
으며 그들은 죽음과 함께 모두 사라졌다. 그러니 예수의 경우도 더
지켜보면 참인지 거짓인지 드러날 것이라고 말한다. 그런 기독교는
예수 사후 삼백여 년 경에 서방세계의 제국인 로마의 국교로 성장했
고 이천 년이 지난 오늘까지 세계 최대 종교로 인정받고 있다.

불교의 경우는 부처가 깨달음을 얻고 나서 처음에는 다섯 명의 제
자로 시작되었다. 부처는 당시 여러 지역을 유리하며 도를 찾아다니
는 사문이라고 하는 구도자들 중의 하나였다. 그 후에 깨달음을 얻고
많은 제자를 가르치며 큰 교단을 성립시켰지만 당시에 '육사외도'라
는 여섯 교단과 치열한 경쟁을 하였다. 그중에는 현재까지 명맥을 유
지하고 있는 자이나교도 있었다. 부처의 제자 중에 신통력이 제일이
라고 하는 목건련은 시기하는 외도의 무리들에게 폭행을 당하여 죽
는 사건이 있을 정도로 갈등이 심했다. 그러나 불교는 부처 사후 삼
백 년경에 인도를 통일한 아쇼카왕의 적극적인 호교정책에 힘입어서
전인도와 실론, 근동아시아에서 큰 종교로 성장한다. 그 후 인도에서
는 7세기경에 쇠퇴하기 시작하며 9세기경에는 인도 내에서 거의 자
취를 감추게 된다. 현재는 인도 이외의 지역인 동아시아와 동남아시

아 지역에서 번성하고 있고 최근에는 서구 세계에서 많은 관심을 받고 있다.

유교의 경우도 비슷한 과정을 거친다. 공자가 활동한 무렵 이후에 제자백가라는 수많은 사상이 치열하게 경쟁했다. 공자는 당대에 노자와 경쟁했고 후에 맹자는 양주, 묵적과 이념적 논쟁을 벌였다. 논어에는 노자 계통의 사상가로부터 비판을 받는 장면이 나온다.

자로가 석문에서 유숙하였는데 새벽 문지기가 묻기를 어디에서 왔는가 하니 자로가 공씨에게서 왔다고 대답하자 그가 말하기를 바로 불가능한 일인 줄 알면서 행하는 자 말인가 하였다
공자께서 위나라에서 경쇄를 두들기셨는데 삼태기를 메고 집 앞을 지나가는 자가 듣고서 말하였다 마음이 천하에 있구나 경쇄를 두들김이여 조금 있다가 말하였다 비루하다 너무 단단하구나 자신을 알아주지 못하면 그만두어야 할 것이니 물이 깊으면 옷을 벗고 건너고 얕으면 걷고 건너야 하는 것이다 공자께서 말씀하셨다 어려움을 모르고 함부로 말하는구나

〈논어 헌문편〉

자로는 십대 제자의 한사람으로 노자를 추종하는 은자와 대화를 나누고 있다. 이런 대화가 다른 곳에도 나오는데〈논어 미자편〉, 그들은

공자가 불가능한 일을 하려고 헛고생을 하는 사람이라고 비판한다. 그리고 너무 경직되어 유연하지 못하다고 한다. 노자의 사상은 도교라는 종교의 근간을 이루며 중국의 민족종교로서 면면히 이어져 내려와서 현대에도 여전히 큰 종교로 영향력을 행사하고 있다. 그 밖에 많은 제자백가라는 사상들은 일시적으로 유행하다가 대부분 사라졌다. 유교는 공자 사후 약 삼백 년 무렵에 성립된 한나라 왕조에서 국교로 숭상하여 이후 중국과 동아시아에서 가장 큰 종교로 성립하였다. 그러나 현대에 오면서 쇠퇴하였고 사상적인 영향력만 유지되고 있는 실정이다.

3) 선택

통계상으로 보면 세계인구의 약 84%가 종교를 가지고 있다고 한다. 세계인구 전체 중에 대략 신구교를 합한 기독교인이 32%, 이슬람교인이 23%, 힌두교인이 15%, 불교인이 7%이고 나머지 10여개의 군소 종교인이 7%정도이다.(2022년) 우리나라에서는 대략 5천만 인구의 44%가 종교를 믿고 있으며, 종교인 중에서 63%가 가톨릭과 개신교를 합한 기독교인이고 불교인은 35%, 그리고 유교인은 1%미만이다(2015년 인구조사). 유교의 경우에 통계상 수치는 미미하지만 문화적인 영향력에서는 기독교나 불교에 뒤지지 않을 것으로 생각된다.

믿는 동기를 살펴보면 대부분 자발적으로 선택하기보다는 태어난 곳의 환경에 따라 결정되는 경우가 일반적이다. 중동국가에서 태어난 사람은 이슬람교인이 되고, 인도에서 태어나면 힌두교인이 되며, 스리랑카나 미얀마에서 태어나면 불교인이 된다. 중세 유럽이라면 기독교인이었을 것이다. 그러므로 종교를 믿는다는 것이 대부분 비자발적으로 일어나는 현상이라고 할 수 있다. 사우디아라비아나 이란에서 태어난 사람이 기독교인이나 불교인이 될 확률은 제로에 가깝다. 중세 유럽인이 비기독교인이 될 가능성도 마찬가지다. 현대에 일부 지역에서 이러한 상황은 완화되는 추세이기는 하지만 종교의 선택 문제를 세계적으로 본다면 여전히 비자발성이 대세를 이루고 있다고 할 수 있다. 그런 면에서 우리나라는 예외적인 경우에 속한다. 고려시대에는 불교인, 조선시대에는 유교인으로 역시 비자발적인 현상을 보였으나 현재 상황은 기독교와 불교가 양립하고 있고 유교적 사상이 문화의 저변을 이루고 있는 독특한 환경을 이루고 있다. 특히 천년 이상의 전통을 가지고 있는 불교와 유교를 압도하는 기독교의 성장은 세계종교사에 유례를 찾기 어려울 정도로 특수한 경우에 속한다. 같은 동아시아 지역에서 중국이나 일본은 우리나라보다 이삼백 년 앞서서 기독교가 전파되었지만 이들 나라에서는 기독교 인구가 2% 미만이라고 할 정도로 미미한 수준이다.

종교를 어떻게 이해하는가에 대하여 많은 접근방법이 있고 학문적으로도 다양한 이론이 있다. 종교의 본질이 무엇인가를 탐구해 보려는 노력은 주로 종교철학 분야에서 이루어진다. 여기서는 신의 존재나 영혼의 문제, 선악의 근원 등을 밝히려고 노력한다. 그러나 무엇이든지 본질의 문제는 접근하는 자세나 입장에 따라서 다르게 설명되기가 쉽기 때문에 다수가 공감할 수 있는 이론을 찾기가 어렵다. 특히 신의 존재를 이성적으로 밝히려는 시도를 중세 신학자들이 심혈을 기울여 했으나 그러한 노력이 현실적인 신앙생활과는 별 상관이 없다는 비판도 있었다.

그래서 현대에는 본질 문제보다는 현상을 중심으로 종교를 파악하고 이해하는 방법이 공감을 얻고 있다. 본질의 의미는 해석상 이론이 있을 수 있으나 현상의 문제로 볼 때에는 다양한 종교들에서 공통으로 나타나는 모습을 볼 수 있고 그것을 중심으로 이해할 수 있다는 설명이다. 예배형식이나 숭배자에게 드리는 기도, 종교인들의 체험 등과 같은 단서를 통해 나타나는 현상들을 객관적인 시각으로 해석하면 그 성격을 이해할 수 있다. 한편 신앙심을 심리학의 입장으로 분석하여 이해하고자 하는 방법도 있다. 이를 통해서 알 수 있는 종교의 성격은 절대자에 대한 의존감, 경외심, 그리고 신자들이 느끼는 기쁨 등이라고 설명한다.

최근에는 종교의 허구성에 대한 신랄한 비평서들이 많은 인기를 끌고 있다. 여기에는 종교무용론에서부터 종교해악론까지 등장한다. 특히 기독교에 대하여 이러한 반론이 많이 나온다. 아마도 세계종교 지형에서 차지하는 비중이 큰 이유도 있겠지만 현대 유럽에서 일어나고 있는 새로운 휴머니즘 사상 때문이기도 하다. 휴머니즘이 종교의 역할을 대체하는 현상이 서구 사회에서 나타나고 있는 것이다. 전통적으로 기독교 국가였던 이들 여러 나라들은 현대에 와서 탈종교화하는 경향을 보인다. 종교가 무익하다는 주장도 일리가 있고 해악을 끼치고 있다는 주장도 근거가 없지는 않지만, 인류의 전 역사를 통하여 볼 때 종교가 문명의 시초부터 모든 부문에서 큰 영향력을 행사해 왔다는 것은 부인할 수 없는 사실이다.

> 창세로부터 그의 보이지 않는 것들 곧 그의 영원하신 능력
> 과 신성이 그가 만드신 만물에 분명히 보여 알려졌나니 그
> 러므로 그들이 핑계하지 못할지니라
>
> 〈신약성경 로마서〉

고도의 과학문명이 지배하는 현대에도 종교는 여전히 많은 사람의 일상사다. 종교에 대한 이해에 다양한 의견이 엇갈리고 믿음의 선택에도 문제점이 없지 않지만, 인류문명의 모든 영역에서 종교적인 동기를 발견하기는 그리 어려운 일이 아니다. 오랜 문화적 전통을 가진 종교를 무익하고 해로운 허구라고 단정하는 것은 역사의 가치를 간과하는 단편저이며 현실에 지나치게 매몰된 견해라는 비판을 면키 어렵다. 그러한 노력을 넓은 시각에서 현대인들이 적응할 수 있는 새로운 해석에 쏟을 수 있다면 오늘날 불확실성에 흔들리는 인간의 정체성에도 도움이 될 여지가 많을 것이다.

4) 본질, 형식

종교에 대한 정의는 여러 관점에서 다양하게 시도되고 있다. 절대

지혜만찬

자에 대한 의존감이나 궁극적 관심이라는 심리적인 설명도 있고, 집단적으로 일어나는 사회현상으로 설명하는 방법도 그럴듯하다. 많은 이론 중에 종교를 '신앙'과 '축적된 전통'이 합해진 것으로 보는 견해가 설득력을 얻고 있다. 신앙심은 모든 종교에 공통분모가 되는 부분이다. 어느 종교에나 예배를 드리는 마음자세는 믿음의 대상에 상관없이 유사하다. 축적된 전통이란 예배의례, 경전, 사원의 양식 등 모든 형식 요소이다. 이러한 전통은 그 종교가 속한 지역의 문화에 일차적으로 영향을 받고 시대적 상황이나 풍토에 맞도록 형성된 것이다. 여러 민족의 기질이 다르듯이 전통이 다른 것은 자연스러운 현상이다.

종교를 이해할 때 전통의 문제를 먼저 생각하면 그 차이가 부각되겠지만 신앙이라는 측면을 중심으로 살펴보면 큰 흐름에서 하나로 볼 수 있는 가능성을 발견할 수 있다. 특별히 여러 종교가 공존하는 상황에서는 이러한 관점이 필요하다고 본다. 종교는 다를지라도 하나의 공통된 현상으로 상관성과 동질성에 관심을 두는 것이 피차 공존하는 상황에서는 유익이 될 수 있기 때문이다. 전통이라는 문제에서 모든 제도에는 순기능과 역기능이 있게 마련이다. 원리는 순수하고 이상적이지만 그것을 실현해 나가는 과정에는 현실적인 요소가 등장하게 된다.

일반적으로 이러한 사례로 거론하는 것 중 하나가 종교제도다. 제도란 본질을 싸고 있는 형식이다. 본질을 알맹이라고 한다면 형식은 껍데기라고 할 수 있다. 껍데기는 알맹이가 존재할 수 있도록 보호해 주는 역할을 하지만 껍데기의 성질에 따라 알맹이가 형성되기도 하는 상호의존 관계에 있다. 일반적으로는 본질이 형식보다 우선하고 더 중요하다고 한다. 본질이 빠져버리면 알맹이 없는 빈껍데기에 불과하니 의미가 없다고 말할 수 있다. 그러나 본질이 중요하기는 해도 담아내는 형식을 무시하면 자체를 오판하는 수가 생긴다. 형식 없이 본질이 보존될 수 없기 때문이다. 시간이 흐르면 형식은 여러 가지 요인으로 변하게 되고 그렇게 되면 본질도 영향을 받는다. 껍데기가 단단할수록 알맹이는 유연해지고 반대로 껍데기가 무르면 알맹이가 단단해진다. 본질인 알맹이는 단단히 굳은 것보다는 유연한 것이 좋다. 노자의 말씀 중에 '상선약수'(上善若水)라는 말이 있다.

> **최고선은 물과 같다 물은 만물을 이롭게 하고 모두가 싫어하는 곳에 처한다 그래서 거의 도에 가깝다**
>
> 〈도덕경〉

물질 중에 가장 유연한 것이 물이다. 물은 어떤 형태로든지 담아낼 수 있고 만물을 이롭게 하며 겸손하게 낮은 곳을 향한다. 본질은 이처럼 유연한 것이 좋다. 그래서 최고의 선인 도를 물에 비유한 것이다. 공자도 물을 찬탄한 적이 있다. "서자가 물었다 중니께서 물을 칭찬하시며 자주 물이여 물이여 하셨는데 왜 물을 칭찬하셨습니까 하니 맹자가 대답하였다 근원이 있는 물이 혼혼히 밤낮을 쉬지 않고 흘러 웅덩이가 있으면 그것을 채운 뒤에야 나아가서 마침내 큰 바다에

지혜만찬

이르나니 근본이 바른 자는 이와 같다 그래서 물을 칭찬하신 것이다"
〈맹자 이루하편〉

알맹이인 본질과 껍데기인 형식은 상호작용을 한다는 사실을 기억할 필요가 있다. 역사적으로 교리 논쟁은 당시의 사회 경제적인 배경과 무관치 않았다. 여러 종교의 내부에서 겪는 갈등이나 이단논쟁은 본질과 형식의 구분에 관한 차이에서 기인하는 바가 크다. 교리는 시간의 흐름 속에서 형식의 변화와 더불어 다듬어지고 변형되기도 하면서 형성된 부분이 많다. 이러한 점에서 유연함을 잘 나타내고 있는 종교는 불교라 할 수 있다. 불교는 이천 년 이상을 보존해 오면서 경전이 점점 늘어났다. 소위 상좌부불교라고 하는 초기불교에서 아함경을 중심으로 형성된 불교가 후기에 오면 대승불교에서 많은 분량의 불경이 새롭게 형성된다. 우리가 익히 듣는 화엄경이나 법화경, 반야경과 같은 불경은 부처의 열반 후 거의 육백 년 이상 후에 기록된 것들이다. 이 경전들 속에는 초기불교에 내재된 사상과 차이가 나는 내용들도 상당부분 포함되어 있다. 그래서 불교의 교리는 그 사상적 폭이 매우 넓고 경전의 분량도 방대하다.

종교에서 본질에 집착하다 보면 근본주의에 빠지기 쉽다. 근본주의는 교리의 핵심을 보존하고 지킨다고 주장하지만 경전의 자구에 붙잡혀 있는 경우가 많다. 경전이라고 하는 것도 형식에 속하는 것이다. 근본주의는 본질을 찾겠다고 하면서 형식에 사로잡혀 있는 모습을 보인다. 본질을 잘 지키고 보존하려면 형식의 성질을 이해하고 올바로 해석하는 것이 중요하다. 이 점을 불경에서는 문자라는 형식의 한계를 언급해 놓음으로써 잘못된 근본주의를 경계하고 있다.

선남자야 대저 보리란 몸 마음 법이라고도 말할 수 없고 법아니라고도 말할 수 없다 있다고도 할 수 없고 없다고도 할 수 없다 진실하다고도 할 수 없고 공하다고도 말할 수 없다 왜냐하면 성(性)은 말할 수 없기 때문이다 보리는 머무는 곳이 있지 않아 펼쳐 말할 수 없는 것이 마치 허공과 같다 진실로 일체법을 알기 위하여는 펴 말할 수 없으니 글자 가운데 법이 없고 법 가운데 글자가 없다 유포하기 위해서는 일부러 펴 말할 수 있지만 일체 범부는 진실을 알지 못한다 이러므로 여래는 대자비심을 일으켜 연설하느니라

〈방등대집경 다라니자재왕보살품〉

방등대집경은 대승경전을 모아놓은 경전의 총칭이다. 보리는 깨달음을 말한다. 그 깨달음을 얻기 위해서는 본질인 법과 이를 담아내는 형식이라고 할 수 있는 글자 중에 어느 한 편에도 얽매이지 않아야 한다. 글자에 매이다 보면 법의 본뜻을 왜곡하는 일이 생기고 글자를 무시하고 법을 찾으면 미로 속을 더듬어 찾는 상황에 처한다. '글자 가운데 법이 없고 법 가운데 글자가 없다'는 말씀은 모든 경전의 해석에 적용되는 원리라고 해도 무방하다. 또 '일체 범부는 진실을 알지 못한다'는 말씀은 섣부르게 알맹이를 안다고 거론하지 말라는 경

고이기도 하다. 또 이런 말씀도 있다.

세존이시여 여래 세존은 어떠한 법을 얻어서 이 사람들로
하여금 받아 가지며 지키고 보호하나이까 선남자야 만약
능히 이 법 가지는 사람을 보호하면 이것이 바로 법을 보
호함이니 이른바 베껴 쓰고 읽어 외우고 문자로 해석함이
니라 문자는 말할 수 있지만 법은 말할 수 없느니라 선남
자야 법을 보호하는데 두 가지가 있으니 하나는 법대로 생
활하는 것이고 다른 하나는 이 문자를 외움이니 만약 문자
가 없으면 법을 말할 수 없으리라

〈방등대집경 무언보살품〉

여래, 세존은 부처의 다른 호칭이다. 문자는 말할 수 있지만 법은
말할 수 없다거나 문자가 없으면 법을 말할 수 없다는 말씀은 본질을
담아내는 형식의 필요성을 웅변하고 있다. 맹자는 이런 말씀을 한다.
"서경의 내용을 모두 믿는다면 서경이 없는 것만 못할 것이다"〈맹자
진심하편〉 서경은 중국 고대의 역사를 기록한 역사서로서 공자가 편
찬했다고 전해지는 유교의 중요한 경전이다. 그 경전의 내용도 글자
그대로 믿는다면 오류를 범할 수 있는 것이니 차라리 없는 것만 못하
다는 극단적인 경계의 말씀이다. 주자가 주석한 〈맹자집주〉에 보면
정자의 말을 다음과 같이 적고 있다. '일을 기재한 내용에는 혹 지나
치게 칭하여 그 실제보다 지나친 것이 있으니 배우는 자들은 마땅히

그 뜻을 알 뿐이다. 만일 그 내용에 집착한다면 때로는 혹 그 본뜻에 해로움이 있을 것이니 서경이 없는 것만 못할 것이다.'

모든 종교에서 본질이라고 하는 사상도 수천 년 동안 이어져 내려온 제도라는 형식 속에서 형성되고 다져진 것임을 부정할 수 없다. 그래서 종교를 신앙과 전통의 합이라고 이해하는 견해는 매우 설득력이 있다. 신앙이라는 본질은 순수한 것이다. 그러나 그 순수를 보존하는 전통은 여러 가지 요인들에 의해 영향을 받아서 왜곡되기도 하고 수정되기도 하며 축적된다. 순수한 신앙은 이상적이지만 전통은 당연히 현실적인 문제를 갖게 된다. 종교에 대한 비판도 대부분 전통에 따르는 형식적인 문제들이다. 이러한 비판은 역사적으로 볼 때 수긍할 만한 부분이 많다. 종교가 정치와 밀착되어 권력화할 때 나타난 폐해들을 지난 역사에서 확인할 수 있고, 물질적으로 비대해진 종교가 타락했던 모습도 찾아볼 수 있다. 기독교나 불교나 유교가 거대한 종교로 성장할 수 있었던 요인 중에는 정치권력과의 유착이 큰 비중을 차지한다. 정치적 통합이라는 권력의 필요에 의하여 종교가 공인되고 국교화한 사례가 이들 세 종교에 공통으로 나타난다. 그래서 권력과 부를 누리며 본래의 순수한 본질을 잃어버리는 사태가 발생했다.

겉으로 드러나는 현상이나 형식을 떠나서 본질을 논하는 것은 이론적으로는 가능할지 모르나 현실적으로는 불가한 일이다. 그러나 인간의 이상향은 늘 본질의 회복에 가 있는 것도 사실이다. 어려운 일이기는 하지만 그래도 순수성을 찾고 지켜 나가려는 노력은 바람직

지혜만찬

한 모습이다. 절대적 존재를 향한 신앙이라는 본질은 인간을 인간답게 하는 고유한 요소라고 할 수 있다. 신앙은 무언가를 믿으려고 하는 인간의 속성이다. 이 믿음 또는 신심이 인류문명의 뿌리에 자리잡고 있다.

인간은 자기가 할 수 있는 것보다 훨씬 많은 것을 상상할 수 있고 때로는 환상을 보기도 하는 신비로운 존재다. 이 신비를 신앙이라는 행위로 순화시키는 것이 종교의 기능이다. 그리고 그 순화작용으로 나타나는 현상 중에 가장 긍정적으로 영향을 미치고 있는 것이 윤리라고 할 수 있다. 그것은 종교의 기능 중에서 매우 중요한 부분이다.

5) 윤리

윤리의 근거를 종교에서 찾는 것에 반대하는 의견도 있지만 소위 세계종교라고 하는 큰 종교에서는 한결같이 윤리성을 기본적인 교리에 포함하고 있다. 윤리도 시간의 흐름 속에서 변하는 현상을 보이기는 하지만 그 본질적 가치는 인류의 정신세계에서 중요한 역할을 담당한다. 중력의 법칙이 물리적 세계를 움직이는 원리라면 윤리는 정신적 세계를 안정적으로 유지시키는 기준이 된다. 우주로 나가면 무중력 상태가 되어 그곳의 생활은 다른 원리가 작동한다. 거꾸로 서서 떠다니기도 하고 작업을 하기 위해서는 무엇이든지 고정시키는 장치가 있어야 한다. 윤리적인 무중력 상태에서는 모든 금기가 해체되는 상황이 될 것이다. 그러면 새로운 원리가 있어야 할 텐데 그러한 상태를 유지시킬 새로운 원리가 찾아질지 모르겠다. 무중력이 자유가 아니듯 금기를 깬 무윤리가 자유일 수는 없다. 언젠가 그런 무윤리의 사회가 도래할는지 예측할 수 없지만 그때 인류는 새로운 종으로 태어날 각오를 해야 할 것이다. 그러한 일은 공상과학에나 나올 법한 이야기인데 최근에 급하게 변해가는 성윤리나 AI로 무장된 휴머노이드의 등장 등을 보면 우려되는 부분이 많다.

인류가 유산으로 물려받은 윤리라는 가치의 근간이 흔들림 없이 유지되려면 신앙의 뒷받침이 없이는 가능할 것 같지 않다. 기독교에서는 예수 이전의 성경인 구약성경을 율법과 선지자라고 말한다. 특히 앞부분에 나오는 다섯 편의 경전을 '모세 오경'이라고 하는데 이 경전의 주된 내용이 하나님의 명령으로 묘사된 율법이다. 대표적인 율법은 십계명으로 되어 있지만 그 외에 자세한 생활규범을 정해놓은 많은 규정이 있다. 모세 오경에 기록된 율법 조항은 613개나 된다고 한다. 이 율법은 현대적 개념으로는 법과 윤리를 포함한다. 고대에는 법과 윤리의 구분 없이 모두 율법으로 통했다. 이 율법에 상응하는 규정을 불교에서는 계율이라고 부른다. 불경을 전체적으로 부를 때 삼장이라고 하는데 경장, 율장, 논장을 포함한다. 여기의 율장이 계율을 기록해 놓은 불경이다. 대표적인 계율로 오계, 십계 등이 있으며 세부적인 규정으로는 출가승을 위한 비구 250계, 비구니 348계 등이 있다. 유교에는 윤리의 기본이 되는 세 가지 강령과 다섯 가지 인륜이 있다. '삼강오륜'이라고 하는데 이것을 근간으로 하여 예와 법이라는 형식으로 많은 규정을 두고 있다. 삼강(三綱)은 군위신강(君

爲臣綱), 부위자강(父爲子綱), 부위부강(夫爲婦綱)이고, 오륜(五倫)은 부자유친(父子有親), 군신유의(君臣有義), 부부유별(夫婦有別), 장유유서(長幼有序), 붕우유신(朋友有信)이다.

> 인간에게는 도리가 있으니 배불리 먹고 따듯하게 옷을 입어 안일하게 거처하기만하고 가르침이 없으면 금수와 가까워진다 성인이 이를 근심하여 설로 하여금 사도를 삼아 인륜을 가르치게 하였으니 부자간에 친함이 있고 군신간에 의리가 있고 부부간에 분별이 있고 장유간에 순서가 있고 붕우간에 믿음이 있는 것이다
>
> 〈맹자 등문공상편〉

여기서 말하는 성인은 순임금이고 설은 그 신하다. 삼강은 경전에 근거는 없지만 유교를 국교로 삼은 중국 한나라 때 통치를 위한 규범으로 정립된 이론이다. 윤리를 규정하고 있는 율법이나 계율, 예법에 대하여 종교적인 의무감이나 규범성을 갖도록 해주는 것이 신앙이다. 종교가 인류의 행복과 평안에 기여하려면 그러한 신앙심이 자연스럽고 긍정적으로 발현될 수 있도록 좋은 전통을 지켜나가는 작업이 필요하다. 과거 인류 문명사에서 종교가 비윤리적인 행태를 보인 적도 많았음을 부인할 수는 없지만 그래도 윤리의 뿌리는 종교라고 말할 수 있다. 인간이 자랑하는 이성이 발달되기 전에 윤리는 이미 큰 비중으로 존재했다. 근대에 휴머니즘 사상이 등장하면서 윤리

의 종교성을 부정하는 경향이 있는 것도 사실이다. 종교적인 배경이 없더라도 인간은 얼마든지 윤리적일 수 있다는 생각이 상식처럼 되어 있다. 그러나 윤리의 판단근거가 되는 종교의 역할은 사라지기 어려울 것이다. 인간은 이성으로만 판단하지 않기 때문이다.

> 사람아 주께서 선한 것이 무엇임을 네게 보이셨나니 여호와께서 네게 구하시는 것은 오직 정의를 행하며 인자를 사랑하며 겸손하게 네 하나님과 함께 행하는 것이 아니냐
>
> 〈구약성경 미가〉

윤리는 선을 추구하는 것인데 선이 무엇이냐는 문제는 정확한 답을 찾기가 어려운 주제다. 철학에서는 다양한 이론으로 설명한다. 그러나 종교적으로는 단순하다. 하나님의 명령 또는 하늘의 뜻이라고 이해하는 것이다. 율법이나 계율이나 예법이 왜 선인가는 물을 필요가 없다. 위에 성경 말씀에 따르면 하나님이 이미 선이 무엇인지를 보이셨기 때문에 사람은 다만 겸손을 발휘해서 따르면 된다. 유교에서 천륜이라고 하면 하늘이 명한 윤리라는 뜻인데 하늘이 명했다고 하면 그 이유를 캘 필요가 없다. 그런 행위는 오히려 불경스러운 일이 될 수 있다. 문제는 무엇을 천륜이나 천명이라고 판단하는지가 어려움으로 남는다. 그래서 경전의 해석이 중요한 과제가 된다. 경전은 형식인데 그 안에서 본질이라고 할 수 있는 윤리의 형성원리를 찾아내는 일이 종교인의 임무라고 하겠다. 윤리는 신앙과 직결되어 있고 그

래서 윤리를 담고 있는 율법을 잘 지키면 지혜를 얻을 수 있다고 가르친다.

> 율법을 터득한 이는 지혜를 얻으리라
> 지혜가 어머니처럼 그를 맞이하고
> 새색시처럼 그를 맞아들이리라
>
> 〈가톨릭성경 집회서〉

일반적으로 지혜를 짜내려면 머리를 써야 하는데 이 말씀에서는 지혜를 얻으려면 율법을 터득하라고 한다. 불교에서는 계(戒), 정(定), 혜(慧)를 삼학(三學)이라고 하여 깨달음의 과정으로 설명한다. 계율을 잘 지키고 고요한 선정(禪定)에 들어 지혜에 이른다는 가르침인데 율법을 터득해서 지혜를 얻는다는 성경의 말씀과 상통한다.

6) 심성

신앙심은 심성(心性)의 발로로서 크게 세 가지 요소가 자리 잡고 있다. 그것은 감성, 지성, 영성이다. 첫째, 감성은 느낌의 세계다. 느끼는 감성은 사물을 좋고 싫음으로 구분한다. 그래서 싫은 것은 멀리하려고 하고 좋은 것은 가까이 하려고 하는데 어떤 논리적인 이유는 없다. 따져보면 원인은 있겠지만 설명은 쉽지 않다. 그냥 좋으니까 좋고 싫으니까 싫다고 한다. 이 느낌은 사람마다 다른 것이 있고 또한 공통적인 것도 있다. 공통되는 부분이 많으면 공감이 생기고 다른 부분이 많으면 반감이 생기게 된다. 같은 공간이나 시간에 살면서 공감은 적고 반감이 많다면 불화가 클 것이다. 그래서 이유 없이 생기는 느낌의 세계에서 반감은 줄이고 공감의 폭은 넓히는 순화작업이 중요하게 된다. 예술이나 문학은 이러한 감성을 공유하는 작업을 수행한다. 대부분의 일상은 감성에 의해서 좌우된다. 생각 없이 하는 행동은 거의가 그렇고 생각을 한다고 해도 마지막 결정에서는 감성에 따르는 경우가 많다. 지성이 풍부하다는 사람도 무의식중에 나오는 행동은 느낌에 좌우되기 쉽다. 그래서 근대 이성의 시대를 지나 현대로 오면서 이 감성의 위력에 새삼 주목하며 감성적인 삶의 중요성에 많은 관심을 기울이고 있다.

둘째, 지성은 생각하는 세계다. 인간의 삶을 고귀하게 하는 특징이다. 감성은 동물들도 부분적으로 누리지만 생각의 세계인 지성은 거의 인간의 고유한 영역이라고 할 수 있다. 생각은 이로움과 해로움을 구분하며 나아가 옳고 그름을 구분하게 된다. 생각하는 능력이 없었다면 문명은 불가능했을 것이다. 감성이 지배하는 부분이 크다고는 해도 지성이 빠진 인생은 나침반 없이 항해하는 배와 같다. 항로를 모르며 살아간다면 의미 있는 삶이라고 할 수 없다.

그리고 느낌과 생각은 서로 영향을 미친다는 점에 주목할 필요가 있다. 어떤 느낌을 가지고 있느냐에 따라서 생각이 달라지기도 하고, 어떤 생각을 하느냐에 따라 다른 느낌을 갖게도 된다. 느낌과 생각이 같은 방향으로 갈 때 안정이 될 수 있고 반대가 되면 불안정한 상태가 된다. 유익한 것을 좋아하고 옳은 것을 좋아하면 조화를 이룬다고 할 수 있고, 그른 것을 좋아하고 해로운 것이 좋게 느껴진다면 조화가 깨진 상태가 된다. 보통 느낌은 든다고 하고 생각은 한다고 말한다. 그 말은 느낌은 수동적이고 생각은 능동적이라는 뜻이다. 그래서 느낌은 조절하기가 쉽지 않다. 반면에 생각은 의지로 하는 것이기 때문에 노력하면 가능한 부분이다. 흔히 감정을 조절한다고 하는데 이 경우에도 직접 느낌을 바꾸기는 쉽지 않고 먼저 생각을 좋은 쪽으로 바꾸면 느낌이 따라오게 된다. 느끼는 감성이 많은 역할을 하지만 생각하는 지성이 방향을 조절할 필요성이 있다.

마지막으로 영성은 영과 관련되는 세계라고 할 수 있다. 영이라는 존재는 어떻게 정의를 내리기가 어려운 모호하고 알 수 없는 것이기 때문에 흔히 신비의 영역으로 치부한다. 영성은 영적인 느낌과 영적인 생각을 포함한다. 그래서 '영적'이라는 수식어를 빼면 감성과 지성으로 환원될 수 있는 것이다. 이 영성을 의식하지 않고 살아가는 사람도 많이 있다. 종교를 믿지 않는 무종교인은 대부분 그럴 것이지만 무의식 속에는 영성이 숨겨져 있는 경우가 많다. 평범한 감성이나 지성으로 수용하고 극복할 수 없는 극한적인 상황에 맞닥뜨리면 저도 모르게 영적 신비를 그리게 된다.

영성은 영적 세계를 상상하는데 근본적으로 초월과 신비의 세계다. 세속적인 삶을 거룩, 경건, 청정과 같은 성스러운 분위기로 인도한다. 사람은 본능적으로 성스러움에 대한 동경심을 가지고 산다. 더불어 사는 세상이라지만 소란스럽고 짐스러운 세속을 벗어나고 싶은 욕구가 잠재해 있다. 그리고 영적 세계를 상상하는 능력은 죽음이라는 불가해한 현상과 밀접하게 연결된다. 죽음을 때때로 의식하면서 삶을 이어가야 하는 것이 만물의 영장이라고 하는 존재가 지고 가야 할 숙명이다.

7) 죽음

일반적으로 죽음 이후의 세계를 영적 세계라고 말한다. 육신을 벗어난 영혼이 가 있는 곳이다. 물론 살아있는 동안에도 순수한 영혼을 느끼며 생각한다면 그것도 영적 세계라고 할 수 있다. 기독교 구약성경에는 죽음을 '온 세상이 가는 길'〈여호수아〉, '세상 모든 사람이 가는 길'〈열왕기상〉, 또는 '조상에게 돌아간다'〈역대상〉고 묘사하고 있다. 천당이나 지옥이라는 개념이 당시에는 없었기 때문에 이렇게 막연하게 상상했다. 이런 말도 나온다. "장정이라도 죽으면 소멸되나니 인생이 숨을 거두면 그가 어디 있느냐"〈욥기〉 아마도 종교는 인간이 풀지 못하는 죽음에 대한 불안과 두려움에서 시작되었다고 해도 과언이 아니다. 그것은 사람이 겪는 경험 중에 가장 슬프고 고통스러운 일이다. 어떠한 슬픔도 죽음과 비교될 수 없다. 영원한 이별이면서 마지막까지 슬픈 기억으로 남는다. 불경에 보면 부처의 죽음을 맞이한 대중들의 슬픔을 묘사하는 장면이 나온다.

이렇게 나는 들었다 어느 때 부처님께서 쿠시나성 장사들
이 태어난 곳 아지타비티이 강가 두 시라나무 사이에서 큰

비구 80억 백 천인에 둘러싸여 2월 15일 열반에 드시려고
하였다… 중생들은 이것을 보고 듣고 크게 걱정 근심하며
소리높여 울부짖었다 아아 어지신 아버지시여 애통하고
안타깝습니다 오랫동안 열반에 드시지 말고 한 겁 동안만
이라도 머물러 주옵소서

〈대반열반경 서품〉

죽음을 초월해서 열반의 경지를 이룬 부처를 떠나보내는 사람들이
울고불고하는 모습이 너무 소박하다. 평생을 가르친 지혜를 중생들
은 깨우치지 못한 것 같다. 죽음은 가장 크게 깨달은 자라는 부처의
모습에서도 슬픔이었다. 예수의 경우에 보면 한 가정에서 일어난 죽
음을 슬퍼하던 장면이 나온다. 그를 따르던 많은 여인들 중에 마리아
와 마르다 자매가 있었는데 오라버니인 나사로가 병들어 죽었다. 이
들은 예수가 사랑했던 남매들이었다.

마리아가 예수 계신 곳에 가서 뵈옵고 그 발 앞에 엎드리
어 이르되 주께서 여기 계셨더라면 내 오라버니가 죽지 아
니하였겠나이다 하더라 예수께서 그가 우는 것과 또 함께
온 유대인들이 우는 것을 보시고 심령에 비통히 여기시고
불쌍히 여기사 이르시되 그를 어디 두었느냐 이르되 주여
와서 보옵소서 하니 예수께서 눈물을 흘리시더라

〈신약성경 요한복음〉

이후에 무덤 속에 있는 나사로에게 큰소리로 나오라고 부르니 그가 살아났다는 일화가 기적사건으로 전해진다. 전능하신 하나님의 아들에게도 사랑하는 자의 죽음은 비통하고 불쌍하고 슬픈 일이었다. 눈물을 흘리는 예수는 진솔한 인간의 모습이다. 공자에게는 이런 일이 있었다. 수제자인 안연이 젊은 나이에 죽음을 맞았는데 그의 죽음은 하늘이 원망스러울 정도로 슬픈 일이었다. 안연은 안회다.

> 안연이 죽자 공자께서 말씀하셨다 아 하늘이 나를 버리시는구나 하늘이 나를 버리시는구나 안연이 죽자 공자께서 곡하시며 애통해하셨다 따르던 제자가 말하기를 선생님께서 지나치게 애통해하십니다 하니 말씀하시기를 지나치게 했다고 하느냐 저 사람을 위해서 애통해하지 않고 누구를 위해 애통해하겠느냐 하셨다
>
> 〈논어 선진편〉

하늘의 뜻을 통찰했던 공자에게도 죽음은 애통한 일이다. 젊은 제자의 죽음을 당해서 보인 모습이 성인의 풍모에는 어울리지 않을 듯하지만 이처럼 슬퍼하였다. 그의 죽음은 단순한 한 사람의 죽음이 아니라 장차 도를 이어갈 제자를 잃은 슬픔이라고 할 수 있다. 안연은 하나를 가르치면 열을 깨치고 더불어 인을 논할 수 있는 유일한 제자라고 생각했다. 그래서 슬픔이 더욱 컸다고 이해할 수 있지만 그렇기는 해도 그 모습은 죽음을 애석해하고 안타까워하는 보통 사람과 크

게 다르지 않았다. 죽음은 어떻게든 이해되어야 하고 정리되어야 할 숙제다. 부처는 제자 가섭에게 이렇게 설명한다.

> 선남자여 죽음이란 험난한 길에 노자가 없는 것이며 갈 곳
> 은 먼데 동무가 없으며 밤낮으로 줄곧 가지마는 끝을 알지
> 못하며 깊고 어두운데 등불이 없으며 들어갈 문은 없는데
> 처소만 있으며 비록 아픈 데는 없으나 치료할 수 없으며
> 가도 끝이 없고 이르러도 벗어날 수 없으며 파괴함은 없지
> 마는 보는 이마다 근심하며 험악한 빛깔은 아니나 사람들
> 을 무섭게 하며 내 몸에 있지마는 깨닫지 못하느니라 가섭
> 이여 이런 비유와 그 외 한량없는 비유를 보아서 죽는 일
> 이 참으로 괴롭인 줄을 알지니라
>
> 〈대반열반경 성행품〉

죽음은 참으로 괴롭이다. 아무리 알려고 해도 알 수 없고 무시하려 해도 무시할 수 없는 불가피하고 불가항력적인 난적이다. 노자 없이 떠나는 험한 길이고, 동무 없이 가는 먼 길이며, 끝을 알 수 없고, 불 없는 어둠 속이고, 문 없는 집이며, 치료할 수 없는 병이고, 벗어날 수 없는 무서움이며, 깨달을 수도 없는 것이다. 운명처럼 다가오는 죽음을 면할 길은 없지만 종교의 세계에서는 이를 극복하는 길을 제시한다. 시드는 꽃처럼 끝나는 모든 육체는 유한하지만 하나님의 말씀은 영원하다고 한다.

모든 육체는 풀이요 그의 모든 아름다움은 들의 꽃과 같으
니 풀은 마르고 꽃이 시듦은 여호와의 기운이 그 위에 붊
이라 이 백성은 실로 풀이로다 풀은 마르고 꽃은 시드나
우리 하나님의 말씀은 영원히 서리라

<구약성경 이사야>

지혜만찬

2. 발단

1) 시초

예수는 이천 년 전에 팔레스타인 지역에서 기독교를 전파하기 시작
했고 부처와 공자는 이천오백 년 전에 각각 인도와 중국에서 불교와
유교를 창시하고 집대성했다. 그러나 종교는 이미 세계 도처에 다양
한 형태로 있었으며 그 시초는 샤머니즘이나 자연숭배 등에서 찾아
볼 수 있다. 샤머니즘은 시베리아 원주민들의 토착종교의례로서 영
혼을 다루는 샤먼의 역할을 중심으로 죽음, 꿈, 환상, 병고침, 예언
등을 다룬다. 샤먼을 우리는 무당이라고 부르는데 이런 형태의 종교
현상이 북아메리카나 아마존, 아시아, 아프리카 등 각지에서 발견된
다. 자연숭배도 역시 보편적으로 보이는 초기의 현상으로서 영험해
보이는 자연물을 신앙의 대상으로 삼아 현실적인 욕구를 충족하고자
했다. 샤머니즘이나 자연숭배는 세계 여러 민족에게서 원시적인 모
습이 나타나고 오늘날에도 그 잔재가 민속종교라는 이름으로 남아있
다. 이들의 특징은 대표적으로 기복신앙과 신비주의다. 이 두 요소는

이후로 모든 종교에 영향을 미치고 있다.

　기독교는 예수가 창시자이기는 하지만 그 시작은 구약성경의 창세기로부터 유래하여 고대 이스라엘 왕조의 역사 속에 등장하는 여호와 하나님 숭배사상에 기반을 두고 있다. 이 이스라엘 민족종교는 유대교로서 기독교의 뿌리를 이루며 유대교 경전인 구약성경 부분에는 기복신앙과 신비주의가 많이 나타난다. 여호와 하나님께 복을 빌면 자비로운 하나님이 물질과 자손과 장수의 복을 내려준다. 그리고 하나님은 우레와 같은 소리와 불꽃으로 자신의 존재를 드러내며 하나님을 직접 쳐다본 사람은 죽임을 당한다고 한다.

　　모세가 이르되 원하건대 주의 영광을 내게 보이소서 여호
　　와께서 이르시되... 네가 내 얼굴을 보지 못하리니 나를 보
　　고 살 자가 없음이니라
　　　　　　　　　　　　　　　　　　　〈구약성경 출애굽기〉

　불교는 인도의 브라만교를 기반으로 시작되어 역시 그러한 경향이 경전 곳곳에 나타난다. 부처의 전생을 기록했다는 본생담을 포함하는 경전에는 많은 기적 사건이 나타나고 부처가 설법을 하는 곳에는 하늘에서 꽃비가 내리고 하늘에 산다고 하는 천인들이 주위에 진을 친다. 유교는 공자 이전의 원시유교 전통이 있기는 했으나 유교 자체에는 그러한 경향이 별로 보이지 않는다. 중국의 민족종교라고 할 수 있는 도교에서는 기복이나 신비주의가 매우 짙게 나타나는데 비해서

유교는 그런 모습을 찾기가 어렵다. 오히려 신비주의에 대하여 경계하는 말씀을 하고 있다. 이점은 유교가 종교로서의 색채가 덜한 특색이기도 하다. 그러나 후대에 공자가 신격화되고 조상제사가 유교의 중요한 의례가 되면서 기복신앙은 일반 민중에게 널리 퍼지게 된다.

2) 기복

복을 바라는 마음은 모든 사람에게 공통이다. 그러나 간절하게 비는 복은 바라는 대로 오지 않는다. 그 안 되는 일을 어떻게든 실현시켜 보려는 노력이 종교현상으로 나타난다. 새해 첫날이면 많은 사람이 해가 뜨는 바닷가나 산 정상에 올라서 해를 바라보며 새해 받을 복을 빈다. 종교가 있는 사람이나 없는 사람이나 경건한 마음으로 두 손을 모으고 기원한다. 종교의 일차적인 존재의의가 기복에 있다고 볼 수 있다. 복을 가져다주는 어떤 존재가 있다는 믿음이 밑바닥에 있기 때문이다. 기복행위는 특별히 증명이 필요 없을 정도로 현재에도 일상적으로 나타난다. 입시철이 되면 연례행사처럼 합격을 기원하며 기도회가 열리고 불공을 드리는 모습을 볼 수 있다. 그리고 종교단체에 바치는 헌금에 기복의 의미가 담겨있다는 사실을 부인할 수 있는 사람은 많지 않을 것이다. 유교의 전통과는 다르지만 우리 민속종교에서는 새벽에 정화수를 떠 놓고 천지신명에게 복을 빌었다.

지역마다 번성했던 민속종교들은 저마다 물질적인 풍요를 기원했다. 그래서 고대인들이 믿었던 신들은 공통으로 풍요의 신이다. 농업지역에서는 농작물의 풍년을 기원하고 목축지역에서는 짐승을 많이 잡게 해달라고 기원하고 어로에 종사하는 해안지역에서는 풍성한 어획량과 특별히 생명의 안전을 위해 기원했다. 농경사회였던 우리나라의 고대왕국에서는 해마다 가을 추수철에 하늘에 제사를 지내는 제천의례가 있었으며 풍성한 곡식에 대한 기원과 감사를 위한 의식이었다. 기독교나 불교의 경전에도 기복신앙이 여러 곳에 나타나 있다.

> 네 하나님 여호와를 섬기라 그리하면 여호와가 너희의 양식과 물에 복을 내리고 너희 중에 병을 제하리니
>
> 〈구약성경 출애굽기〉

> 계를 지키는 자는 구하는 것이 뜻대로 되고 가진 재산이 더욱 불어나며 가는 곳마다 사람의 존경과 사랑을 받고 좋은 이름과 착하여 칭찬이 천하에 퍼지며 목숨을 마친 뒤 천상에 태어나게 된다
>
> 〈장아함경 유행경〉

유교는 하늘(天)을 상제(上帝) 혹은 천제(天帝)라는 이름으로 숭배하는데 하늘제사는 원칙적으로 하늘의 자식이라고 하는 천자(天子)만이 드릴 수 있는 의례다. 그 하늘제사도 내용은 재해를 막고 복을 내려달라는 것이었다. 일반인들이 드리는 조상제사는 일차적으로 조

상신에 대한 숭배의 의례이지만 그 배후에는 후손들의 안녕과 복을 비는 강한 기복신앙이 깔려 있다. 흔히 샤머니즘을 기복신앙의 뿌리라고 알고 있지만 반대로 생각해 보면 기복신앙이 샤머니즘의 뿌리라고 할 정도로 기복사상은 인간의 심성에 깊게 자리를 잡고 있다. 그리고 그 흔적이 오늘날 모든 종교에 나타난다.

기복신앙은 이기적인 심성이 자연적으로 잉태한 산물이기 때문에 윤리성이 부족한 측면이 있다. 그래서 저급한 종교현상으로 치부하는 경향이 있고 미신으로 천시하기도 한다. 그러나 당위성을 떠나 현상을 판단한다면 기복사상은 종교에서 가장 중요한 자리를 차지하고 있다고 해도 과언이 아니다. 그리고 기복행위 자체를 부정적으로 볼 필요는 없다. 한 마을이나 국가와 같은 공동체를 위한 기복행위는 권장할 만한 것이기도 하다. 문제는 기복행위가 이기적인 동기에 머물고 다른 사람의 희생을 강요할 때 발생한다. 샤머니즘과 같은 원시종교는 기복사상이 주로 개인이나 가족과 같은 좁은 범위에 머문 반면에 기독교, 불교, 유교 등 소위 세계종교에서는 넓은 범위로 확장되어 이타주의로까지 발전된 사실을 확인해 볼 수 있다. 아마도 기복사상을 빼버린다면 더 이상 종교로 존립하기가 어려울 것이다.

인생살이가 평안하기를 비는 기복신앙은 고난을 당하는 인생들에게는 더욱 절실한 바람으로 나타난다. 어떻게든 행복해지려고 온 힘을 다해 복을 잡으려 애쓰지만 뜻대로 되지 않는다. 그러면 어떤 현실을 뛰어넘는 초월적인 능력이 나에게 호의를 베풀어 주기를 바라는 마음이 간절해진다. 그것은 상상이기는 하지만 정성을 다해서 빌면 가능할 수도 있다는 믿음으로 자라난다. 그래서 하늘과 땅과 온갖 영험해 보이는 대상을 향하여 간절히 기도한다. 그러는 중에 영성이 뛰어난 사람들은 상식을 뛰어넘는 신비를 체험하기도 한다.

3) 신비

심성 속에 영성이 있다는 말은 인간은 신비로운 존재라는 말과 같다. 영성은 초월적 신비를 담고 있기 때문이다. 영혼의 문제는 원시 시대의 인간이나 현대인이나 여전히 풀지 못하는 부분이다. 신경과학이나 뇌과학이라는 새로운 분야가 그 실체를 찾아보려는 시도를 하고 있지만 한계가 있으리라 생각된다. 과학은 측정할 수 있는 대상만을 설명하는데 영성이나 영혼을 객관적으로 측정할 수 있는 방법은 아직까지 확인되지 않는다. 상상이라는 것이 지적인 작용에서는 자의적으로 이루어지지만 영적으로는 타의적이고 비자발적인 영역처럼 인식된다. 내 의지가 아니고 외부의 힘이나 영향력이 내 안으로 들어오는 경험을 겪어본 적이 있을 것이다.

엑스터시라는 마약이 있는데 이 말의 본뜻은 일상적인 의식수준이 저하되면서 빠져드는 망아상태를 말하며 또한 종교적 신비체험의 최고상태를 가리킨다. 우리말로는 황홀경이라고 번역된다. 황홀이란 눈이 부시게 아름답거나 찬란하여 마음을 들뜨게 하는 상태다. 노자의 도덕경에 등장하는 이 '황홀'(恍惚)이라는 말은 원래 도(道)를 형용하는 용어다. 보아도 볼 수 없고 들어도 들을 수 없으며 만져보아도 느낄 수 없는 미묘한 대상이라고 하며 그것을 황홀이라고 묘사하고 있다. 무아 또는 망아라고도 부르는 이러한 경지는 종교인에게만 국한되는 현상은 아니며 예술을 하는 사람에게도 종종 나타나고 일반인들에게는 어떤 일이나 취미활동과 같은 무엇인가에 몰입하는 경우에 경험되기도 한다.

이 설명하기 어려운 영역을 신비라고 부르는 것이다. 신비를 이해하기 위한 종교는 이 세계를 일상과 조화시킨다. 영성이 신비를 이해하는 능력이라고 한다면 영성이 풍부할수록 현실을 초월하는 경험도 늘어난다. 사람들은 신비를 체험하고 싶어 하며 현실에서는 찾아볼 수 없는 특별한 만족감이나 위안을 얻을 것으로 기대한다. 이를 체험하는 가장 일반적인 경우는 아마도 꿈을 꾸는 일일 것이다. 꿈은 우리의 생각보다 훨씬 앞서가며 도저히 있을 법하지 않은 체험을 하게 만든다. 꿈속에서 죽은 사람을 만나는 일은 많은 사람이 경험한다. 신비를 의도적으로 멀리했던 공자도 말년에 이런 말씀을 한 적이 있다.

> 공자께서 말씀하셨다 나는 심히 쇠약하였구나 내가 꿈속
> 에서 주공을 뵙지 못한 지가 오래 되었다
> 〈논어 술이편〉

주공은 주나라를 세운 무왕의 동생으로 어린 조카를 왕으로 잘 보필하여 주나라의 기틀을 다진 인물로서 공자는 그를 성인으로 추앙하였다. 그런 주공을 자신이 노쇠하여 꿈속에서라도 만나보지 못함

을 애석해하는 말씀인데 꿈이 신비의 세계라는 사실을 모르고 한 말씀은 아닐 것이다. 종교는 신비가 없이 존재하기 어렵다. 인류의 초창기에는 현실에서 부닥치는 많은 일들이 불가사의다. 매일 변함없이 뜨는 해와 달, 바람, 비, 천둥, 번개 그리고 생명을 위협하는 맹수들의 힘 등 인간의 능력을 압도하는 자연현상들이 신비에 속했을 것이다. 영성이 없는 동물들에게는 생존의 문제가 있을 뿐이지만 인간에게는 생존을 넘어서는 죽음의 문제가 풀리지 않는 수수께끼처럼 머리에 맴돈다. 고대인들은 꿈속에서 보이는 영혼들이 현실에서도 활동하며 영향을 미치는 것으로 생각했다. 그래서 그 영혼을 숭배하는 일이 중요한 의례로 자리를 잡으며 종교성이 형성되어 나간다.

샤머니즘은 세계 모든 지역에서 공통적으로 나타나는 원시종교인데 사제의 역할을 하는 샤먼의 주된 활동이 바로 영혼과 교류하며 영혼으로부터 능력을 받아 기적을 행하고 그 영혼을 숭배하는 일이었다. 영혼과 교류한다든지 능력을 받는 일은 신비의 체험이다. 모든 사람이 체험하는 것은 아니지만 그 행위를 믿음으로써 거기에 동참한다. 종교적 감수성이 강한 사람은 더 많은 신비를 경험하기도 한다. 불경에 보면 부처가 죽은 어머니 마야부인을 만나기 위하여 도리천에 올라가 삼 개월 동안 머물다 내려오는 장면이 나온다.〈증일아함경 청법품〉 도리천은 불교의 우주관에 존재하는 상상의 하늘세계다. 성경에서는 이스라엘의 초대 왕 사울이 무당을 찾아가서 지하세계에 있는 선지자 사무엘의 영혼을 불러올리기를 청하고 그와 대화를 나누기도 한다.〈구약성경 사무엘상〉 공자는 빠른 번개와 세찬 바람이 불면 반드시 얼굴빛을 바꿨다고 했으며〈논어 향당편〉 이에 대한 주자의 해설을 보면 얼굴빛을 바꾼 것은 하늘의 진노에 공경을 표한 것이라고 했다.

자연현상에 대한 신비는 많은 부분이 과학으로 설명되어 사라진 것처럼 보인다. 그러나 물리적인 세계에 대한 탐구는 끝없는 우주나 무한히 작아지는 원자의 세계를 통해서 그 신비를 더해가는 측면도 있다. 영혼의 문제는 정신적인 영역이지만 현대과학은 이것을 물리적인 문제로 환원하는 시도를 거듭하고 있다. 인간이 경험하는 신비체험을 뇌에서 작용하는 세포들의 활동으로 설명하려고 한다. 그러나 그 뇌세포가 활동을 끝내는 죽음 이후에도 영혼이 활동하는지는 과학의 영역을 벗어나는 문제라고 할 수밖에 없다. 신경과학이나 뇌과학은 영성이 활발한 사람들의 뇌에서 일어나는 현상을 세로토닌이나 도파민과 같은 화학물질의 작용으로 설명하거나 또는 전기적인 자극으로 설명하기도 하고 전두엽 전부나 측두엽과 같은 뇌의 특정부위의 활동을 영성과 결부하기도 한다. 하지만 영적인 신비체험을 뇌에서 반응하는 현상으로 확인했다고 해도 그 현상의 본질이 무엇인가는 여전히 의문으로 남는다. 결국 이 영역은 종교에 맡겨진 다른 차원의 세계다. 영성을 무시하고 지성과 감성만으로 현세의 삶을 사는 인생이라면 이러한 신비에 관심을 두는 것이 쓸데없는 낭비라고 할지 모르겠다. 그러나 그러한 인생일지라도 죽음에 대한 이해가 현세의 삶에 지대한 영향을 미치고 있다는 사실을 본인도 깨닫지 못하는 경우가 있다. 죽음에 대한 공포가 인간을 무의식적인 불안감에 빠지게 한다든지 또는 죽음에 대한 기대가 현실의 고난을 이겨내는 힘을 갖게도 한다. 인간은 자살을 하는 유일한 동물이라고 한다. 돌고래나 침팬지 등에서 비슷한 죽음의 사례가 발견되지만 그들이 의식적인 자살을 선택했는지는 확인되지 않는다. 스스로 감당할 수 없는 육체적인 고통이나 정신적인 고뇌를 죽음으로 극복하는 행위는 영적인 존재인 인간만이 할 수 있는 것이다. 불교에는 소지공양 또는 소신공양이라는 희생제의가 있다. 스스로 자신의 몸을 불태워서 불도에 귀의하는 것으로 부처는 이런 행위를 가장 존귀하고 뛰어난 공양이라고 찬양하기도 했다.〈법화경 약왕보살본사품〉

신비체험은 지금도 많은 종교인 가운데 동경의 대상이다. 기독교에는 방언이라는 현상이 있다. 일종의 기도로서 보통의 언어가 아닌 천상의 언어라고 하는 알 수 없는 말로 기도를 하는 것이다. 그 기도는 알아들을 수 있는 사람이 드물지만 방언을 하는 자신도 정확한 뜻을 알지 못한다. 중요한 것은 그 말의 의미가 아니라 그런 행위 자체가 가지고 있는 신비로운 체험이다. 불교에는 진언이라는 부르는 정형화된 주문이 있다. 이 진언도 정확한 뜻을 담고 있다기보다는 부처의 세계와 소통한다는 신비체험의 의미가 담겨있다. 우리나라 조계종에서 소의 경전으로 삼고 있는 금강경의 마지막 부분에 나오는 진언이다.

나모 바가발제 말라양 파라미다예 옴 이리지 이실리 수로
타 비사야 비사야 사바하

〈금강경〉

지혜만찬

인도 범어로부터 음역된 것으로 의미를 찾기는 어렵다. 이러한 언어는 영성의 세계에서 소통되는 언어로 보아야 할 것이다. 인간에게는 현실을 초월해 보려는 욕망이 잠재해 있다. 종교를 믿는다고 더 부자가 되는 것도 아니고 사고나 위험에 덜 노출되는 것도 아니며 병에 안 걸리는 것도 아니다. 하지만 부자가 되기를 간절하게 기도하다가 마침내 부가 쌓이게 되면 이것을 신비로운 체험으로 여기고 여러 사람이 당하는 큰 사고에서 자신만 온전히 살아남았다면 기적 같은 신비로 기억된다. 죽을병으로 고생하다가 병고침 안수를 받고 살아났다는 간증도 마찬가지다. 반면에 이러한 일이 일어나지 않을지라도 평안이 찾아오는 경험을 하는 경우도 있는데 역시 신비체험으로 기억된다. 그래서 종교를 진지하게 믿는 사람에게는 삶 자체가 기적이고 신비라는 고백이 나올 수 있는 것이다. 객관적으로 보면 만족할 만한 형편이 아닌데 만족하고 평안할 수 없는데 평안을 누린다. 신비는 그것을 간절하게 바라는 사람에게 일어나는 현상이라고 할 수 있다.

그러나 전혀 예기치 않게 나타나는 경우도 있다. 기독교 바울의 예가 그렇다. 그는 철저한 유대교인으로서 초기 기독교인을 박해하는 데 앞장선 사람이었다. 그러던 어느 날 기독교인들을 잡으러 오늘날 다마스커스라고 하는 다메섹으로 가다가 하늘에서 비추는 밝은 빛을 받아 잠시 눈이 멀고 곧이어 예수의 음성을 듣는다. 성경에는 이렇게 기록하고 있다.

사울이 길을 가다가 다메섹에 가까이 이르더니 홀연히 하

늘로부터 빛이 그를 둘러 비추는지라 땅에 엎드러져 들으
매 소리가 있어 이르시되 사울아 사울아 네가 어찌하여 나
를 박해하느냐 하시거늘 대답하되 주여 누구시니이까 이
르시되 나는 네가 박해하는 예수라

〈신약성경 사도행전〉

사울은 사도 바울이다. 이 체험은 인생을 백팔십도 바꿔 놓았다.
이후에 회심하여 기독교의 최고 전도자가 되었으며 스스로 비유대인
을 위한 사도라고 칭하고 신약성경의 절반을 그의 편지글로 채웠다.
그러나 자신은 이러한 신비체험을 자랑하지 않았으며 오히려 그러한
체험을 한 후에야 예수를 믿었다는 사실을 부끄러움으로 알았다.

신비는 인간에게 영성이 있으므로 가능한 현상이다. 기적이나 신
비는 여전히 인간의 삶 속에 존재한다. 다만 그 성격은 다르게 해석
되고 있음을 살펴볼 수 있다.

우리는 속이는 자 같으나 참되고 무명한 자 같으나 유명한
자요 죽은 자 같으나 보라 우리가 살아있고 징계를 받는
자 같으나 죽임을 당하지 아니하고 근심하는 자 같으나 항
상 기뻐하고 가난한 자 같으나 많은 사람을 부요하게 하고
아무 것도 없는 자 같으나 모든 것을 가진 자로다

〈신약성경 고린도후서〉

지혜만찬

고린도 교회를 향한 바울의 신앙고백인데 죽은 자 같지만 살아 있고 아무것도 없는 것 같지만 모든 것을 가졌다는 이러한 느낌이나 생각은 평범한 삶에서는 가질 수 없는 특별한 체험이다. 이 체험을 신비로 기억할 수 있다면 종교는 이러한 것들을 특별한 상황에서만이 아니라 삶 전체에서 누릴 수 있도록 인도한다. 일반적으로 엑스터시나 황홀경과 같은 경험은 지속적이지 않다. 짧은 사건으로 지나가기 때문에 그것이 반복되지 않는다면 오히려 허전함이나 박탈감으로 기억된다. 그러나 위에서 언급한 바울의 특별한 체험은 지속적으로 경험되는 것이다. 신비라는 의미에서는 엑스터시와 같지만 삶 전체에 잔잔하게 퍼지는 새로운 성격이라고 할 수 있다. 이러한 종류의 신비는 새로운 깨달음을 준다.

3. 깨달음

1) 새종교

부처와 공자가 활동한 시기는 대략 기원전 500년경이다. 이때를 전후하여 그리스에서 소크라테스와 같은 철인들이 활동했고 이스라엘에서는 현자 집단이 등장하여 지혜문학이 형성된 시기로서 인류의 정신사나 종교사에 큰 전환점을 이룬다. 그래서 독일 철학자 칼 야스퍼스는 이 시기를 '축의 시대'(Axial Age)라고 불렀다. 이 시기에 인류가 겪은 정신적, 종교적 변화의 특징은 이 세상에서 이루어지는 모든 현상들을 인간의 입장에서 주체적으로 생각하기 시작했다는 점이다. 이전에는 자연순응적이고 숙명적이며 수동적인 자세였다면 축의 시대 이후에는 분석적이고 개척적이며 능동적인 자세로 변해갔다. 단순하게 기복과 신비를 추구했던 원시적인 수준을 넘어서 인간의 바람직한 삶의 모습을 그려보기 시작한 것이다.

내가 두 가지 일을 주께 구하였사오니 내가 죽기 전에 내

게 거절하지 마시옵소서 곧 헛된 것과 거짓말을 내게서 멀
리하옵시며 나를 가난하게도 마옵시고 부하게도 마옵시고
오직 필요한 양식으로 나를 먹이소서

〈구약성경 잠언〉

　이런 생각은 이전에 기복신앙이나 신비주의로 살았던 모습과는 다
른 새로운 각성이다. 인간이란 어떤 존재인가를 스스로 반성해 보고
인생의 문제들을 객관적 시각으로 보려는 시도를 한다. 부처와 공자
는 이러한 변화를 불교와 유교라는 종교에서 주도했다. 예수는 이보
다 500년 뒤에 활동하지만 그의 가르침에도 축의 시대에 겪었던 사
상적 종교적 변화가 나타난다. 이 세 성인의 깨달음은 의식세계에 새
로운 지평을 열고 인간의 품격을 획기적으로 높이게 된다.
　예수는 복에 대한 새로운 정의를 시도한다. 유대교에서 복은 땅을 넓
히고 재물이 많아지며 자손이 늘어나고 장수하는 것이다. 그래서 하나님
의 명령인 계명을 잘 지키면 이런 복을 누릴 수 있다는 희망이 신앙의 주
된 요소였다. 이러한 구약시대의 복 개념을 다음과 같이 바꾸어 놓는다.

　예수께서 눈을 들어 제자들을 보시고 이르시되 너희 가난
한 자는 복이 있나니 하나님의 나라가 너희 것임이요 지금
주린 자는 복이 있나니 너희가 배부름을 얻을 것임이요 지
금 우는 자는 복이 있나니 너희가 웃을 것임이요

〈신약성경 누가복음〉

가난하고 배고프고 우는 자가 복이 있다고 하니 이전과는 정반대되는 주장이다. 이런 복이라면 정말로 구할 사람은 별로 없을 것이다. 이 말씀은 이전의 기복신앙을 정면으로 거부하는 것이며 새로운 종교관을 제시하고 있다. 새 종교의 의의는 잘 믿어서 현세에 복을 누리기보다는 고난과 고통을 겪는 이들을 위로하고 그들에게 내세에 대한 소망을 갖게 함으로써 현실을 극복할 수 있는 힘을 얻게 하는 것이다. 이러한 예수의 가르침은 가난하고 고통받는 서민들에게는 들어 보지 못했던 새로운 구원의 소식이었다. 그래서 그 소식을 복된 소리 즉 '복음'(福音)이라고 한다.

예수는 많은 기사와 이적을 행하고 신비한 능력으로 병자들을 고쳐 주었다. 그러나 막상 그러한 기적을 보여 달라는 요청에는 응하지 않았다. "그때에 서기관과 바리세인 중 몇 사람이 말하되 선생님이여 우리에게 표적 보여주시기를 원하나이다 예수께서 대답하여 이르시되 악하고 음란한 세대가 표적을 구하나 선지자 요나의 표적 밖에는 보일 표적이 없느니라"〈신약성경 마태복음〉 악하고 음란한 세상이 기적을 바란다. 요나의 표적이란 구약시대 선지자 요나가 물고기 뱃속에 들어갔다가 삼일 만에 돌아왔다는 일화인데 자신의 죽음과 부활을 암시한 말이다. 이와 같은 반응은 믿음이란 눈에 보이게 드러난 기적현상이나 신비에 있지 않다는 사실을 깨우치는 말씀으로 이해할 수 있다. 이러한 종교관은 공자의 말씀에서도 잘 드러난다.

공자께서는 괴이함과 용력과 패란과 귀신을 말씀하지 않

았다(子不語 怪力亂神)

<논어 술이편>

여기서 '괴력난신'을 괴이한 능력과 혼란스러운 귀신의 일이라고 번역하면 이 말은 곧 기적과 신비라고 해석할 수 있다. 공자는 귀신 섬기는 일이나 죽음에 관한 질문에도 답하지 않았다. 그래서 제자 자공은 성(性)과 천도(天道)를 말씀하시는 것을 들을 수 없다는 말을 한 적이 있다.<논어 공야장편> 성은 천명(天命)을 말한다. 그러나 제자 자로와 나눈 다음의 대화에서는 공자의 진면목이 나타난다. "공자께서 병에 걸리자 자로가 기도하시기를 청했다. 공자께서 말씀하시기를 '그러한 사례가 있느냐' 자로가 대답하기를 '있습니다 옛 제문에 하늘과 땅의 신에게 기도했다는 글이 있습니다' 하니, 공자께서 말씀하시기를 '나는 기도한 지가 오래 되었느니라' 하셨다."<논어 술이편> 제자들은 공자가 오랫동안 기도해 왔다는 사실을 알지 못했다. 그것은 평소 신에 대한 언급을 별로 하지 않았기 때문에 제자들이 공자의 영적 세계를 다 알지 못한 것이다. 이러한 태도는 부처의 제자 아난과 이교도 바라문과의 대화에도 유사하게 나타난다.

사문 고오타마는 세상은 영원한가 영원하지 않는가 세상은 한정이 있는가 없는가 여래는 죽은 뒤에 마침이 있지도 않고 없지도 않은가 라는 이런 소견들은 다 제쳐두고 전혀 말하지 않았습니다 그러면 사문 고오타마는 이러한 소견

들을 마땅히 알아야 할 만큼 아십니까 이에 아난은 부처님
께서는 위와 같은 형이상학적 소견들에 대해서 이러쿵저
러쿵 말씀하시지 않는다 그러나 그것을 모르시기 때문에
말씀하지 않으신 것이 아니다 오히려 그러한 소견들에 대
해 아실만큼은 다 아신다

〈중아함경 견경〉

바라문은 인도의 전통종교인 바라문교의 성직자이다. 사문은 당시
에 도를 닦으며 각처를 유리하던 구도자를 말하며 고오타마는 부처
의 세속명이다. 바라문이 부처를 사문이라고 하며 그의 이름을 부른
것은 약간 얕보는 듯한 분위기를 풍긴다. 그래서 고오타마가 세상의
끝이 있는가 영혼이 존재하는가 하는 근본적인 문제에 대해서 아는
것이 있는가 하고 물은 것이다. 이런 질문을 받은 제자 아난은 그래
도 스승의 영적세계를 알고 있었던 것 같다. 그래서 다 알지만 가볍
게 말하지 않는다고 변호한다. 아난은 아난다라고도 하며 부처를 가
장 가까이에서 모셨던 제자다. 그는 설법을 가장 많이 기억하고 이해
했기 때문에 초기불교에 전해지는 불경 중 경장의 대부분은 그의 기
억을 구술한 것이다. 세상 끝이 어떠한지를 묻는 어느 외도에게 부처
가 이렇게 직접 대답하는 장면도 나온다.

부처께서 왕사성의 죽림 칼린다카 동산에 계셨다 그때에
집을 나온 우티야 외도는 부처님께 나아가 서로 문안한 뒤

에 한쪽에 물러나 앉아 세상의 끝에 대해 여쭈었다 이에 부처님께서 무기(無記)라고 대답하시자 그러면 어떤 법을 말할 수 있느냐고 다시 여쭈자 부처님께서는 다음과 같이 답변하셨다 아는 사람이요 지혜로운 사람인 나는 제자들을 위해 도를 설명하여 바르게 괴로움을 다하고 마침내는 괴로움을 완전히 벗어나게 하느니라

〈잡아함경 울저가경〉

'무기'란 선악 간에 의미 없는 것이란 뜻으로 침묵과 같다. 그리고 스스로를 '아는 사람이요 지혜로운 사람'이라고 말하며 자신이 가르치는 도는 괴로움을 벗어나게 하는 것이라고 말씀한다. 세상 끝이 있느냐고 물으면 해줄 말이 없고 다만 괴로움을 벗어나게 하는 길을 가르쳐 줄 뿐이라고 말한다. 종교의 역할이 무엇인지에 대한 설명으로 부처의 말씀 중에 '독화살의 비유'가 있다.

부처님께서 존자 만동자에게 설하셨다 만일 어떤 어리석은 사람이 62소견에 대하여 세존께서 진실한 것과 허망한 것을 분별하여 말씀하여 주시지 않는다면 나는 세존을 따라 범행을 배우지 않으리라 하고 생각하고는 마침내 그것을 알지 못한 채 죽는 것은 마치 어떤 사람이 몸에 독화살을 맞아 지극히 심한 고통과 위험에 처했을 때 가족들이 그를 위하여 의사를 청하나 그 사람은 아직 화살을 뽑아서

는 안 된다 나는 먼저 그 화살을 쏜 사람과 화살을 만든 사
람의 신분과 인종 내지 사는 곳을 알아야 한다 그리고 또
그 활의 재료 및 화살 끝의 깃털의 재료를 알아야 한다고
말하고는 마침내 그것을 알지 못한 채 죽는 것과 같다

〈중아함경 전유경〉

62소견이란 사람이 가지고 있는 바른 생각이나 잘못된 생각을 포
함한 모든 견해나 주장이다. 그 소견에는 세상의 끝이라든지 영혼의
문제 등이 포함된다. 이러한 복잡한 생각에 사로잡혀 있는 사람을 비
유적으로 말씀한 것이다. 독화살에 맞은 사람은 그 화살을 누가 쐈는
지 어떤 재질로 만들었는지 따질 겨를이 없다. 먼저 화살을 제거하는
일이 급하다. 이 세상에서 고난과 고통을 당하고 있는 사람도 마찬가
지다. 고통을 없애는 일이 우선인데 현실과 유리된 형이상학적인 문
제에 매달리는 것은 어리석다는 가르침이다. 예수, 부처, 공자의 영
적세계에서 일어난 새로운 깨우침은 우리에게 이전에 경험하지 못한
큰 지혜로 다가온다. 공자의 다음 말씀에 보면 우리가 이러쿵저러쿵
말하지 않아도 하늘은 묵묵히 할 바를 하고 있다고 한다.

하늘이 무슨 말씀을 하시는가 사시가 운행하고 온 만물이
생장하는데 하늘이 무슨 말씀을 하시는가

〈논어 양화편〉

지혜만찬

하늘의 일이 어떻게 돌아가는지 궁금해하지 말고 하늘의 일은 하늘이 알아서 잘하고 있으니 사람은 사람의 도리를 힘쓸 뿐이라는 뜻이 함축되어 있다. 〈중용〉에 이런 말씀이 있다. "하늘의 작용은 소리도 없고 냄새도 없다"(上天之載 無聲無臭) 하늘의 뜻은 요란하게 어떤 외부적인 현상으로 드러나지 않는다는 말씀이다. 그것은 사람의 심성 속에 천성으로 담겨있기 때문에 하늘로부터 부여받은 천성을 잘 지키면 그것이 곧 하늘의 뜻을 듣고 행하는 것이 된다. 이것이 유교의 핵심교리다. 예수, 부처, 공자가 가르친 새로운 깨달음은 사람과 인생, 그리고 마음에 대한 새로운 각성으로 나타난다.

2) 사람

우선 '사람'이란 어떤 존재인가 하는 의문에 대한 공통적인 깨달음이다. 이전에는 어차피 주어진 생이니 그 의미를 따질 필요 없이 살아가는 존재라고 보았다. 그리고 신이나 하늘이 지시하는 대로 움직였다. 다분히 숙명적인 삶이다. 인간은 세상의 주체가 아니고 어떤 주관자를 위하여 살다 가는 나그네 같았다. 신이나 운명은 거역할 수 없고 절대적인 능력이 있기 때문에 인간은 여기에 순응하는 일밖에 다른 선택의 여지가 없는 것이었다. 그러나 이제 소위 축의 시대에 이르러 인간의 의식에 전환이 일어난다.

공자께서 말씀하셨다 사람이 도를 넓힐 수 있는 것이지 도

가 사람을 넓히지 않는다

<논어 위령공편>

유교의 도는 천도이고 천명, 천리와 통하는 말이다. 하늘의 뜻이라는 것이 사람을 위대하게 만드는 것이 아니고 사람이 하늘의 뜻을 널리 펼 수 있다는 말씀이다. 사람이 없으면 도라는 것도 의미가 없다는 해석이 가능하다. 공자의 이 말씀은 참으로 인간의 주체성을 드높인 사건이다. 천명사상은 원시유교에서부터 내려온 중심사상이다. 그 사상을 사람중심으로 바라보는 것이다. 제자 자로에게 답한 다음의 말씀은 귀신과 죽음이라는 영적인 문제에 대한 공자의 유명한 어록이다.

> 계로가 귀신 섬기는 일을 묻자 공자께서 말씀하셨다 사람
> 도 잘 섬기지 못하면서 어떻게 귀신을 섬길 수 있겠느냐
> 감히 죽음에 관하여 묻습니다 말씀하시기를 삶을 알지 못
> 하면서 어떻게 죽음을 알 수 있겠느냐
>
> <논어 선진편>

계로는 자로의 다른 이름이다. 자로는 제자 중에 가장 연장자이고 성격이 단순하며 용감한 사람이었다. 공자는 평소 천성이나 천도와 같은 하늘과 직접 관련된 형이상학적인 문제에 대하여 말씀을 하지 않았다. 그래서 용감한 자로가 단도직입적으로 귀신과 죽음에 관

지혜만찬

하여 물은 것이다. 그런데 공자의 대답은 귀신의 일이나 죽음과 같이 알 수 없는 일에 몰두하지 말고 그러한 관심을 사람의 일과 삶의 문제에 쏟으라는 현실적인 충고다. 사람과 사람의 삶을 떠나서는 귀신도 죽음도 의미를 잃게 된다. 대단히 사람중심적이고 현실적인 사상이 아닐 수 없다. 그렇다고 귀신의 일이나 죽음에 대하여 무심하지 않았다는 사실은 그의 말씀 여러 곳에서 발견된다. 귀신을 공경하라는 말씀도 있고 제사를 지낼 적에는 귀신이 와 있는 것처럼 했다는 기록도 나온다.〈논어 팔일편〉예수의 행적에도 사람이 무엇보다 중하다는 사실을 강력하게 시사하는 장면이 있다.

> 안식일에 예수께서 밀밭 사이로 지나가실 새 그의 제자들
> 이 길을 열며 이삭을 자르니 바리새인들이 예수께 말하되
> 보시오 저들이 어찌하여 안식일에 하지 못할 일을 하나이
> 까 예수께서 이르시되… 안식일이 사람을 위하여 있는 것
> 이요 사람이 안식일을 위하여 있는 것이 아니니 이러므로
> 인자는 안식일에도 주인이니라
>
> 〈신약성경 마가복음〉

여기서 인자란 예수 자신을 언급하는 말이다. 인자는 사람의 아들이라는 의미인데 신의 아들로 세상에 온 자신의 신분을 인자라고 표현한 것은 사람의 존귀함을 드러내기 위한 의도로 이해된다. 안식일은 유대교에서 가장 철저하게 지키는 계율로서 십계명 중 제4계명에

해당한다. 이날은 아무 일도 하지 말아야 하며 오직 경건하게 안식하는 날이다. 그러한 계명을 어기고 제자들이 배가 고파서 밀 이삭을 잘라 먹었다. 그러자 그 행위가 율법에 어긋난다는 비난을 듣는다. 이때 한 말씀이 안식일이라는 계율이 사람보다 중하지 않고 오히려 사람이 중요하다는 깨우침이다. 비슷한 내용으로 안식일에 병든 사람을 고치는 일이 가한 일인가 하는 문제를 제기한 일도 있었다.〈신약성경 누가복음〉

　정통 유대교인들은 이해할 수 없었다. 사람이 어떻게 하나님이 정한 율법을 마음대로 바꿀 수 있는가 하는 의문이 난해할 수밖에 없다. 사람을 중심으로 보는 이러한 가르침은 공자의 말씀을 다시 듣는 듯하다. 인간중심사상을 인본주의라고 비판하는 소리가 있다. 인본주의는 신본주의에 대립되는 개념으로 사용되는 용어인데 이 말속에는 신에 대한 거부감이 잠재되어 있다고 본다. 그러나 인간중심이라고 할 때에는 신에 대한 거부감을 가질 필요가 없다. 다만 신을 통해서 인간을 보느냐 아니면 인간을 통해서 신을 보느냐의 차이일 뿐이다. 어느 쪽이든 인간과 신을 이해하려는 노력은 마찬가지다.

　인류가 축의 시대를 거치면서 인간을 통해서 신을 이해해 보려는 새로운 깨우침이 있었다. 그전에는 오직 신비로운 체험을 통해서 직접 신을 만나거나 하늘의 소리를 들으려고 했다. 기독교에서는 사람이 사는 목적이 하나님의 영광을 위해서라고 한다. 그래서 신본주의라고 할 수 있다. 예수는 이런 말씀을 한다.

이같이 너희 빛이 사람 앞에 비치게 하여 그들로 너희 착
한 행실을 보고 하늘에 계신 너희 아버지께 영광을 돌리게
하라

<신약성경 마태복음>

하나님께 영광을 돌리는 방법은 다른 사람에게 착한 행실을 보이는
것이다. 신앙은 독실한데 착한 행실이 보이지 않으면 하나님께 영광
을 돌리지 못한다. 그러면 그 독실하다는 신앙이 무슨 소용인지 생각
해 볼 문제다. 신본주의도 결국은 사람에게 착한 행실로 베푸는 데서
시작된다. 그러니 신본주의나 인본주의라는 구별이 실질적으로는 의
미가 없다고 볼 수 있다.

누구든지 하나님을 사랑하노라 하고 그 형제를 미워하면
이는 거짓말하는 자니 보는바 그 형제를 사랑하지 아니하
는 자는 보지 못하는바 하나님을 사랑할 수 없느니라

<신약성경 요한1서>

사람을 사랑하지 않고서 하나님을 사랑할 수 없다고 했으니 결국
사람을 잃어버리면 하나님도 찾을 수 없게 된다는 뜻이다. 천국이 어
디 있느냐는 질문에 예수는 다음과 같이 말씀한다. "하나님의 나라는
너희 안에 있느니라"<신약성경 누가복음> '너희 안에' 라는 말은 '마
음 속에' 라는 의미로 볼 수도 있고 '사람들 가운데' 라고 해석할 수도

있다. 사람들이 사는 속세를 떠나 산속에서 홀로 지내는 사람에게 천국은 상관없는 일일 수도 있다. 천국은 사람과 사람 사이에 이루어지는 관계 속에 존재하기 때문이다. 너와 나 사이에 관용과 용서와 이해가 있으면 그곳이 천국이고 반대로 다툼과 미움이 있으면 지옥이다. 가장 큰 계명이 무엇이냐는 제자들의 질문에는 성경을 인용하여 말씀하기를 '먼저 하나님을 사랑하고 네 이웃을 네 몸과 같이 사랑하라'고 하였다. 그리고 다른 곳에서는 '지극히 작은 자 하나에게 한 것이 곧 나에게 한 것'이라고도 하였다. 하나님 사랑은 결국 사람에 대한 사랑에서 시작된다.

> 가난한 사람을 학대하는 자는 그를 지으신 이를 멸시하는
> 자요 궁핍한 사람을 불쌍히 여기는 자는 주를 공경하는 자
> 니라
>
> 〈구약성경 잠언〉

공자의 말씀처럼 귀신 섬기는 일을 물을 필요가 없다. 사람을 잘 섬기면 귀신 섬기는 일은 저절로 풀리는 문제이기 때문이다. 사람은 실로 귀한 존재이다. 사람의 존귀함을 인식하지 못하면서 신을 이야기하는 것은 공연한 헛일이다. 그 천하보다 귀하다는 사람이 세상에 난다는 것이 얼마나 귀하고 드문 일인지 불경에서는 '눈먼 거북이의 비유'로 설명하고 있다.

불교에서는 윤회사상에 의하여 모든 생명이 죽으면 살아있을 때 짓

는 업에 따라 다시 태어난다고 한다. 육도라고 하여 여섯 가지 경계가 있는데 천도, 인간도, 아수라도, 아귀도, 축생도, 지옥도로 윤회한다. 그 중에 인간도에서 사람으로 태어나는 일은 눈먼 거북이가 백년에 한번 물 위로 올라오는데 망망대해에서 가운데 구멍이 뚫린 나무가 떠다니다가 물 위로 떠오른 거북이가 그 나무 구멍으로 목을 내밀 확률이라고 한다.〈잡아함경 맹구경〉인간 되기가 어려움을 재미있게 비유하고 있다. 사람의 귀함을 깨우치는 것이 종교의 존재가치다.

> 정녕 하느님께서는 인간을 불멸의 존재로 창조하시고 당
> 신 본성의 모습에 따라 인간을 만드셨다
>
> 〈가톨릭성경 지혜서〉

인간은 불멸의 존재이고 하느님의 본성을 닮았다. 불멸의 존재란 영혼을 가지고 있다는 뜻이고 하느님을 닮았다는 것은 인간이 신적인 존재임을 말한다. 유교 경전에도 비슷한 말씀이 나온다. "사람을 알려고 하면 하늘을 알지 않을 수 없다"〈중용〉사람을 알면 하늘을 알 수 있고 하늘을 알면 사람을 알 수 있다는 말씀이니 결국 사람이 하늘과 나뉠 수 없다는 뜻이다. 과연 하늘 같은 존재라면 그런 사람은 세상에 다른 어떤 존재보다 더 고귀한 생을 살아가야 마땅하다.

3) 인생

사람에 대한 새로운 깨우침은 그가 살아가는 인생은 어떤 모습인가에 대한 고찰로 이어진다. 깨우치고 보니 평안하기보다 어렵고 힘든 굽이굽이 고행길이라는 생각이 든다. 이전에는 그저 앞서간 조상의 길을 따라 묵묵히 걸어간 삶인데 문득 머리를 들어 지나온 자취와 앞날을 내다보니 새삼 허무하고 고달픈 길이다. 이스라엘 민족의 지도자 모세의 기도라고 전해지는 어느 글에 다음과 같이 기록하고 있다.

주께서 사람을 티끌로 돌아가게 하시고 말씀하시기를 너희 인생들은 돌아가라 하셨사오니 주의 목전에는 천년이 지나간 어제 같으며 밤의 한 순간 같을 뿐임이니이다 주께서 그들을 홍수처럼 쓸어가시나이다 그들은 잠깐 자는 것 같으며 아침에 돋는 풀 같으니이다 풀은 아침에 꽃이 피어 자라다가 저녁에는 시들어 마르나이다… 우리의 연수가 칠십이요 강건하면 팔십이라도 그 연수의 자랑은 수고와 슬픔뿐이요 신속히 가니 우리가 날아가나이다

〈구약성경 시편〉

모세는 이스라엘 민족이 종살이하던 이집트에서 구해내고 유대교 성립에 결정적인 역할을 한 이스라엘 민족의 최고 지도자다. 그는 팔십 세 되는 해부터 하나님의 부르심을 받아 큰 능력을 행하며 그들이

가나안 땅에 들어가기 전 사십 년 동안 광야생활을 이끌다가 백이십 세에 죽었다. 이 시편의 글은 그의 이름을 빌린 어느 지혜문학가에 의해서 지어진 시로 생각된다. 인생 팔십의 세월이 수고와 슬픔뿐이라는 매우 염세적인 독백인데 이러한 인생관은 신의 은총을 바라며 기복신앙으로 살았던 이전의 상황과는 거리가 있어 보인다.

> 무성한 나무의 잎사귀들이 어떤 것은 떨어지고 어떤 것은
> 돋아나듯이 살과 피를 가진 인간 세대도 어떤 이는 죽고
> 어떤 이는 태어난다 모든 행적은 쇠퇴하여 사라지고 그것
> 을 이룬 자 역시 그 행적과 더불어 스러진다
> 〈가톨릭성경 집회서〉

귀한 존재로 태어난 인간의 일생이 허무하게 스러져 간다. 그것은 모순처럼 보인다. 귀한 존재라면 그렇게 사라져서는 안 되는 것이다. 그러나 현실은 고난을 겪으며 살다가 죽으면 허무하게 끝나고 마는 인생이다. 그런 인생에 구원은 어디 있는가를 묻고 해답을 찾으려는 노력이 종교 안에서 나타난다. 경전은 영성이 뛰어난 이들이 그 해답으로 남긴 작품들이다. 괴로운 인생의 분위기는 불경에도 이어진다.

> 부처님은 미륵보살과 하늘사람과 여러 대중들에게 이렇게
> 말씀하셨다… 극락국토에 태어나면 한량없는 생명을 얻어
> 영원한 즐거움을 누리게 될 터인데 세상 사람들은 하잘 것

없는 일들을 다투어 구한다 악과 괴로움으로 들끓고 있는
세상에서 사람들은 자신의 생활 때문에 허덕이며 겨우 생
계를 꾸려 나간다 신분이 높거나 낮거나 빈자나 부자나 남
녀노소를 가릴 것 없이 모두 돈과 재물에 눈이 어두워 있
다. 그러나 사실은 그것이 있거나 없거나 간에 근심걱정은
떠날 날이 없다 불안 끝에 방황하고 번민으로 괴로워하며
엎친 데 덮치고 욕심에 쫓기느라 조금도 마음이 편할 새가
없는 것이다 논밭이 있으면 논밭 때문에 집이 있으면 집
때문에 속을 썩이며 하인과 가축과 돈과 재물 의복 음식
세간에 이르기까지 이것저것 걱정 아닌 것이 없다 있으면
있다고 해서 없으면 없다고 해서 걱정하고 한숨짓는다…
아무리 신분이 높고 부자라 할지라도 사람들은 이렇듯 괴
로움과 근심 속에 살아가고 있는 것이다

〈불설무량수경(하)〉

악과 괴로움으로 들끓고 있는 세상에 사는 인생이란 참으로 고난의
연속이다. 가진 것이 있거나 없거나 신분이 높거나 낮거나 모든 인생
이 마음이 편할 새가 없이 걱정하며 한숨짓고 살아가는 모습이 자세
히도 설명되어 있다. 인간이 스스로 귀함을 깨우친 후에 인생을 돌아
보니 근심과 괴로움뿐이라는 자각을 하게 되었다.

이 세상에 난 것이란 죽고야 말고 목숨이 길다 해도 끝이

지혜만찬

있나니

성한 것은 반드시 쇠하여지고 모인 것은 마침내 헤어진다네

젊었던 나이라도 오래 못가고 건강에는 병고가 침노하나니

이 목숨은 죽음이 빼앗아 가서 항상 있는 법이라곤 하나도

없네

〈대반열반경 순타품〉

이 게송은 부처가 입멸하기 직전에 그에게 마지막 음식을 바쳤다고 알려진 순타라는 인물에게 가르친 말씀이다. 불교에서는 인생을 고해라고 말한다. '일체개고'(一切皆苦)라고 하여 생로병사가 다 고통이다. 유교 경전에는 특별히 인생을 묘사한 문구가 눈에 띠지 않는다. 유교는 인생을 즐겁게 보지도 않지만 불교처럼 고해라고 표현하지도 않는다. 인생이란 성실하게 사람의 도리를 지키며 하늘의 뜻에 따라 살다가 명을 다하면 족한 것이다.

증자가 병들어 제자들을 불렀다 내 발과 손이 성한지 보아라 시경에 전전긍긍하여 깊은 연못가에 있는 듯하고 얇은 얼음을 밟는 듯하라고 했는데 이제야 생을 잘 마침을 알겠구나 제자들아

〈논어 태백편〉

증자는 하루에 세 가지를 스스로 살피며 조심했다는 '일삼성오

신'(日三省吾身)이라는 유명한 경구를 남긴 공자의 제자다.〈논어 학이편〉신체를 훼손하지 않고 보존하여 천명을 다해 기꺼이 임종을 맞으니 다행이라고 한다. 항상 신중하며 성실을 다했다는 만족감을 표현하고 있다. 유교는 영적인 문제에 매우 단순하며 현세적인 모습을 보인다. 공자의 생애를 살펴보면 그 인생은 평탄한 삶이 아니었다. 기원전 551년에 태어나서 73세에 생을 마쳤는데 어려서는 아버지를 일찍 여의고 곤궁한 생활을 했기 때문에 부득이 여러 기술을 익혔다는 말씀이 논어에 나온다. 이후 학문에 성과를 이루며 그가 태어난 노나라에서 하급관리를 거쳐서 법무장관에 해당하는 대사구의 벼슬에까지 오른다. 그러나 당시 정치상황에 쫓겨 망명생활과 다름없는 주유를 하며 인(仁)사상을 펼치는 덕치주의를 실현해 보려고 노력하였지만 여러 나라의 제후들로부터 호응을 얻지 못하였다. 실망감을 안고 68세에 고국인 노나라로 돌아와 임종 때까지 후학을 가르치다 생을 마친다. 가정이 편안치 못했으며 여러 제자들과 함께 그의 문하에서 공부하던 아들 백어는 먼저 세상을 떠났다. 주유 중에는 세 번 죽을 고비를 당하기도 했고 가장 아끼던 제자인 안회가 죽었을 때에는 하늘이 나를 버리는구나 하고 눈물을 흘리며 애통해했다. 또한 사랑했던 제자 자로는 위나라의 정변에 연루되어 비참하게 죽는 사건으로 슬프게 했다. 공자의 생은 결코 순탄치 못한 고난의 인생길이었다. 그가 유세 중에 광 땅을 지날 때 그 지역에서 포악한 행위로 악명이 높던 양호라는 인물로 오인되어 포위당하고 목숨이 위협을 받는 상황에 이른 적이 있었다.

공자께서 광 땅에서 두려움을 느끼셨다 말씀하시기를 문
왕이 이미 돌아가셨으니 이 문(文)이 나에게 있지 않은가
하늘이 장차 이 문을 없애려 하셨다면 내가 이 문을 받지
못했을 것이다. 하늘이 이 문을 없애려 하지 않으시니 광
인들이 나를 어찌할 수 있겠느냐 하셨다

〈논어 자한편〉

문왕은 주공과 무왕의 아버지로 주나라의 터를 닦은 사람이다. 이
말씀을 생명이 하늘에 달렸다는 의미로 해석한다면 모든 사람에게
적용되는 일반적인 말씀이 되겠지만 여기서 '문'(文)을 하늘이 내려준
사명이라고 해석해 보면 공자 자신이 하늘의 뜻에 의해서 특별히 존
재한다는 성인의 자각이 드러난 것이라고 볼 수 있는 대목이다.

그런데 부처의 깨달음은 이와는 달랐다. 사실 부처는 누구보다 유
복한 환경에서 자랐고 카필라라는 작은 나라의 왕자로서 아무런 부
족함이 없는 인생이었다. 29세에 처자식을 두고 출가하여 6년 동안
사문으로 수행하였으며 35세에 깨우침을 얻어 부처가 되고 80세에
열반에 들었다. 그런 그가 인생을 고해라고 하며 여기에서 벗어나는
길을 제시하고 있다는 것이 아이러니다. 초기불교에서는 고통의 연
속인 윤회에서 벗어나는 것을 목표로 하고 있다. "불법의 목적은 마
지막으로 열반이니 출가하여 도를 배우는 사람은 마땅히 열반을 구
하는 데 정성을 다할지니라"〈중아함경 제법본경〉 열반은 모든 번뇌
에서 벗어나는 평안의 경지다. 후기불교인 대승불교에 오면 정토사

상이 나타나는데 살아서 선한 복덕을 많이 지으면 죽어서 서방정토
라고 하는 극락세계로 들어간다는 믿음이 불자들의 목표가 된다.

　기독교 성경 중 지혜문학에 속하는 것으로 알려진 전도서에는 인생
에 대한 허무를 매우 강하게 표현하는 구절이 나온다. "전도자가 이
르되 헛되고 헛되며 헛되고 헛되니 모든 것이 헛되도다 해 아래에서
수고하는 모든 수고가 사람에게 무엇이 유익한가 이러므로 내가 사
는 것을 미워하노니 이는 해 아래에서 하는 일이 내게 괴로움이요 모
두 다 헛되어 바람을 잡으려는 것이기 때문이로다" 이러한 말들은 다
분히 회의주의적인 고백이라고 할 수 있다. 이 책이 쓰여진 시기는
대략 기원전 6세기로서 종교사상의 큰 전환기였다. 인생을 괴로움이
요 허무라고 인식하는 것은 이전의 신 중심적인 종교관으로 볼 때는
불경스러운 일일 수도 있다. 그것은 신이 만들어 놓은 질서에 의문을
품는 것이며 인생에 대한 새로운 인식의 변화라고 하겠다. 전도서의
저자는 인생에 회의를 품기도 하지만 결국은 하나님을 경외하라는
결론을 내리면서 이렇게 지혜를 찬양한다.

　　내 허무한 날을 사는 동안 내가 그 모든 일을 살펴보았더
　　니 자기의 의로움에도 불구하고 멸망하는 의인이 있고 자
　　기의 악행에도 불구하고 장수하는 악인이 있으니 지나치
　　게 의인이 되지도 말며 지나치게 지혜자도 되지 말라 어찌
　　하여 스스로 패망하게 하겠느냐 지나치게 악인이 되지도
　　말며 지나치게 우매한 자도 되지 말라 어찌하여 기한 전에

죽으려고 하느냐 너는 이것도 잡으며 저것에서도 네 손을
놓지 아니하는 것이 좋으니 하나님을 경외하는 자는 이 모
든 일에서 벗어날 것임이라 지혜가 지혜자를 성읍 가운데
에 있는 열 명의 권력자들보다 더 능력이 있게 하느니라

〈구약성경 전도서〉

　예수가 바라본 뭇 인생도 역시 고단한 삶이다. 30세에 공생애를 시
작하여 대략 3년을 전도활동으로 보내고 33세에 십자가에 처형당한
다. 공생애 이전의 행적은 거의 알려져 있지 않으나 아마도 부친의
업을 따라 목수의 일을 영위하며 가난한 삶을 살았을 것으로 추측된
다. 늘 가난한 자, 병든 자, 천한 자와 함께하며 천국의 소망을 품게
하고 현실을 이겨나가도록 위로하고 격려하는 삶을 살았다. 고통과
고난을 당하며 사는 낮고 천한 사람들과 함께했던 인생은 고난의 길
이었다.

　수고하고 무거운 짐 진 자들아 다 내게로 오라 내가 너희
를 쉬게 하리라 나는 마음이 온유하고 겸손하니 나의 멍에
를 메고 내게 배우라 그리하면 너희 마음이 쉼을 얻으리니
이는 내 멍에는 쉽고 내 짐은 가벼움이라 하시니라

〈신약성경 마태복음〉

　세상은 수고하고 무거운 짐을 진 자들로 가득 차 있다. 이스라엘

민족은 여호와 하나님을 믿는 유대교 신앙이 있었지만 그 하나님에게서 평안을 얻지 못했다. 모세가 하나님으로부터 받았다고 하는 십계명과 많은 율법은 일반 민중을 속박하는 굴레가 되었다. 힘든 인생을 살아가는 그들에게 새로운 소망이 있어야 했다. 스스로 하나님의 아들이라는 자각을 한 후에 예수는 누구든지 천국에 들어갈 수 있다는 복음을 선포한다. 그 천국은 내세에 갈 곳이기도 하지만 마음먹기에 따라서 지금 살고 있는 고단한 이 세상에서도 경험할 수 있다는 희망의 소식을 전파했다.

4) 마음

심성의 세 가지 요소인 감성, 지성, 영성이 다 마음속에 깃들어 있다. 믿음이라는 것도 마음의 작용이다. 사람이 스스로의 존재가치에 대한 자각을 새롭게 하면서 나를 움직이는 주체로서 마음이라는 개념에 주목하게 된다. 그래서 모든 종교는 마음 다스림을 수행의 핵심으로 삼았다. 유교에서는 본성과 감정을 담고 있는 그릇이라고 표현하고 인심(人心)과 도심(道心)이 공존하고 있다고 본다.〈서경 대우모편〉인심이란 우리가 보통 정감이라고 표현하는 그 마음이고 도심은 하늘의 뜻인 천성을 닮은 것이다. 그런데 이 마음이 그야말로 마음대로 안되는 묘한 것이다.

공자께서 말씀하셨다 잡으면 보존되고 놓으면 잃어서 나

가고 들어옴이 정한 때가 없으며 그 방향을 알 수 없는 것
은 오직 사람의 마음을 두고 한 말이다

〈맹자 고자상편〉

　일정한 때가 없이 움직이며 방향을 알 수 없는 이런 마음을 바르게
하는 것이 신앙수련의 처음이고 마지막이다. 마음이 작용하고 있는
모양을 보통 심리상태라고 하는데 이것이 불안정하거나 바르지 않으
면 몸도 따라서 혼란스러워진다. 그래서 유교에서는 마음을 바르게
하는 '정심'(正心)을 중요한 수련과정으로 삼고 있다.

이른바 몸을 닦음이 마음을 바르게 함에 있다는 것은 몸에
분함과 성냄이 있으면 그 바름을 얻지 못하고 무섭고 두려
움이 있으면 그 바름을 얻지 못하고 좋아함과 즐김이 있으
면 그 바름을 얻지 못하고 근심과 걱정이 있으면 그 바름
을 얻지 못함이라

〈대학〉

　마음을 바르게 하려면 분함, 성냄, 무서움, 두려움, 좋아함, 즐김,
근심, 걱정과 같은 것들이 없어야 한다. 이러한 감정들을 하나씩 떨
쳐 버리는 일이 신앙을 통하여 이루어야 할 과정이다. 그리고 이어서
다음 구절이 나온다. "마음이 있지 아니하면 보아도 보지 못하고 들
어도 듣지 못하며 먹어도 그 맛을 알지 못한다 이것은 몸을 닦는 것

이 그 마음을 바르게 함에 있음을 이르는 말이다" 몸을 닦는 방법은 마음을 바르게 하여야 한다는 말씀인데 정한 때도 없고 방향을 알 수 없는 마음을 바르게 하는 방법은 무엇인가. 대학에서는 뜻을 성실히 하라는 의미인 '성의'(誠意)를 정심의 전단계로 설명하고 있다. 뜻을 성실히 한다는 말은 나의 의지를 하늘의 뜻에 두는 것이다. 이때 하늘의 뜻이란 천도(天道)이며 천도는 곧 성(誠)이다.

> 성이라는 것은 하늘의 도요 성하려는 것은 사람의 도이니
> 성은 힘쓰지 않아도 적중하고 생각 없이 해도 잘하며 조용
> 히 도에 적중하니 성인의 경지이다 성하려는 것은 선을 택
> 하여 굳게 붙잡는 것이다
>
> 〈중용〉

하늘의 도인 '성'을 추구하며 사는 것이 사람의 도라고 한다. 성이란 참되고 거짓이 없음이고 우리가 쉽게 이해하는 성실, 정성과 가까운 개념이다. 사람의 도인 '성지'(誠之)는 선을 택하여 붙잡는 것이다. 단순하게 말하면 뜻을 성실히 한다는 '성의'는 선한 삶을 사는 일이다. 맹자는 사람의 마음에는 하늘이 부여해 준 네 가지 마음이 있다고 한다. 곧 남을 측은히 여기는 마음(惻隱之心), 부끄러움을 아는 마음(羞惡之心), 사양하는 마음(辭讓之心), 옳고 그름을 판단하는 마음(是非之心)이다. 이 네 마음을 잘 보존하는 것이 성의라고 할 수 있다. 그리고 이렇게 말씀한다. "학문하는 방법은 다른 것이 없다 그 흩

지혜만찬

어진 마음을 찾는 것일 뿐이다"〈맹자 고자상편〉 학문의 길은 마음을 다스림이고 그것이 하늘의 뜻을 따르는 것이다. 그러므로 유교에서 학문을 숭상하는 전통은 종교적이라고 할 수 있다.

마음은 불교의 깨달음에서도 핵심 과제인데 그 마음의 불안정성에 대하여 부처는 이렇게 경계한다.

> 이 마음의 변덕과 불안정은 마치 원숭이가 이것저것 집어
> 들며 잠시도 안정을 찾지 못하는 것과 같아서 범부로서는
> 마음을 관찰할 수 없으니 비구들은 항상 마음을 항복받아
> 착한 길로 나아가기에 힘쓰라
>
> 〈증일아함경 일자품〉

마음을 항복받는다는 것은 〈대학〉에서 언급한 '정심'과 같고, 착한 길로 나아가기는 〈중용〉의 말씀인 선을 택하여 굳게 붙잡는다는 '택선'과 같다. 잠시도 안정을 찾지 못하니 알다가도 모를 것이다. 그렇기는 하지만 마음은 또한 양면성을 가지고 있다고 설파한다. "이 세상에서 가장 항복받기 어려운 것은 마음이니 마음을 잘 관찰하고 선본을 헤아려 마음을 다스리라 이세상에서 가장 항복받기 쉬운 것은 마음이니 마음을 잘 관찰하고 선본을 헤아려 마음을 다스리라"〈증일아함경 불체품〉 마음 다스림이 어렵기도 하지만 잘 헤아리면 쉬운 일이기도 하다는 말씀이 언뜻 와 닿지 않으나 너무 어렵다고만 생각하고 포기하지 말라는 격려의 말씀으로 해석해 볼 수 있겠다.

마음이 없으면 보아도 보지 못하고 들어도 듣지 못하고 먹어도 맛을 모른다고 했다. 마음이 떠나있으면 살아도 산 목숨이 아니다.

> 모든 지킬 만한 것 중에 더욱 네 마음을 지키라 생명의 근원이 이에서 남이라
>
> 〈구약성경 잠언〉

사람의 마음에 대한 새로운 자각이라고 하겠다. 마음이 생명의 근원이다. 마음에 생기를 잃으면 몸도 시들어 가니 몸이 살려면 마음부터 추스려야 한다. 마음을 지킨다는 의미는 그 마음에 무엇을 채우며 살아가는가 하는 문제이며 이것이 진정한 인생의 성패를 좌우한다. 사도 바울은 겸손한 예수의 마음을 품으라고 이렇게 권면한다.

> 너희 안에 이 마음을 품으라 곧 그리스도 예수의 마음이니 그는 근본 하나님의 본체시나 하나님과 동등 됨을 취할 것으로 여기지 아니하시고 오히려 자기를 비워 종의 형체를 가지사 사람들과 같이 되셨고 사람의 모양으로 나타나사 자기를 낮추시고 죽기까지 복종하셨으니 곧 십자가에서 죽으심이라
>
> 〈신약성경 빌립보서〉

예수의 마음은 자기를 낮추는 겸손한 마음이고 끝까지 하나님의 뜻

지혜만찬

에 순종하는 마음이다. 마음은 유교적으로 설명하면 몸의 주인이다. 그 주인 되는 자리를 예수의 마음으로 채우기를 권하고 있다. 불교에서는 여섯 가지 감각기관이 일체 사물을 인식한다고 하는데 안(眼), 이(耳), 비(鼻), 설(舌), 신(身), 의(意)가 그것이다. 앞의 다섯은 신체의 기관이고 마지막의 의가 바로 마음이다. 그리고 인간을 포함한 모든 사물은 오온(五蘊)으로 구성되어 있으며 오온이란 색(色), 수(受), 상(想), 행(行), 식(識)의 다섯 가지를 말한다. 색은 물질 또는 육체이고 수는 느낌, 상은 생각, 행은 의지, 식은 인식이다. 여기서 색 하나를 제외한 나머지 넷은 마음의 작용이라고 한다. 대승불교의 시대에 들어서면서 마음의 작용을 중요시하는 유식론이 등장하여 불교사상에 큰 영향력을 끼치고 있다. 대승불교의 꽃이라고 부르는 화엄경에 보면 '일체유심조'(一切唯心造)라는 구절이 나온다.

> 만일 어떤 사람이 삼세 일체의 부처를 알고자 한다면 마땅
> 히 법계의 본성을 관하라 모든 것은 오직 마음이 만들어
> 낸 것이다
>
> 〈화엄경 보살설계품〉

모든 것을 마음이 만들어 낸다는 유심사상은 마음 다스림이 불도를 깨우치는 첩경이라고 강조한다. 불교의 수행법에 '사띠'라는 것이 있는데 보통 마음챙김, 알아차림 등으로 부른다. 교리상으로는 '사념처'(四念處) 수행에 포함되지만 단순하게 말하면 내 안에서 생겨나는

생각이나 느낌과 아울러 모든 대상에도 마음을 뺏기지 말고 한 걸음 물러서서 객관적으로 알아차리는 것이다. 그러면 불편하고 어려운 상황에 놓일지라도 마음은 고통과 괴로움에서 벗어날 수 있다고 한다.

우리 몸의 주인이니 모든 일은 마음에서 시작되고 그 과정은 곧 마음의 작용이다. 마음을 어떻게 쓰느냐, 어떠한 마음을 먹느냐, 어디에 마음을 두느냐에 따라 인생도 달라진다. 예수는 이런 말씀을 한다. "네 보물 있는 그곳에는 네 마음도 있느니라"〈신약성경 마태복음〉무엇을 보물로 보느냐에 따라 마음도 같이 간다. 몸 따로 마음 따로면 모순투성이가 되고 안정을 찾지 못해서 행복도 평안도 기대하기 어렵다. 처지가 어떻든지 마음속에 만족감이 있으면 천국이고 불만과 불평이 많으면 지옥이다. 천국인지 지옥인지 그것은 마음먹기 나름이다.

> 맹자가 말씀하였다 마음을 다하는 자는 성($性$)을 알고 성
> 을 알면 하늘을 알게 된다 마음을 보존하여 성을 기름은
> 하늘을 섬기는 것이다
>
> 〈맹자 진심상편〉

마음을 보존하여 천성이 잘 발휘되도록 하는 '존기심'($存其心$) '양기성'($養其性$)은 유교의 중요한 수행과정이다. 마음을 잘 보존하는 것이 하늘을 섬기는 길이다. 사람이 섬겨야 할 하늘은 사람의 마음에

천성으로 담겨있다는 말씀이다. 그래서 "군자의 성(性)인 인, 의, 예, 지가 마음에 근거하고 있다"고 하고〈맹자 진심상편〉, "측은한 마음은 인의 단서이고 수치와 부끄러움을 아는 마음은 의의 단서이며 사양하는 마음은 예의 단서이고 옳고 그름을 가리는 마음은 지의 단서이다"〈맹자 공손추상〉는 말씀으로 하늘의 뜻을 설명하고 있다.

불교 〈화엄경〉에 나오는 선재동자라는 인물은 53명의 선지식을 찾아서 구법여행을 떠난다. 선지식이란 불교에서 스승을 일컫는 말이다. 여섯 번째 만난 선지식인 해탈장자가 이렇게 마음을 이야기한다.

> 보살들이 불법을 닦아 불세계를 청정케 하며 묘한 행을 쌓아 중생을 조복하며 큰 서원을 내고 온갖 지혜에 들어가 자재하게 유희하며 부사의한 해탈문으로 불보리를 얻으며 큰 신통을 나타내고 모든 시방세계에 두루 가며 미세한 지혜로 여러 겁에 널리 들어가는 이런 것들이 모두 자기의 마음으로 말미암느니라 그러기에 선남자여 마땅히 선법으로 제 마음을 붙들며 법의 물로 제 마음을 윤택하게 하며 참음으로 제 마음을 평탄하게 하며 지혜로 증득하여 제 마음을 결백케 하며 지혜로써 제 마음을 명랑케 하며 부처의 자재함으로 제 마음을 계발하여 부처의 평등으로 제 마음을 너그럽게 하며 부처의 십력으로 제 마음을 비추어 살필 것이니라
>
> 〈화엄경 입법계품〉

모든 깨달음이 마음에서 나오는 것이니 잘 살피라고 한다. 마음을 붙들고, 윤택하게 하고, 평탄하게 하고, 결백하게 하고, 명랑하게 하고, 계발하고, 너그럽게 하여야 한다. 사람의 마음을 주목하게 되면서 종교에는 새로운 장이 열렸다. 마음만 잘 잡을 수 있다면 세상만사가 평안해진다. 예수, 부처, 공자의 가르침은 마음을 다스리는 길이고 그 방법이 지혜라고 불리는 것이다. 지혜는 올바른 마음가짐이며 종교적 지혜는 그 최고의 자리다.

3장

지혜

1. 일반적 이해

1) 통찰력

지혜의 사전적 의미는 '사물의 이치를 깨닫고 정확하게 처리하는 능력'이라고 한다. 일반적으로 이해하기는 사물에 대한 통찰력이나 분별력, 판단력과 예지력 등을 포함한다. 통찰력은 상황파악 능력이고 모든 문제의 해결은 여기에서 시작된다. 그래서 지혜를 단순하게 말하면 통찰력이라고 할 수 있다. 통찰은 사물의 경중이나 완급을 제대로 아는 것이다. 분별력은 좋은 것과 싫은 것, 이익과 손해, 옳고 그름을 가릴 수 있는 능력이고, 판단력은 여러 대안 중에 적절한 것을 선택하는 능력이며, 예지력은 앞으로 전개될 미래에 대한 상상력으로 흔히 선견지명이라고 부른다. 사람들은 인생의 성공을 위해서 이러한 능력을 끊임없이 추구한다. 넓게 보는 안목이 있고 빠른 판단으로 앞서가며 앞일을 내다 볼 수 있는 능력이 있다면 실패할 일이 없을지 모른다. 그래서 지혜를 찾아 나선 사람이 무수히 많았다. 고대의 현자라는 사람들이나 철학자들의 명언, 그리고 인생에 성공했다는 유명인들의 처세론이 그러한 지혜를 잘 보여준다.

　지혜라고 하면 흔히 솔로몬이라는 이름을 떠올린다. 이스라엘의 왕 솔로몬이 하나님에게 부귀와 영화를 구하지 않고 오직 지혜를 달라고 청함으로써 지혜와 더불어 부귀영화도 함께 받았다는 일화와 유명한 재판 이야기가 있다. 한 아기를 놓고 두 여인이 서로 자기가 엄마라고 주장하며 다투자 칼로 아기를 둘도 가르고 반쪽씩 나누어 가지라는 판결을 내린다. 이 판결을 들은 친엄마는 아기의 목숨을 건지기 위해 자신이 아니라며 거짓으로 말한다. 그러자 바로 그 여인이 진짜라는 사실을 알아차리고 아기를 주라고 했다는 이야기다. 통찰력과 판단력이 번득이는 재판이었다. 사람들이 지혜에 관하여 눈뜨고 관심을 쏟기 시작한 시기는 축의 시대를 기점으로 한다. 기독교에서 이 시기에 형성된 지혜문학은 그 이전의 성경과는 다른 면모를 보이며 지혜에 대한 찬양이 많이 등장한다.

　　지혜를 얻은 자와 명철을 얻은 자는 복이 있나니 이는 지혜를 얻는 것이 은을 얻는 것보다 낫고 그 이익이 정금보다 나음이니라 지혜는 진주보다 귀하니 네가 사모하는 모든 것으로도 이에 비교할 수 없도다 그의 오른손에는 장수가 있고 그의 왼손에는 부귀가 있나니 그 길은 즐거운 길이요 그의 지름길은 평강이니라 지혜는 그 얻은 자에게 생명나무라 지혜를 가진 자는 복되도다 여호와께서는 지혜로 땅에 터를 놓으셨으며 명철로 하늘을 견고히 세우셨고

그의 지식으로 깊은 바다를 갈라지게 하셨으며 공중에서
이슬이 내리게 하셨느니라 내 아들아 완전한 지혜와 근신
을 지키고 이것들이 네 눈앞에서 떠나지 말게 하라 그리하
면 그것이 네 영혼의 생명이 되며 네 목에 장식이 되리니
네가 네 길을 평안히 행하겠고 네 발이 거치지 아니하겠으
며 네가 누울 때에 두려워하지 아니하겠고 네가 누운즉 네
잠이 달리로다

〈구약성경 잠언〉

'네 잠이 달리로다'는 말씀이 불면증이 심한 시대에 보약처럼 들린
다. 지혜가 복을 가져다주고 평안하게 해 준다. 금이나 은을 얻는 것
보다 낫고 어떤 것과도 비교할 수 없이 좋다는 찬사를 보낸다. 히브
리어로 지혜를 '호크마'라고 하는데 신중함과 사려깊음, 그리고 능숙
함, 유능함을 뜻하며 도덕적 선함과 영적인 올바름을 포함한다. 신중
함이나 사려깊음은 통찰력이나 분별력과 같은 의미이고 능숙함, 유
능함은 기술이나 재능과 같은 능력이며 도덕적 선함은 윤리적 측면
을 말하고 영적 올바름은 하나님과의 관계로 나타난다. 호크마는 세
속적으로나 종교적으로 완전한 자질이라고 할 수 있다. 신약성경에
는 불의한 종의 지혜를 칭찬하는 예화가 나온다.

또한 제자들에게 이르시되 어떤 부자에게 청지기가 있는
데 그가 주인의 소유를 낭비한다는 말이 그 주인에게 들

린지라 주인이 그를 불러 이르되 내가 네게 대하여 들은 이 말이 어찌 됨이냐 네가 보던 일을 셈하라 청지기 직무를 계속하지 못하리라 하니 청지기가 속으로 이르되 주인이 내 직분을 빼앗으니 내가 무엇을 할까 땅을 파자니 힘이 없고 빌어먹자니 부끄럽구나 내가 할 일을 알았도다 이렇게 하면 직분을 빼앗긴 후에 사람들이 나를 자기 집으로 영접하리라 하고 주인에게 빚진 자들을 일일이 불러다가 먼저 온 자에게 이르되 네가 내 주인에게 얼마나 빚졌느냐 말하되 기름 백 말이니이다 이르되 여기 네 증서를 가지고 빨리 앉아 오십이라 쓰라 하고 또 다른 이에게 이르되 너는 얼마나 빚졌느냐 이르되 밀 백석이니이다 이르되 여기 네 증서를 가지고 팔십이라 쓰라 하였느니라 주인이 이 옳지 않은 청지기가 일을 지혜 있게 하였으므로 칭찬하였으니 이 세대의 아들들이 자기 시대에 있어서는 빛의 아들들보다 더 지혜로움이니라

〈신약성경 누가복음〉

  남의 재물로 인심을 써서 자기를 이롭게 하는 것을 보고 지혜롭다고 칭찬하고 있다. 먹고살 길을 찾는 모습이 주인에게 불의하기는 하지만 지혜로워 보였다. 이 이야기는 불의한 종의 처신을 긍정한다기보다 어떻게든 유익이 되는 길을 찾아가는 모습이 지혜로움을 비유적으로 설명한 것이다. 지혜는 유익을 가져다준다. 불의한 재물이기

는 하지만 베푸는 행위로 말미암아 유익한 결과를 가져왔다는 의미를 전하면서 사람이 마땅히 구해야 할 진정한 유익을 위해서는 더 큰 지혜를 내서 힘써야 함을 암시하는 말씀이다.

2) 유익

진정한 유익이 무엇이냐는 문제는 진리가 무엇이냐는 질문과 관련된다. 누구나 승복할 수 있는 보편적인 사실이나 법칙을 진리라고 부른다. 그 진리에 가까이 할 수 있게 해주는 것이라면 진정한 유익이라고 할 것이다. 그런데 진리를 정의하는 문제가 단순하지 않다. 여러 종교에서는 각기 다른 진리를 선포하고 있기 때문이다. 반면에 지혜는 상통하는 부분이 많다. 상통성에 주목해 보면 진리보다는 지혜의 눈으로 바라보는 방법이 종교의 이해에 더 도움이 될 수 있다는 사실을 발견하게 된다. 광활한 영적 세계 안에 보석처럼 박혀있는 지혜를 캐내는 일은 진리로 나아가는 안전하고 편한 방법이다. 진정한 유익이 무엇인가를 밝히기 위해서 종교는 세상적인 유익과 구별되는 다른 차원의 유익을 가르친다.

> 때에 보취라 하는 보살이 부처님께 사뢰었다 세존이시여
> 어떤 것을 보살이 자기의 몸을 장엄하고 또 중생으로 하여
> 금 큰 이익을 얻게 한다 하니이까 부처님이 대답하시었다
> 선남자야 보살이 걸림 없는 지혜를 갖춘다면 장엄하다 하

리니 밝은 지혜를 일으킨다면 큰 이익이라고 이르리라

〈방등대집경 보계보살품〉

선남자는 불제자를 통칭하여 부르는 말이다. 걸림 없는 지혜, 밝은 지혜를 일으키는 것이 큰 이익이라고 한다. 큰 이익은 세상적인 보통의 이익과 다르고 밝은 지혜도 일반적인 지혜와 구별되는 것이다. 세상적인 유익은 일상적으로 추구하는 것이지만 영적으로는 무익할 수 있다. 신의를 저버리고 얻은 명예나 정당하지 못한 방법으로 일군 재산이 육신의 편함은 줄지 몰라도 마음의 평안을 해친다면 무익하다 할 것이다.

일반적으로 세상적인 것은 속됨이라 하고 영적인 것은 성스러움이라고 한다. 속(俗)은 우리의 일상적인 삶이며 성(聖)은 그것을 초월하는 특별한 경험이다. 성과 속은 본질과 형식의 문제라고 할 수 있는데 양쪽이 잘 어우러져야 진정한 종교의 모습이 갖춰진다. 큰 유익을 찾는다고 성스러움만을 추구하다 보면 자칫 현실도피로 빠질 수도 있다. 그래서 사도 바울은 고린도 교인들에게 이렇게 말하고 있다.

내가 너희에게 쓴 편지에 음행하는 자들을 사귀지 말라 하였거니와 이 말은 이 세상의 음행하는 자들이나 탐하는 자들이나 속여 빼앗는 자들이나 우상숭배하는 자들을 도무지 사귀지 말라 하는 것이 아니니 만일 그리하려면 너희가 세상 밖으로 나가야 할 것이라

〈신약성경 고린도전서〉

지혜를 찾는 길은 어려움이 따른다. 우리의 욕망이 그 길을 가로막기도 하고 때로는 격한 감정이 시야를 어지럽히기도 한다. 어렵고 힘든 길이지만 큰 이익이 있다고 하니 포기할 수도 없다.

> 지혜는 처음에 그와 더불어 가시밭길을 걷고 그에게 두려움과 공포를 몰고 오리라 지혜는 그를 신뢰할 때까지 자신의 규율로 그를 단련시키고 자신의 바른 규범으로 그를 시험하리라 그리고 나서 지혜는 곧 돌아와 그를 즐겁게 하고 자신의 비밀을 보여 주리라
>
> 〈가톨릭성경 집회서〉

두려움과 공포를 느낄 정도로 힘든 길이라서 많은 단련과 수행과정을 거쳐야 하고 마침내 그곳에 도달하면 즐거움과 신비를 보여준다. 양약은 입에 쓰고 무엇이나 좋은 것은 쉽게 얻을 수 없다는 사실이 세상 이치다. 많은 명언이 있지만 그것들을 압축하면 '세상에 공짜는 없다'는 한마디라고 하는 우스갯소리가 있다. 쉽게 얻으려고 공짜 좋아하다가 화를 당하면 어디다 하소연하기도 어렵다. 진정한 유익이 무엇인지 판단할 줄 알아야 한다는 경구쯤으로 들린다.

지혜는 통찰력, 분별력, 판단력, 예지력 등을 포함하는데 이러한 능력은 지식을 많이 쌓으면 그 유기적인 관계에서 도출될 수 있는 산물이기도 하다. 그래서 지혜를 구하는 많은 사람이 지식을 통해서 접근하는 방법을 찾는다. 지식은 다양한 정보를 제공해 줌으

로써 지혜로 나아가는 데 유리한 조건을 만들어 준다. 고대 그리스
의 철인들을 보면 그들은 지혜를 추구하는 사람들이었지만 또한 풍
부한 지식의 소유자이기도 하였다. 그래서 지혜를 지식의 산물이라
고 부르기도 한다. 한편으로 지혜는 경험의 산물이기도 하다. 무수
한 경험을 겪다 보면 의도하지 않았던 능력들이 자연스럽게 형성되
는 경우를 본다. 연륜이라는 것은 지식과는 다른 차원의 지혜를 깨
우쳐 준다.

> 늙은 자에게는 지혜가 있고 장수하는 자에게는 명철이 있
> 느니라
>
> 〈구약성경 욥기〉

그러나 지식을 많이 가졌다고 당연히 지혜로운 사람이 아닌 것처럼
늙고 경험이 많다고 저절로 지혜가 생기는 것은 아니다. 나이 들어
아집이 깊어지면 노추(老醜)라고 하여 추한 노년이 되고 만다. 지식
도 제대로 발휘되지 않으면 교만만 쌓이는 수가 있다. 지혜는 지극히
일상적인 의미로 쓰여서 소소한 이로움을 주는 생활의 편리함을 지
혜라고 부르기도 하고, 또한 고상한 처세술에 이르기까지 다양한 모
습을 보이지만 그 진정한 의미는 보다 내면적인 데 있다.

> 마음은 가볍게 뛰놀며 이리저리 움직여 지키기 어렵고 억
> 누르기 어렵다 그러나 지혜 있는 사람은 이것을 바르게 한

다 마치 활 만드는 장색이 화살을 바루는 것과 같이

〈법구경〉

지혜에는 마음을 바로잡는 능력이 포함된다. 사물에 대한 통찰력 등이 마음을 조절할 수 있는 능력을 보장하지 못한다. 온갖 지식과 재능이 있을지라도 마음을 다스리지 못하면 지혜롭다고 할 수 없다. 사물에 대한 능력을 외적 지혜라고 한다면 마음을 다루는 능력은 내적 지혜라고 할 수 있다. 크고 작은 장애가 많은 인생길에 소탐대실하지 않으려면 큰 유익, 진정한 유익이 무엇인지 분별할 줄 아는 능력이 필요하다.

3) 학문

세상은 시간적으로나 공간적으로 넓어서 경험으로 다 알 수가 없다. 그래서 대부분 학문을 통하는 길이 지혜의 첩경으로 인식된다. 특히 유교는 학문을 중요시했다. 대표적 경전인 논어의 첫 구절이 학문의 즐거움을 전한다.

공자께서 말씀하셨다 배우고 때에 맞게 익히면 또한 기쁘지 않겠는가

〈논어 학이편〉

지혜만찬

배우고 그 내용을 때에 맞게 익히는 일을 즐거움으로 알고 누린다면 지혜로운 삶이다. 흔히 사람은 죽을 때까지 배워야 한다고 말한다. 나이가 문제가 아니라는 뜻이기도 하지만 한편으로 배움에는 다 때가 있다는 말도 있다. 죽을 때까지 배운다는 말은 나이 들어 배움을 시작하는 사람에게 격려가 되고 때가 있다는 말은 젊은 사람을 독려하는 의미가 있다. 둘 다 옳은 말이다. 이럴 때도 있고 저럴 때도 있다. 어떻든지 배움이 중요하다. 그러나 배우기만 하고 생각이 없으면 안 된다는 경계의 말씀도 있다.

공자께서 말씀하셨다 배우기만 하고 생각하지 않으면 얻
는 것이 없고 생각하기만 하고 배우지 않으면 위태롭다

〈논어 위정편〉

배움은 지식의 추구에 빠지기 쉬운 것이니 지혜를 얻으려면 성찰이나 사색이 필요하다는 말씀이다. 반면에 생각만 많은 것도 위태롭다고 한다. 자기 생각에만 빠지면 독선과 괴변을 부리기 쉽기 때문에 이 또한 경계해야 할 일이다.

널리 배우고 세심히 묻고 신중히 생각하고 밝게 분별하고
독실하게 행하라

〈중용〉

박학(博學), 심문(審問), 신사(愼思), 명변(明辯), 독행(篤行) 이 다섯 가지는 공자가 유교의 최고 이념인 성(誠)을 이루는 방도로서 제시한 덕목이다. 중국 송대에 유교사상을 새롭게 정립했던 성리학에서는 이것을 학문하는 기본자세로 규정하고 있다. 여기 박학과 심문을 합하여 학문(學問)이란 용어가 생겨났다고 하며 '학문지도'(學問之道)라는 맹자의 말씀에 보인다. 〈맹자 고자상편〉 그래서 '학'(學)이라는 단어는 보통 학문으로 번역하고 학문에는 다섯 가지 방도가 포함되어 그 의미가 매우 심오한 용어다. 공자는 또 이런 말씀을 한다.

배우기를 좋아함은 지혜에 가깝고 행하기를 힘쓰는 것은 인에 가깝고 수치를 아는 것은 용기에 가깝다

〈중용〉

호학(好學)이 지혜에 가깝다는 말씀은 학문을 통하여 지혜를 얻을 수 있는 가능성을 언급한 것이다. 학문에는 사(思)가 포함되어 학과 사가 어우러진 것이며 그것이 〈중용〉에 나타난 학문의 다섯 가지 자세다. 여기에는 독실하게 행하라는 '독행'이 포함된다. 지혜는 실천이 따라야 진정한 지혜라고 할 수 있기 때문이다.

공자께서 말씀하셨다 어린 사람들은 집에 들어가서는 효도하고 밖에 나가서는 공경하며 행실을 삼가고 말은 믿음 있게 하며 널리 사람을 사랑하되 인한 사람을 가까이 해야

하니 이것들을 행하고 여력이 있으면 학문(學文)을 하라

〈논어 학이편〉

부모에 대한 효도와 윗사람에 대한 공경은 사람이 지켜야 할 기본 도리로서 인을 행하는 근본이다. 그 도리를 행한 연후에 여력이 있으면 학문하라는 말씀은 배움의 의미가 무엇인지를 생각하게 하는 큰 가르침이다. 여기서 말한 학문(學文)은 글을 읽고 배우는 것을 말한다. 보통 학문이라고 하면 글을 통해서 배우는 것으로 이해한다. 글은 인간이 이루어 놓은 지식과 지혜를 저장하는 창고이기 때문이다. 그러나 학문(學問)은 학문(學文)과 다르다. 학문(學文)이 지식수준에 머문다면 학문(學問)은 지혜를 추구한다고 할 수 있다. 책으로만 배우는 것은 유교에서 말하는 진정한 학이 아니다.

자하가 말씀하였다 어진 이를 여색 좋아하는 만큼 좋아하
고 부모를 섬김에 힘을 다하고 임금을 섬김에 그 몸을 다
바치고 친구를 사귀면서 그 말에 신의가 있다면 비록 배움
이 없더라도 나는 반드시 그를 배움이 있다고 말하겠다

〈논어 학이편〉

자하는 십대제자로서 공자의 문하에서 영향력이 컸으며 논어에는 그의 어록이 많이 나온다. 이 말씀에 보면 글을 배우는 학문(學文)이 부족해도 도리를 다하며 사는 사람이라면 학문(學問)을 이룬 것으로

평가하고 있다. 진정한 배움은 글을 읽고 지식을 쌓는 일보다 도리를 아는 지혜를 갖추어 실천하는 것임을 강조하고 있다.

지혜만찬

2. 종교적 지혜

1) 위로부터

인생에 대한 새로운 자각이 시작된 축의 시대를 기점으로 기독교에서는 기원전 5~6세기 무렵에 지혜문학이라는 형식의 경전이 형성된다. 시편, 욥기, 잠언, 전도서, 지혜서, 집회서 등이 여기에 해당한다. 시편에 "여호와를 경외함이 지혜의 근본이라"고 했고, 잠언에도 똑같은 구절이 나온다. 바른 지혜에 대해서 이런 말씀도 있다.

> 여호와께서 이와같이 말씀하시되 지혜로운 자는 그의 지혜를 자랑하지 말라 용사는 그의 용맹을 자랑하지 말라 부자는 그의 부함을 자랑하지 말라 자랑하는 자는 이것으로 자랑할지니 곧 명철하여 나를 아는 것과 나 여호와는 사랑과 정의와 공의를 땅에 행하는 자인 줄 깨닫는 것이라 나는 이 일을 기뻐하노라
>
> 〈구약성경 예레미야〉

여호와는 기독교 하나님의 명칭이다. 지혜는 자랑하는 것이 아니며 자랑하려거든 하나님을 아는 것을 자랑하라고 말씀한다. 그 시작이 하나님을 아는 것이라는 말씀으로 보면 이때 지혜는 일상적인 의미와 다른 개념이다.

> **지혜는 영원한 빛의 광채이고 하느님께서 하시는 활동의**
> **티 없는 거울이며 하느님 선하심의 모상이다**
>
> 〈가톨릭성경 지혜서〉

지혜는 하느님이 하시는 일이고 그 속성은 선(善)이라고 한다. 종교적이라고 하면 기본적으로 영성과 관련된다. 영성과 관련이 없는 형이상학을 논하는 철학적 지혜도 있고 일상의 삶에 유익을 주는 재능과 같은 생활의 지혜도 있다. 그러나 잘 살펴보면 세속적으로는 도달할 수 없는 깊은 경지를 볼 수 있는데 그것을 영적 또는 종교적 지혜라고 부를 수 있다. 예수의 형제로 초대교회의 수장 역할을 했던 야고보는 이렇게 말씀한다.

> **오직 위로부터 난 지혜는 첫째 성결하고 다음에 화평하고**
> **관용하고 양순하며 긍휼과 선한 열매가 가득하고 편견과**
> **거짓이 없나니 화평하게 하는 자들은 화평으로 심어 의의**
> **열매를 거두느니라**
>
> 〈신약성경 야고보서〉

위로부터 난 지혜는 세상적인 것에 대비되는 종교적 지혜를 말한다. 그 특징으로 성결, 화평, 관용, 양순, 긍휼, 선, 의 등을 언급하고 있는데 이러한 특징은 일상에서도 나타날 수 있는 것들이다. 세상에서는 이 덕목들이 유익을 끼치기 때문에 지혜라고 한다. 그러나 종교적 지혜에서는 유익을 따지지 않는다. 하늘의 명령 또는 하나님의 뜻이라고 믿거나 다음 생을 위한 공덕을 쌓는 일이라고 여긴다. 그것은 영적인 유익, 큰 유익이라고 할 수 있으며 종교가 추구하는 성스러움의 표현이다. 경전에는 거룩, 엄숙, 경건, 청정과 같은 말로 나타난다. 세속성은 이와 대비되어 조건을 따지며 상대적으로 저울질해서 유익을 추구한다. 바울 사도는 이렇게 말씀한다. "아무도 자신을 속이지 말라 너희 중에 누구든지 이 세상에서 지혜 있는 줄로 생각하거든 어리석은 자가 되라 그리하여야 지혜로운 자가 되리라"〈신약성경 고린도전서〉 어리석은 자와 지혜로운 자가 관점에 따라 바뀔 수가 있다. 또 이런 말씀을 한다.

그러나 우리가 온전한 자들 중에서는 지혜를 말하노니 이는 이 세상의 지혜가 아니요 또 이 세상에서 없어질 통치자들의 지혜도 아니요 오직 은밀한 가운데 있는 하나님의 지혜를 말하는 것으로서 곧 감추어졌던 것인데 하나님이 우리의 영광을 위하여 만세 전에 미리 정하신 것이라

〈신약성경 고린도전서〉

세상의 지혜는 드러나는 것이라면 하나님의 지혜는 은밀한 것이다. 은밀하기 때문에 쉽게 터득하기가 어렵고 깨우치기도 어렵다. 은밀하다는 말은 감추어졌다거나 가려졌다는 의미이다. 진정으로 좋은 것이라면 감추거나 가릴 이유는 없다. 단지 보는 눈과 듣는 귀가 없다는 얘기다. 그래서 예수는 설교 중에 들을 귀 있는 자는 들으라는 말씀을 하였다. "각 동네 사람들이 예수께로 나아와 큰 무리를 이루니 예수께서 비유로 말씀하시되 씨를 뿌리는 자가 그 씨를 뿌리러 나아가 뿌릴 새 더러는 길가에 떨어지매 밟히며 공중의 새들이 먹어버렸고 더러는 바위 위에 떨어지매 싹이 났다가 습기가 없으므로 말랐고 더러는 가시떨기 속에 떨어지매 가시가 함께 자라서 기운을 막았고 더러는 좋은 땅에 떨어지매 나서 백배의 결실을 하였느니라 이 말씀을 하시고 외치시되 들을 귀 있는 자는 들을지어다"〈신약성경 누가복음〉 이 씨 뿌리는 자의 비유는 지혜를 듣더라도 옥토와 같은 마음이 준비되어야 함을 강조한 말씀이다. 〈맹자〉에 이런 대화가 나온다.

> 맹자가 양혜왕을 만났다. 왕이 말하기를 노인께서 천리를 멀다하지 않고 오셨으니 장차 내 나라를 이롭게 할 방법이 있습니까 맹자가 대답하기를 왕은 하필 이익을 말하십니까 인과 의가 있을 뿐입니다 하였다
>
> 〈맹자 양혜왕상〉

양혜왕은 중국 전국시대 위나라의 군주다. 맹자가 이익을 말하지

말고 인의를 추구하라고 한 이 가르침은 종교적 지혜를 언급한 것이다. 양혜왕이 듣고자 했던 내용은 세상적으로 이익을 얻을 수 있는 수단으로서 맹자가 말한 의도와 다른 것이다. 인과 의가 있을 뿐이라는 말씀은 대의를 위해 희생할 수 있는 종교적인 차원을 의미한다. 양혜왕은 인과 의라는 명분에는 관심을 두려고 하지 않았기 때문에 눈이 가려지고 귀가 닫힌 것이다.

한편 불교에서는 성스러움과 속됨이 다르지 않다는 견해를 밝히고 있기도 하다. 〈유마경〉에 보면 '번뇌가 곧 보리이고 생사가 곧 열반이라'는 말씀이 있다. 번뇌와 깨달음이 다르지 않고 이 세상 삶 속에 해탈의 경지가 있다는 말씀이다. 진흙 속에 연꽃이 피는 것처럼 번뇌의 바다에 들어가야 지혜의 보배를 취할 수 있다고 한다. 이러한 사상은 불교에 고유한 공(空)사상이 있기 때문에 가능하다. 그러나 여전히 성과 속은 종교의 본질을 이해하기 위한 중요한 개념이고 지혜에 대한 이해에서도 유용하다. 새로운 각성에 따라 형성되는 종교적 지혜는 영성이 추가된 것으로 이해하면 적절할 것 같다. 불교에서는 부처의 가르침을 지혜바다라고 부른다. 그래서 불교는 지혜의 종교라고 할 정도로 이를 중요시한다. 모든 사람이 부처의 지혜를 가지고 있다는 '불성'(佛性)사상을 다음과 같이 설명한다.

> 그때 보현이 성기보덕과 여러 보살들에게 말하였다… 여래의 지혜는 이르지 못하는 데가 없어서 한 중생도 여래의 지혜를 갖추어 가지지 않은 이가 없지마는 다만 허망한 생

각과 뒤바뀐 집착으로 증득하지 못하나니 만일 허망한 생

각을 여의기만 하면 온갖 지혜와 저절로 생기는 지혜와 걸

림 없는 지혜가 곧 앞에 나타나게 되리라

〈화엄경 여래출현품〉

온갖 지혜, 저절로 생기는 지혜, 걸림 없는 지혜가 종교적 지혜다. 허망한 생각과 집착에서 벗어나기만 하면 저절로 앞에 나타난다. 지식이 부족함보다 허망한 생각이나 집착이 걸림돌이 되는데 그것은 곧 욕망이다.

유교에서도 지혜는 영적인 차원을 함축하는 의미로 이해되는데 공자는 이렇게 말씀한다.

번지가 지혜(知)에 대하여 묻자 공자께서 말씀하셨다 사람

의 도리를 힘쓰고 귀신을 공경하되 멀리하면 지혜라고 할

수 있다

〈논어 옹야편〉

번지는 말년 제자로서 공자를 측근에서 모시면서 궁금한 질문을 많이 했다. 인에 대하여 질문한 적이 있는데 여기서는 지혜를 묻고 있다. 그 대답으로 공자는 두 가지를 언급한다. 먼저 무엇보다 중한 사람의 도리를 힘쓰라는 말씀이다. 공자는 효(孝)와 제(弟)라는 도리를 다한 후에 여유가 있으면 글을 읽으라고 했다. 그리고 귀신을 공경하

되 멀리하라고 한다. 귀(鬼)는 일반적으로 조상신을 의미하고 신(神)은 천지의 신을 의미하지만 유교에서는 영성에 속하는 신령한 존재를 귀신으로 통칭하여 쓰기도 한다. 신령한 존재를 멀리하라는 것은 귀신의 존재나 그 능력과 같은 난해한 문제에 대해서는 천착하지 않는 것이 지혜로운 태도라는 가르침인데 앞에서 언급한 적이 있는 '괴이한 능력과 혼란스러운 귀신을 말하지 않았다'는 말씀과 통하는 면이 있다. 하지만 이러한 가르침은 신령한 문제는 모르고 넘어가도 괜찮다는 의미는 아닌 것 같다. 앞의 문장 '귀신을 공경하되 멀리하라'는 뜻인 경귀신이원지(敬鬼神而遠之)에서 '경귀신'에 주목할 필요가 있다. 먼저 귀신을 공경하라는 말씀이니 경귀신은 하늘을 의식한 영적 차원의 일이다. 일명 '귀신장'이라고 하는 〈중용 16장〉에 보면 "공자께서 말씀하셨다. 귀신의 덕스러움이 성대하도다"는 구절이 나온다. 이때 말하는 귀신은 인격적인 존재로 보기도 하고 천지자연의 기 또는 질서와 같은 비인격적 개념으로 해석하기도 하지만, 어떻든지 그 신령한 존재의 덕스러움을 알아야 하고 그래서 공경해야 한다고 말씀한다. 귀신같은 존재가 어디 있느냐고 무시하는 태도나 귀신의 일에 매몰되어 비현실적인 삶을 사는 모습은 둘 다 거리가 멀다. '경이원지'라는 고사성어의 유래가 귀신을 상대로 한 것이기는 하지만 무엇이나 적당해야 한다는 지혜의 성격이 나타나 있다.

2) 사람중심

공자의 말씀 중에 '하학이상달'(下學而上達)〈논어 헌문편〉 이라는 말이 있는데 '아래로부터 배워서 위를 통달한다'는 뜻이다. 위로 하늘의 뜻을 알고 하늘을 섬기는 일은 아래로 사람을 알고 사람을 섬기는 일에서 시작한다. 그래서 지혜에 대한 물음에 먼저 사람의 도리를 힘쓰라는 말씀을 한 것이다. 또 이런 말씀을 한다.

> 번지가 인에 대해 묻자 공자께서 말씀하시기를 사람을 사랑하는 것이다 지혜에 대하여 묻자 말씀하시기를 사람을 아는 것(知人)이다 하셨다
>
> 〈논어 안연편〉

여기서 '지인'의 뜻은 사람의 가치를 올바로 평가함을 말한다. 사람을 아는 것이 지혜라는 말씀은 사람을 아는 일이 하늘을 아는 일과 통해 있다는 의미다. 이러한 설명은 기독교의 입장과 다른 면이 있는 것 같다. 야고보 사도의 말씀 중에 이런 내용이 나온다.

> 너희 중에 누구든지 지혜가 부족하거든 모든 사람에게 후히 주시고 꾸짖지 아니하시는 하나님께 구하라 그리하면 주시리라
>
> 〈신약성경 야고보서〉

구약성경에서도 여호와를 경외하는 것이 지혜의 근본이라고 했다. 이런 측면에서 보면 기독교의 지혜는 하나님 중심이라고 할 수 있다. 하나님께 지혜를 구하면 우리 마음에 깨달음으로 준다. 그런데 그 내용이 무엇인가.

> 그러므로 무엇이든지 남에게 대접받고자 하는 대로 너희
> 도 남을 대접하라 이것이 율법이요 선지자니라
>
> 〈신약성경 마태복음〉

율법이요 선지자라는 것은 예수 당시의 성경 전체를 이르는 말이다. 성경의 가르침을 한마디로 요약하면 바로 '남에게 받고자 하는 대로 남을 대접하라'는 이 말씀이라고 한다. 그래서 이 구절을 기독교에서 '황금률'(golden rule)이라고 부른다. 지혜는 사실 단순하고 쉽다. 다만 그것을 깨우치고 행하기가 어려울 뿐이다. 예수가 깨우쳐 준 이 한마디가 기독교의 최고 지혜라고 하면 실망스러울지 모르겠다. 좀 더 고상한 경구가 있을 법한데 하나님께 구해서 받은 최고의 가르침이 남을 대접하라는 것이다. 사람을 대접하면 하나님을 대접하게 된다는 뜻이다. 그것도 가장 작은 자에게 하는 대접이다. 예수는 재림을 예언하며 그날에 모든 사람을 모아놓고 심판하는 장면을 이야기하고 있다.

> 인자가 자기 영광으로 모든 천사와 함께 올 때에 자기 영

광의 보좌에 앉으리니 모든 민족을 그 앞에 모으고 각각 구분하기를 목자가 양과 염소를 구분하는 것 같이 하여 양은 그 오른편에 염소는 왼편에 두리라 그때에 임금이 그 오른편에 있는 자들에게 이르시되 내 아버지께 복 받을 자들이여 나아와 창세로부터 너희를 위하여 예비 된 나라를 상속받으라 내가 주릴 때에 너희가 먹을 것을 주었고 목마를 때에 마시게 하였고 나그네 되었을 때에 영접하였고 헐벗었을 때에 옷을 입혔고 병들었을 때에 돌보았고 옥에 갇혔을 때에 와서 보았느니라 이에 의인들이 대답하여 이르되 주여 우리가 어느 때에 주께서 주린 것을 보고 음식을 대접하였으며 목마르신 것을 보고 마시게 하였나이까 어느 때에 나그네 되신 것을 보고 영접하였으며 헐벗으신 것을 보고 옷을 입혔나이까 어느 때에 병드신 것이나 옥에 갇히신 것을 보고 가서 뵈었나이까 하리니 임금이 대답하여 이르시되 내가 진실로 너희에게 이르노니 너희가 여기 내 형제 중에 지극히 작은 자 하나에게 한 것이 곧 내게 한 것이니라 하시고 또 왼편에 있는 자들에게 이르시되 저주를 받은 자들아 나를 떠나 마귀와 그 사자들을 위하여 예비된 영원한 불에 들어가라 내가 주릴 때에 너희가 먹을 것을 주지 아니하였고 목마를 때에 마시게 하지 아니하였고 나그네 되었을 때에 영접하지 아니하였고 헐벗었을 때에 옷을 입히지 아니하였고 병들었을 때와 옥에 갇혔을 때

지혜만찬

에 돌보지 아니하였느니라 하시니 그들도 대답하여 이르되 주여 우리가 어느 때에 주께서 주리신 것이나 목마르신 것이나 나그네 되신 것이나 헐벗으신 것이나 병드신 것이나 옥에 갇히신 것을 보고 공양하지 아니하더이까 이에 임금이 대답하여 이르시되 내가 진실로 너희에게 이르노니 이 지극히 작은 자 하나에게 하지 아니한 것이 곧 내게 하지 아니한 것이니라 하시리니 그들은 영벌에 의인들은 영생에 들어가리라 하시니라

〈신약성경 마태복음〉

높은 하늘 보좌에 앉으신 하나님을 섬기는 일이 가장 낮은 곳에 있는 작은 자를 섬기는 데서 이루어진다. 그러므로 하나님을 섬긴다고 하면서 하늘만 쳐다보고 땅 위의 사람을 잃어버리면 그야말로 공염불이 된다. 성전에 나아가 하나님을 섬기는 행위는 성스러운 일이다. 그러나 하나님에 대한 제사는 사람에 대한 대접으로부터 시작된다. 이 지혜를 깨우치려고 또 이렇게 말씀한다.

그러므로 예물을 제단에 드리려다가 거기서 네 형제에게 원망 들을 만한 일이 있는 것이 생각나거든 예물을 제단 앞에 두고 먼저 가서 형제와 화목하고 그 후에 와서 예물을 드리라

〈신약성경 마태복음〉

그냥 들어도 사람중심이라는 유교의 정신과 크게 다르지 않다. 하나님을 섬긴다고 제사에 열중할 것이 아니라 사람들과 화목하게 지내는 것이 먼저라는 깨우침이다. 예배를 드리러 모인 사람들이 불화하고 싸움판을 벌인다면 이는 하나님에 대한 모독이다. 사람을 무시하며 드리는 예배는 예배가 될 수 없다는 사실을 기억해야 할 대목이다. 그리고 목숨이 천하보다 귀하다는 말씀에서도 사람의 가치를 무엇보다 귀중하게 여기는 예수의 사상을 엿볼 수 있다.

> **사람이 만일 온 천하를 얻고도 제 목숨을 잃으면 무엇이 유익하리요 사람이 무엇을 주고 제 목숨과 바꾸겠느냐**
> 〈신약성경 마태복음〉

사람 목숨이 천하보다 귀하다. 여기서 언급한 목숨이란 세상적인 생명으로 해석될 수도 있고 종교적인 영원한 생명을 일깨워 주는 말씀으로 볼 수도 있다. 그러나 종교적 지혜가 깨우치는 그 목숨은 아무래도 세상에서만 누리는 유한한 차원을 넘어선다고 보는 것이 타당할 듯하다. 영원을 꿈꾸는 인간의 가치가 천하보다 귀하다는 말씀이 그 존귀함을 깨우쳐 준다.

불교에서는 가장 큰 지혜를 반야라고 하는데 그 반야를 통해서 이룩하는 최고의 경지가 열반이다. 그런데 열반의 경지는 인간만이 성취할 수 있는 것이다. 모든 생명이 윤회하다가 인간으로 태어나야만 열반을 이룰 수 있는 기회를 얻는다. 그러니 인간이 삼라만상의 중심

지혜만찬

이 될 수밖에 없다. 아귀나 축생은 열반에 이를 방법이 없고 하늘나라에 거한다고 하는 천인도 인간보다 격이 높기는 하지만 역시 열반의 기회는 없다. 그래서 잡아함경 맹구경에 눈먼 거북이의 비유를 들어 인간으로 태어난 것이 얼마나 소중한 일인지를 깨우쳤던 것이다.

3) 초월적 능력

초월적인 능력이라면 귀신을 쫓아내고 병을 낫게 하며 과거와 미래를 환히 알아맞히는 초능력을 떠올리는 것이 일반적인 이해다. 학술적으로는 신비주의로 통한다. 지금도 여러 종교의 행사나 의례에서는 신비현상들이 전해지고 있다. 그러나 근본적으로 예수, 부처, 공자가 전하고자 의도했던 종교는 그러한 종류와 다르다. 세 성인이 말씀으로 깨우쳐 준 지혜는 욕망이라는 본능 속에 갇힌 인간의 한계를 극복하는 능력이다. 욕망을 초월하는 일은 곧 마음을 다스리는 것이다. 그래서 불경에서 지혜로운 자는 자기 마음을 잘 다스린다고 말씀하고 있다. 성경에 예수와 어느 부자 청년이 영생의 방법에 관해 이런 대화를 나눈다.

> 어떤 사람이 주께 와서 이르되 선생님이여 내가 무슨 선한
> 일을 하여야 영생을 얻으리이까 예수께서 이르시되 어찌
> 하여 선한 일을 내게 묻느냐 선한 이는 오직 한 분이시니
> 라 네가 생명에 들어가려면 계명들을 지키라 이르되 어느

계명이오니이까 예수께서 이르시되 살인하지 말라 간음하지 말라 도둑질하지 말라 거짓증언하지 말라 네 부모를 공경하라 네 이웃을 네 자신과 같이 사랑하라 하신 것이니라 그 청년이 이르되 이 모든 것을 내가 지켰사온데 아직도 무엇이 부족하니이까 예수께서 이르시되 네가 온전하고자 할진대 가서 네 소유를 팔아 가난한 자들에게 주라 그리하면 하늘에서 보화가 네게 있으리라 그리고 와서 나를 따르라 하시니 그 청년이 재물이 많으므로 이 말씀을 듣고 근심하며 가니라 예수께서 제자들에게 이르시되 내가 진실로 너희에게 이르노니 부자는 천국에 들어가기가 어려우니라 다시 너희에게 말하노니 낙타가 바늘귀로 들어가는 것이 부자가 하나님의 나라에 들어가는 것보다 쉬우니라 하시니 제자들이 듣고 몹시 놀라 이르되 그렇다면 누가 구원을 얻을 수 있으리이까 예수께서 그들을 보시며 이르시되 사람으로는 할 수 없으나 하나님으로서는 다 하실 수 있느니라

〈신약성경 마태복음〉

'사람으로는 할 수 없으나 하나님으로서는 할 수 있다'는 말씀은 영성의 세계를 나타내 보인다. 그것은 보통의 인간적인 능력을 넘어서는 다른 영역의 능력처럼 보인다. 세상적 지혜로 할 수 없는 일을 위로부터 오는 종교적 지혜로는 할 수 있다는 말이다. 예수는 원수를

사랑하라고 하면서 누가 네 오른뺨을 치거든 왼편도 돌려대라고 하고 또 나를 저주하는 자를 축복하고 나를 모욕하는 자를 위해 기도하라는 말씀을 한다.〈신약성경 마태복음〉 역시 보통의 능력으로 할 수 있는 일이 아니다. 상대가 힘이 세 보이면 보복하다가 봉변을 당하기보다 참는 편이 좋다고 할 수 있다. 그러나 우리에게 한 말씀은 그냥 왼편도 돌려대라는 것이다. 아마도 그리하면 화해와 용서라는 기적이 일어날지 모른다. 이런 것이 보통의 생각으로는 할 수 없는 초월적 능력이고 종교적 지혜라고 할 수 있다. 이 점에서 유교는 조금 다르다.

> 혹자가 말하였다 덕으로써 원한을 갚으면 어떠합니까 공자께서 말씀하시기를 그러면 덕은 무엇으로 갚겠느냐 바르게 함으로 원한을 갚고 덕은 덕으로 갚아야 한다 하셨다
>
> 〈논어 헌문편〉

이 말씀은 악을 악으로 갚지 말고 선으로 갚으라는 예수의 주장과는 차이가 난다. 바르게 함으로 원한을 갚는다는 말은 무조건적인 사랑이 아니라 잘못은 바로잡아야 한다는 의에 가까운 교훈이다. 한편 공자와 쌍벽을 이루었던 노자의 말씀에는 원한을 덕으로 갚는다는 '보원이덕'(報怨以德)이란 구절이 나온다.〈도덕경〉 악을 선으로 갚으라는 예수의 말씀과 일치한다. 유교의 인은 기독교에서 말하는 조건 없는 사랑과 차이가 있기는 하지만 그 본뜻은 역시 사람에 대한 사랑

이다. 공자는 그 인에 거하는 것이 지혜라고 말씀한다.

> 마을에 인한 풍습이 있는 것이 아름다우니 거처할 곳을 가
> 리되 인에 처하지 않는다면 어떻게 지혜로울 수 있겠는가
> 하셨으니 인은 하늘의 높은 벼슬이고 사람의 편안한 집이
> 다 이것을 막는 이가 없는데도 인하지 않으니 지혜롭지 못
> 하다고 하셨다
>
> 〈맹자 공손추상편〉

인은 편안한 집과 같으며 인에 처한다는 의미는 인을 실천하는 것을 말한다. 그러므로 인을 실천하는 것이 지혜라는 말씀이다. 불경에는 부처와 제자 부루나가 전도에 대해서 나누는 대화가 나오는데, 극단적인 예이기는 하지만 종교적 지혜의 일단이 잘 드러나 있다.

> 서방의 수나아 사람들은 거칠고 모질며 가볍고 성급하며
> 표독스럽고 사나워 꾸짖기를 좋아한다 부루나여 네가 만
> 일 그들로부터 욕하는 말을 들으면 어떻게 하겠느냐? 만
> 일 서방의 수나아 사람들이 꾸짖고 욕하면 이 서방의 수나
> 아 사람들은 어질고 착하며 지혜가 있다 비록 내 앞에서
> 거칠게 욕을 하지만 아직 손이나 돌로 치지는 않았다고 생
> 각하겠습니다 만일 그들이 손이나 돌로 너를 친다면? 이
> 들은 어질고 착하며 지혜가 있다 비록 손이나 돌로 나를

치지만 아직 칼이나 몽둥이를 휘두르지 않았다고 생각하
겠습니다 만일 그들이 칼이나 몽둥이로 너를 친다면? 이
들은 어질고 착하며 지혜가 있어 비록 칼이나 몽둥이로 나
를 치지만 나를 아직 죽이지는 않았다고 생각하겠습니다
만일 그들이 너를 죽인다면? 이들은 어질고 착하며 지혜
로워 내 썩어 무너질 몸을 해탈하게 했다고 생각하겠습니
다 부처님께서는 부루나의 대답을 들으시고는 부루나의
이와 같은 인욕심을 칭찬하시면서 수나아로 가서 법을 전
하도록 분부하셨다

〈잡아함경 부루나경〉

십대 제자에 속하는 부루나는 그 후 그곳에 오백여 사원을 세웠다
고 한다. 부루나의 이와 같은 참음을 인욕이라고 하는데 초월적이라
고밖에는 말할 수 없는 경지다. 이로움을 추구하는 세속의 지혜로 보
면 종교적 지혜는 손해를 감수하고 오히려 희생을 권한다. 그렇다면
종교적 지혜가 추구하는 것은 무엇인가. 그것은 진리가 답해야 할 문
제이다. 종교적 진리는 여러 종파에서 각기 다른 모습으로 나타나고
어려운 교리에 묻혀 있기도 하지만 그 진리의 세계를 하나로 관통하
는 사상은 바로 '평안'이다. 그것은 예수가 주겠다고 말씀한 평안이고
불교에서 깨우치라는 열반이며 유교에서 말하는 평천하(平天下)다.

모든 종교가 평안을 주는 것을 목표로 한다. 평안이 천국이고 극락
이며 하늘이다. 평안은 행복과도 같으나 변함없이 영원하다. 지혜를

따라가다 보면 어느 순간 진리 안에 들어서 있는 자신을 발견하게 될 것이다. 그렇게 위대한 지혜를 예수, 석가, 공자는 이천여 년 전부터 지금까지 경전을 전하여 가르치고 있다. 그러나 이 지혜를 깨우치기가 어렵다. 불가능하다고 말하기도 한다. 그 어려움을 토로하는 제자에게 공자는 이렇게 훈계하고 있다.

> 염구가 말하였다 스승님의 도를 좋아하지 않는 것은 아니지만 힘이 부족합니다. 공자께서 말씀하셨다 힘이 부족한 사람은 중도에서 더 나가지 못하지만 지금 너는 스스로 한 계를 긋고 있는 것이다
>
> 〈논어 옹야편〉

능력이 부족한 것이 아니라 스스로 하고자 하는 의지가 부족할 뿐이라는 꾸짖음이다. 한계를 긋는 것은 아무래도 지혜롭지 못한 일이다. 종교인은 흔히 이중인격자라는 비난을 받는다. 머리로 알고 있는 수준에 행함을 맞추기가 어렵기 때문이다. 눈에 보이는 현실에 매여 있을수록 지혜는 멀어 보인다.

평범한 심성을 뛰어넘을 수 있는 능력은 일상에서는 잘 드러나지 않는다. 비상한 재난이나 위기 상황에 닥쳐서야 영성의 소리에 귀를 기울이며 기적을 바라는 심정으로 인생을 새롭게 바라보게 된다. 종교적 지혜의 힘을 받으면 현실적인 이익을 얻지는 못할지라도 마음에 평안이라는 큰 이익을 누릴 수 있다. 그러면 굴곡진 인생길이 조

금은 평탄하게 다가올지 모른다. 공자는 말씀하기를 "군자는 평탄한 듯 여유롭고 소인은 늘 근심한다"고 했다.〈논어 술이편〉 그런 지혜를 깨닫기가 어려울 뿐이지 구하고 찾고자 하면 생각보다 가까이 있다고 했다.

> 구하라 그리하면 너희에게 주실 것이요 찾으라 그리하면
> 찾아낼 것이요 문을 두드리라 그리하면 너희에게 열릴 것
> 이니 구하는 이마다 받을 것이요 찾는 이는 찾아낼 것이요
> 두드리는 이에게는 열릴 것이니라
>
> 〈신약성경 마태복음〉

3. 유사 개념들

1) 기술

기술은 사물을 다루는 숙련된 기능을 말한다. 생활에 필요한 의식주는 이 기술에 의존해 있다. 무슨 일이든지 기술적으로 잘 해내면 솜씨가 좋다고 하고 이것을 지혜라고 부르는 경우가 있다.

> 지혜로운 마음을 그들에게 충만하게 하사 여러 가지 일을
> 하게 하시되 조각하는 일과 세공하는 일과 청색 자색 홍색
> 실과 가는 베실로 수놓는 일과 짜는 일과 그 외에 여러 가
> 지 일을 하게 하시고 정교한 일을 고안하게 하셨느니라
>
> 〈구약성경 출애굽기〉

이스라엘 민족이 가나안 땅에 정착하기 전에 광야에서 사십 년 동안 생활할 때 이동식 성전인 성막을 설치했다. 이 성막에 필요한 성구를 제작하는 일에 지혜가 동원되었다고 한다. 이러한 기물을 만드

는 일은 특별한 재능이 있는 사람들이 할 수 있는 기술이다. 이런 기술을 발휘하는 데 지혜로운 마음을 받았다고 믿는 고대의 신앙은 소박한 수준에 머물러 있음을 알 수 있다. 여기서 지혜는 보통을 넘어서는 재능을 의미한다.

반면에 기능적인 면을 강조하는 유교에서는 이러한 기술을 지혜와는 다른 부류로 본다. 공자는 자신이 다재다능한 성인이라는 말을 듣고서 가정형편이 어려워서 부득이 여러 가지 기술을 익혔을 뿐이며 성인은 그렇게 다재다능할 필요가 없다고 말한다. "태제가 자공에게 물었다 '공자는 성자이신가 어쩌면 그렇게 능한 것이 많은가' 자공이 말하였다 '선생님은 하늘이 내놓은 성인이시요 또한 능한 것이 많으시다' 공자께서 이 말을 들으시고 말씀하셨다 '태제가 나를 아는구나 내가 어렸을 적에 미천했기 때문에 비천한 일에 능함이 많았으나 군자는 능한 것이 많은가 많지 않다"〈논어 자한편〉 그리고 제자 번지가 농사짓는 기술에 관하여 묻자 자신은 그런 일에 대해서는 아는 바가 없다고 냉정하게 대답하기도 한다.〈논어 자로편〉 맹자는 의식주를 위해서 직접 일을 해야 한다는 비판을 받고서 "일에는 대인의 일이 있고 소인의 일이 있으니 어떤 사람은 마음으로 일하고 어떤 사람은 힘으로 일한다"고 말한다.〈맹자 등문공상편〉 힘으로 하는 일은 기술이고 마음으로 하는 일은 지혜라는 의미가 깔려있다. 불경에도 비슷한 이야기가 나온다.

이때 카시바라드바자는 부처님께서 다가오시는 것을 보

고 이렇게 여쭈었다 고오타마시여 저는 지금 밭을 갈고 종
자를 뿌려 그것으로 먹고 살아가나이다 사문 고오타마께
서도 또한 밭을 갈고 종자를 뿌려 그것으로 살아가셔야 하
나이다 나 또한 밭을 갈고 종자를 뿌려 그것으로 먹고 살
아가느니라 저는 사문 고오타마님의 보습도 멍에도 고삐
도 호미도 채찍도 전혀 본 일이 없나이다 그런데도 그렇게
말씀하십니까 그러자 부처님께서는 다음과 같이 게송으로
답하신다 믿음은 마음을 종자를 삼고 괴로움을 행하는 것
비로 삼으며 지혜를 보습의 자루로 삼고 부끄러워하는 마
음 멍에로 삼아 바른 생각으로 스스로 보호하며 그는 좋은
어자라 이름 하나니 몸과 입의 업을 잘 단속하고 음식 종
류를 알아 알맞게 먹고 진실을 진정한 수레로 삼고 즐거이
머무르되 게으르지 않으며 이러한 농부는 감로 열매 빨리
얻게 되고 이러한 농부는 모든 존재를 받지 않네 카시바라
드바자 바라문은 위와 같은 게송을 듣고 나서 참으로 밭을
잘 가십니다 하고 찬탄하였다

〈잡아함경 경전경〉

이 바라문은 아마도 당시 불교와 경쟁하던 육사외도 중에 유물론파
에 속한 것으로 짐작된다. 그들에게는 불교의 가르침이 형이상학적
인 정신세계를 논하는 공론으로 비쳤으며 그래서 이를 비판하며 의
식주를 위한 기술을 실천해야 한다고 주장한다. 이런 비판에 부처는

지혜만찬

믿음이나 지혜를 추구하는 일이 농사짓는 기술을 실천하는 일과 다르지 않다고 응답한다.

〈장자〉에 '포정해우'(庖丁解牛)라는 이야기가 있다. 포정이라는 인물이 소를 잡는데 그 솜씨가 예술적이었다. 그 비결을 묻는 문혜군에게 포정이 이렇게 대답한다. 문혜군은 후에 맹자와 대화하던 양혜왕이 되는 사람이다.

> 제가 좋아하는 것은 도입니다 기술보다 앞서는 것이지요
> 제가 처음 소를 잡을 때는 온통 소만 보였습니다 3년이 지
> 난 뒤에는 눈에 전체로 가득한 소를 본적이 없습니다 지금
> 은 마음으로 소를 보며 눈으로 보지 않습니다 칼은 겨리에
> 따라 가죽과 고기 그리고 살과 뼈 사이의 커다란 틈을 비
> 집고 들어가서 빈 곳으로 소의 생긴 대로 나아갑니다 그
> 기술로 아직 한 번도 살이나 뼈를 다친 일이 없습니다 하
> 물며 큰 뼈는 말할 나위도 없습니다
>
> 〈장자 양생주편〉

자신의 소 잡는 기술이 단순한 손재주의 수준을 넘어 도의 경지라는 자부심을 나타낸다. 눈으로 보지 않고 마음으로 본다는 말에서 그 경지를 짐작케 한다. 뼈를 다치지 않고 결을 따라 순리대로 해체해 나가는 것이 장애가 있으면 돌아가고 웅덩이가 나타나면 메우며 지나가는 물흐름과 같이 순리에 순응하는 지혜로 보인다. 그런 점에서

기술에도 큰 지혜가 담겨있다고 할 수 있다. 유교에서는 기술이나 기능을 학문과는 구별되는 단순노동처럼 여기고 있으나 포정의 경우와 같이 소를 잡는 천한 작업에서 천리(天理)에 순응하는 지혜를 발견할 수 있다는 주장은 앞에서 인용한 구약성경의 설명과 상통하는 점이 있다. 그런데 성경에는 이와 상반되는 말씀도 나온다.

> 율법학자의 지혜는 여가가 얼마나 있느냐에 달려있고 사람은 하는 일이 적어야 지혜롭게 될 수 있다 쟁기를 다루면서 막대기 휘두르는 것을 자랑으로 여기고 황소를 몰면서 자기 일에 몰두하며 송아지 이야기밖에 할 줄 모르는 자가 어떻게 지혜로워 질 수 있겠느냐… 그들은 기술이 쓰이기만을 빌 뿐이다 온 마음을 다해 지극히 높으신 분의 율법을 명상하는 이는 이런 자들과 다르다 그는 모든 조상의 지혜를 찾고 예언을 공부하는 데 몰두한다
>
> 〈가톨릭성경 집회서〉

이 말씀은 앞에 나온 맹자의 말씀과 유사하다. 여기서는 단순한 기술은 지혜와는 다르다는 점을 분명히 하고 있다. 기술에 비해서 지혜의 추구는 고상한 작업으로 평가된다. 그렇기는 하지만 일반적으로는 농사를 짓는 데도 지혜가 필요하다고 말한다. 씨를 뿌리고 작물을 관리하는 일을 경험 많은 농부는 잘 안다. 그래서 농사짓는 지혜라고 말하는데 위에서 언급한 말씀으로 보면 이런 일은 지혜가 아니

라고 한다. 흔히 생활의 지혜라고 하는 것들도 알음알음으로 전해질 때에는 지혜인 것처럼 보이지만 정형화되고 일정한 형식으로 정리가 되면 기술이 된다. 다만 특별한 기술에는 숙련과정이 필요할 뿐이다. 그러나 농사짓는 기술이 곧 지혜가 되지는 않더라도 지혜는 농사를 통해서도 깨우칠 수 있는 것이다. 시골 농부에게서 얻는 지혜는 농사 경험을 통해서 깨우친 참고 기다릴 줄 아는 여유나 욕심부리지 않는 마음, 서로 돕고 나눌 줄 아는 미덕이다.

맹자 공손추상편에 '조장'(助長)이라는 고사가 나온다. 어떤 송나라 사람이 벼를 빨리 성장시키기 위해서 논에 심은 벼를 조금씩 잡아 뽑았다. 그리고 집에 와서는 '내가 오늘 일을 많이 했다 벼 싹이 잘 자라도록 도와주고 왔다'고 말했다. 그 아들이 얼른 논에 나가 보니 벼들이 말라 죽었더라는 이야기다. 기다림의 지혜가 없었다는 지적으로 무엇을 '빨리 자라도록 도왔다'는 말은 어리석음을 나타낸다. 빨리하고 싶은 마음이 급해도 조장하면 안 된다. 그것이 농사를 통해서 얻는 지혜다.

2) 지식

세 성인이 활동하던 이천여 년 전과 현재에 사용되는 지식의 종류나 양을 비교한다면 그 차이는 평가하기가 어려울 것이다. 하루가 다르게 지식이 늘어가는 현대에는 증가 속도가 초특급으로 상승하고 있다. 지식의 홍수라고 해도 부족하다. 이러한 추세는 앞으로 다가오는 시대에는 더욱 심화되리라고 충분히 예상할 수 있다. 지금 진행되고 있는 4차 산업혁명 이후에는 또 어떤 변화가 기다리고 있을지 알 수 없다. 지식은 일차적으로 정보의 축적이다. 그리고 그 축적된 정보에서 얻어지는 추리력 예지력 등도 지식에 포함된다. 지식은 인류 문명의 기반이고 또한 그 결과물이기도 하다. 다양한 지식의 결합과 응용에서 파생되는 여타의 능력을 지혜라고 부르기도 하는데 그래서 지혜와 지식은 개념상으로 혼용되는 경우가 많다. 기독교 성경에는 '여호와를 경외함이 지혜의 근본'이라는 말씀이 있고, 또 '여호와를 경외함이 지식의 근본'이라는 말씀도 있다. 고대에는 인간이 가지고 있는 지식의 양이 많지 않았고 따라서 적은 지식이라도 그 유용성이 컸기 때문에 지식이 곧 지혜로 이해되며 그 구분이 명확하지 않았다. 논어에서 '안다'는 뜻의 '지'(知)자는 지식과 지혜를 겸하여 사용되었다.

> 공자께서 말씀하셨다 유야 내가 너에게 아는 것(知)이 무엇인지 가르쳐 주겠다 아는 것은 안다 하고 모르는 것은 모른다고 하는 이것이 아는 것이다
>
> 〈논어 위정편〉

유는 용감한 제자 자로의 이름이다. 공자가 자로에게 가르쳐 주려고 한 지(知)는 지식이 아니라 지혜일 것이다. 그런데 아는 것, 모르는 것이라고 할 때 그 지(知)는 지식이다. 지식의 대상이 되는 사물은

무한하다. 새로운 사물이 발견되거나 발명되면 지식은 늘어난다. 지식사회 또는 정보화사회라고 부르는 현대는 그 증가 속도가 일반 사람들이 미처 쫓아가기가 힘들 정도로 빠르기 때문에 지식을 많이 가지고 있는 사람이 더욱 득세하는 시대가 되었다. 특히 '빅 데이터'와 이와 연결된 '인공지능(AI)'이라고 하는 지식체계가 모든 사물을 조정하고 미래를 예측하는 기능을 가지고 있어서 앞으로 지식의 힘은 이전에 보지 못했던 새로운 기원을 가져올 전망이다. 지식은 정확성을 생명으로 한다. 확실하지 않으면 무익할 뿐만 아니라 해를 끼칠 수도 있다. 그러므로 아는 것과 모르는 것을 명확하게 구분할 줄 아는 것이 지혜가 된다. 아는 것은 안다고 하고 모르는 것은 모른다고 하라는 이 말은 '너 자신을 알라'는 그리스 델피 신전에 새겨진 글을 외치고 다니며 자신의 무지를 깨우쳤다는 소크라테스의 '무지(無知)의 지(知)'와 일맥상통하는 면이 있다.

아는 것 모르는 것을 솔직하게 말하는 것이 지혜인데 예수의 사도로 자처했던 바울은 이런 말씀을 한다. "만일 누구든지 무엇을 아는 줄로 생각하면 아직도 마땅히 알 것을 알지 못하는 것이요"〈신약성경 고린도전서〉 이것은 겸손을 깨우치는 말씀이다. 지식은 자랑하기 쉬우나 지혜는 겸손하다. 때로는 아는 것도 모르는 것처럼 행동하는 것이 지혜롭게 보인다. 공자는 처음 주공의 묘인 태묘에 들어가 제주를 도울 적에 일일이 물어 가면서 제사를 받들었다. 그러자 어떤 사람이 예를 잘 모르는가보다고 비아냥거렸다. 이 말을 들은 공자는 '이렇게 물어보는 것이 예이다'라고 응수한다.〈논어 팔일편〉 익숙치 않으면 조심하며 물어보면서 하는 것이 제사를 받드는 예에 맞는 행동이라는 말씀이다. 겸손하게 신중을 기하는 모습이 지혜의 본이라 하겠다.

> 그러나 무엇이든지 내게 유익하던 것을 내가 그리스도를
> 위하여 다 해로 여길뿐더러 또한 모든 것을 해로 여김은 내
> 주 그리스도 예수를 아는 지식이 가장 고상하기 때문이다
> 〈신약성경 빌립보서〉

바울의 말씀인데 여기서 말하는 모든 것이란 세상의 지식이다. 그것을 해로움으로 여김은 세상 유익을 추구하는 지식이 하나님을 믿는 데 걸림돌이 되는 까닭이다. 예수를 아는 지식이란 일반 지식과는 다른 것이다. 이것을 불교식으로 표현하자면 부처를 아는 지식이라 하겠는데 이것을 바로 지혜라고 부른다. 그래서 불교에서는 지식이라는 말을 거의 사용하지 않으며 모든 것을 지혜의 관점에서 바라보니 온통 지혜바다가 된다.

지식과 지혜는 그 경계가 모호한 부분이 있다. 현대에도 지식과 지혜는 엄격하게 구분되지 않고 쓰이는 경우가 많다. 그래서 지혜는 지식이 많이 쌓이면 자연적으로 드러나는 것으로 이해하기도 한다. 보통 지식인이라고 하면 지혜도 겸비한 사람으로 여긴다. 그러나 지식과 지혜는 그 속성이 다르다. 지식은 이로움을 따라 생겨나고 일단 생기고 나면 자신을 드러내고자 한다. 그래서 쉽게 전파된다. 반면에 지혜는 평안을 추구하며 자신을 감추는 경향이 있고 쉽게 전파되지

지혜만찬

도 않는다. 지식은 흔하지만 지혜는 희귀한 이유다. 지식은 비약적으로 늘어나지만 지혜는 이천 년 전이나 지금이나 별 차이가 없는 듯하다. 그러니 일반적으로 이해하는 것처럼 지식을 쌓으면 저절로 지혜로워진다는 말은 별로 신빙성이 없는 말이다. 우리의 경험으로도 많은 지식을 가지고 있는 사람이 지혜롭지 못하게 행동하는 경우를 종종 볼 수 있다. 그래서 지식에 너무 집착하지 말라는 경계의 말씀을 한다.

> 내 아들아 또 이것들로부터 경계를 받으라 많은 책을 짓는 것은 끝이 없고 많이 공부하는 것은 몸을 피곤하게 하느니라
>
> 〈구약성경 전도서〉

물론 분별력이나 예지력 등은 지식이 많으면 커질 수 있다. 그러나 실제로 지혜를 가로막는 것은 지식의 부족보다는 마음을 흔들어 놓는 욕망이나 두려움 같은 심리적인 작용들이다. 지식이 뛰어난 사람이 지혜롭지 못한 것은 욕심이 같이 커지기 때문인지 모른다. 그래서 불경에 지혜로운 사람은 마음을 잘 다스린다고 말씀하고 있는 것이다. 지식은 많은데 지혜가 부족하면 옛 속담에 '아는 게 병이다'라고 한 것처럼 지식이 근심거리가 되는 수가 있다. 유용한 것이기는 하지만 지혜롭게 쓰이지 않으면 해악을 끼치는 일도 생기고 편리함이나 이로움을 주기는 해도 평안을 보장해 주지는 못한다.

공자께서 말씀하셨다 내가 아는 것이 있는가 나는 아는 것
이 없다(無知)

〈논어 자한편〉

여기서 말한 '무지'를 지혜가 없다는 뜻으로 새길 수도 있다. 자신을 드러내지 않고 자랑하지 않는 겸양의 의미로 이런 말씀을 하였다고 해석할 수도 있다. 그러나 하늘이 자신에게 천명을 아는 덕을 부여했다고 한 것을 기억해 볼 때 지혜가 없다는 뜻으로 무지를 말씀하지는 않았을 것으로 생각된다. 오히려 사람들이 유익으로 알고 쫓는 지식이라고 해석하는 것이 자연스럽다. 지식인은 유익을 찾아가지만 지혜자는 평안에 거하려고 한다. 지식인은 지혜를 이롭게 여기기 때문에 행하고 지혜자는 평안하게 여기기 때문에 행한다. 행하는 결과는 같지만 그 동기는 다르다. 이로움을 쫓는 동기는 상황이 바뀌면 얼마든지 변할 수 있다. 그러나 평안하게 여기는 동기는 쉽게 변하지 않는다. 그것은 더 이상 무엇에 의해서도 흔들리지 않는 경지이며 그래서 모든 종교가 추구하는 목표이기도 하다.

3) 진리

인간이 알고 있는 용어 중에 가장 귀한 대접을 받는 어휘는 아마도 '진리'일 것이다. 진리 앞에 모든 사람은 겸손해지고 순수해지며 순종하려는 마음을 갖게 된다. 진리는 속성상 절대성을 내포한다. 예수는

십자가에서 처형되기 전날 밤에 로마 총독으로부터 심문을 받으며 진리가 무엇이냐는 질문을 받았다. 이 심각한 물음에 그는 아무런 대답도 하지 않고 침묵했다. 그러나 제자들과 마지막 만찬을 하는 자리에서 '내가 길이요 진리요 생명이다'라고 한 적이 있고 또 이런 말씀을 한다.

> 너희가 내 말에 거하면 참으로 내 제자가 되고 진리를 알지니 진리가 너희를 자유롭게 하리라
>
> 〈신약성경 요한복음〉

기독교에서 말하는 진리는 예수가 하나님이라는 사실이다. 예수 자신이 진리라고 하였기 때문에 진리는 명확하다. 그러므로 예수가 하나님인 것을 믿으면 진리를 따르는 것이고 믿지 않으면 진리에 반하는 것이 된다. 불교에서의 진리는 불법 또는 불도라고 부른다. 그것은 연기설, 사성제, 팔정도와 같은 어려운 교리로 설명되는데 궁극적으로는 열반이다. 즉 열반이 진리이다. 유교에서는 천도라고 하며 그 내용은 천성을 온전히 따르는 삶이 진리다. 그 최고의 경지를 '성'(誠)이라고 부른다. 이 세 종교의 진리는 각각 절대적인 성격을 지닌다. 이 절대성을 특별히 강조하게 되면 여타의 신앙이나 사상은 이단이 된다.

> 이단을 전공하면 해가 될 뿐이다
>
> 〈논어 위정편〉

공자의 말씀인데 당시에 노자사상을 의식한 것으로 이해된다. 이런 이단에 대한 경계를 가장 엄격하게 한 것은 기독교다. 기독교는 초기에 정통성을 지키기 위하여 많은 단죄를 하였다. 이단논쟁에서 중요한 문제는 예수의 인성과 신성에 대한 이해였다. 결국 예수는 완전한 인간이며 동시에 완전한 신이라는 삼위일체의 교리가 정립되면서 일단락이 되었지만 이후로도 가톨릭교회와 그리스정교회가 성령의 근거에 관한 미묘한 차이로 대립하기도 했다. 삼위일체란 하나님과 예수 그리고 성령이 셋이면서 하나라는 난해한 교리다. 십자군 전쟁으로 촉발된 이슬람 종교와의 갈등은 아직도 끝나지 않은 것 같고 내부적으로는 중세에 가톨릭과 개신교가 전쟁을 치를 정도로 치열한 이단논쟁을 벌였으나 현재는 공존하는 상태다. 정통성은 곧 진리문제이기 때문에 치열할 수밖에 없다. 불교에는 비교적 정통성에 대한 주장이 덜한 편이지만 부처가 활동하던 초기에는 여섯 종파의 외도들과 논쟁을 했고 후에 북방의 대승불교와 남방의 상좌부불교가 대립하는 양상이었다가 현재는 상호교류를 활발히 하고 있다. 유교는 공자 당시에 노자사상과 대립이 있었고 당나라 시대에 불교가 흥하자 불교를 이단이라고 부르며 배척했다. 그 후에는 도교와 갈등을 겪기도 했다. 내부적으로는 신유학이라고 부르는 주자학과 양명학이 대립했다.

각 종교의 진리는 엄격한 교리에 담겨서 절대적인 권위를 지니며 불변하는 영원성과 엄밀성으로 장식되어 함부로 토론 거리로 삼아서도 안 되는 그야말로 불가침의 성역이다. 그러므로 진리는 그냥 믿는 것이다. 반면에 지혜는 깨우치는 것이고 지식과 기술은 습득하는 것이다. 진리가 믿음의 대상인 까닭에 그 믿음은 맹목적이고 무조건적이기 쉽다. 그래서 진리를 위해 싸우는 종교전쟁이 가장 폭력적이고 무자비하다고 한다. 예수의 말씀에 진리가 자유롭게 한다고 했는데 현실에서 보면 편협한 진리에 갇혀서 극단적인 삶을 사는 사람들이 많다. 모든 종교에 존재하는 근본주의 신앙은 이를 극명하게 보여 준다. 그들 자신은 진리에 터 잡고 산다고 하지만 그 행위가 이웃에 불안과 고통을 주는 것이라면 그것은 예수가 말하는 자유를 주는 진리는 아닐 것이다.

모든 사람이 진리를 위해 살아가기를 원한다. 그러나 자기의 삶이 합당한지를 물을 수 있는 조력자가 필요하다. 진리로 나아가게 하고 이끌어 주는 안내자가 바로 지혜다. 진리를 위해 산다고 하면서 지혜롭지 못하다면 그것은 잘못된 진리다. 절대적 믿음은 지혜의 인도를 받을 때 안전하게 진리에 도달할 수 있다. 믿음과 지혜의 관계에 대하여 부처가 제자 가섭에게 설명한다.

> 선남자여 내가 경에서 말하기를 두 가지 사람이 삼보를 비방하나니 하나는 믿지 않고 성내는 마음이 있는 연고요 둘은 믿으면서도 뜻을 알지 못하는 연고라 하였느니라 만일 사람이 신심은 있으나 지혜가 없으면 이 사람은 무명을 증장하고 지혜는 있으나 신심이 없으면 이 사람은 삿된 소견을 증장하느니라
>
> 〈대반열반경 가섭보살품〉

'삼보'란 불교의 세 가지 보물로서 법보(法寶), 불보(佛寶), 승보(僧寶)를 말한다. 신심은 믿음이다. '무명'(無明)은 불교의 핵심교리인 '12연기설'에 나오는 첫 번째 인연으로서 어리석음을 말하며 일체의 번뇌가 여기에서 비롯된다고 한다. 종교는 믿음과 지혜가 조화를 이뤄야 올바른 진리의 길로 나아갈 수 있다. 이 말씀은 공자가 언급한 '학(學)과 사(思)가 어우러져야 한다'는 말씀과 비슷하다. 둘이 잘 어우러지지 않으면 허망하기도 하고 위태해지기도 하다. 믿음이나 신앙이 어느 순간 영감에 의해서 번개처럼 다가왔다는 경우에도 이후의 삶이 지혜롭지 못하면 그가 도달했다는 진리는 어느새 퇴색되고 만다.

진리와 지혜를 엄밀히 구분하지 않는 불교에서는 대부분의 진리도 지혜라고 부른다. 그래서 불교는 깨우치는 지혜의 종교라고 할 수 있는데, 그럼에도 불구하고 부처는 지혜와 더불어 신심이 있어야 무명과 삿된 소견에서 벗어날 수 있다고 말씀하고 있다. 불교에서는 법이 진리에 해당한다. 그러나 진리인 법 자체의 의미보다는 그 진리를 깨우치는 지혜를 더 중요시하는 경향을 보인다. 깨우침을 불교에서는 보리라고 한다. 이 보리를 구하는데 세간의 진리로 구하지 말고 최상의 이치인 진리로 구하라고 하면서 부처는 미륵보살에게 이렇게 설하고 있다.

그러기에 내가 이제 너희에게 말하리니 만약 위없는 지혜
를 구하려면 이 사람은 마땅히 깊은 신심을 깨끗이 하여 최

상의 이치인 진리로써 보리를 구하여야 하며 세간의 진리
로써는 구하지 말아야 한다… 그러므로 최상의 이치인 진
리의 보리심에 의지하여야만 미혹을 제거하여 모든 착한
업을 지을 수 있고 세간의 진리로는 그럴 수 없는 것이다

〈방등대집경 월장분 본사품〉

이 말씀에서 보면 마치 진리가 지혜를 구하기 위한 수단인 것처럼
보인다. 지혜를 중요시하는 불교의 독특한 교리에서 나타나는 현상
이다. 진리는 우리 삶이 도달해야 할 목표이며 지혜는 그 목표를 이
루기 위해 안전하게 인도해 주는 안내자이다. 그래서 진리와 지혜는
짝을 이루는 배필과도 같다. 진리가 무엇이냐는 질문에 아무런 대답
을 하지 않았던 예수가 뜻한 바는 진리가 무엇인가 알려면 먼저 지혜
의 문을 거쳐서 들어와야 한다는 의미가 아니었을까. 진리는 추상적
일 수 있으나 지혜는 현실 속에 실천되는 구체적인 것이다. 진리가
너희를 자유하게 하리라는 예수의 말씀 앞에는 '너희가 내 말에 거하
면'이라는 단서가 나온다. 이 말씀의 의미가 바로 지혜에 대한 강조
라고 본다. 진리가 자유롭게 하기 전에 먼저 지혜로운 삶이 전제되어
야 한다는 뜻이다.

4장

지혜바다

··

　지혜바다란 말은 불교에서 쓰는 용어로서 지혜의 세계가 바다와 같이 넓고 깊다는 의미다. 방대한 세 종교의 경전에서 몇 가지로 지혜의 덕목을 집어내는 것이 합당한 일은 아니나 깨우침에는 많은 나열보다 하나라도 꿰뚫고 있는 것이 실속이 있으리라고 생각된다. 각 경전에서 가장 두드러지게 언급하고 있는 대표적인 덕목은 첫째는 참음이고, 둘째는 만족함이며, 셋째는 중용이다.

　　　　　　　　　　　　　　　　지혜만찬

1. 참음

1) 참는 자

첫 번째로 드는 덕목은 참음이다. 익숙한 속담에 '참는 자에게 복이 있다'고 한다. 참으면 손해 볼 것 같은데 그렇지 않다는 말이다. 참으라는 평범한 말이 첫째가 될 수 있다면 지혜는 멀리 있지 않다는 사실을 새삼 깨닫는다.

> 여러 어진이여 저 참음의 청정평등이란 참음이 두 가지가
> 있으니 버림의 참음과 성내지 않는 참음이니라
> 〈방등대집경 월정분 제악귀신득경신품〉

참음을 두 가지로 보아 버림의 참음과 성내지 않는 참음이라고 한다. 버림의 참음은 욕망을 버리는 것이니 절제를 말하며, 성내지 않는 참음은 화를 참음이다. 또한 참음에는 고난을 참음이 있다. 예수는 '끝까지 견디는 자는 구원을 얻으리라'〈신약성경 마태복음〉고 말

씁한다. 신앙을 위하여 당하는 고난을 끝까지 참으라는 격려다. 이처럼 참음에 여러 가지가 있으나 여기서 중요한 지혜로 찾는 것은 바로 화를 참음이다.

> 미련한 자는 당장 분노를 나타내거니와 슬기로운 자는 수
> 욕을 참느니라
>
> 〈구약성경 잠언〉

이런 말씀도 있다. "노하기를 더디하는 자는 용사보다 낫고 자기의 마음을 다스리는 자는 성을 빼앗는 자보다 나으니라"〈잠언〉 화가 날 때 화를 내지 못하고 참으면 울화통이 터져서 화병이 된다. 이 병에 걸리면 심장이 뛰고 얼굴이 화기로 화끈거린다. 심하면 우울증이 되는데 마음의 병중에 심한 병으로 이를 치료하는 방법이 두 가지다. 하나는 화가 날 때 화를 내는 것이고 다른 하나는 용서하는 방법이다. 보통 분을 삭인다고 하는데 시간이 지남에 따라 저절로 누그러지는 것을 말한다. 그러니 일단 참고 보는 것도 지혜일 수는 있다. 그러나 종교적 지혜는 참음을 용서로 변화시킨다. 용서로 녹아들지 않은 참음은 결국 또 다른 화를 만드는 일이 되기 쉽다. 참는 것이 미덕이라고 들어 왔지만 그 참음이 단순하게 화를 풀지 못하면서 억누르기만 하는 의도라면 차라리 드러내는 것만 못 할 수도 있다. 시중에 유행하는 지혜서에는 '참지 말라' 혹은 '분노하라'는 문구가 눈에 띈다. 참을 수 없다면 표출하는 것이 지혜로운 처신이 될 때도 있을 것이

다. 권리의식에 밝은 현대인의 지혜라고 부를 만하다. 그러나 종교적 지혜에서는 화가 나는 마음을 품지 않는 것이 지혜이고 화가 날 때 용서로 풀면 영광이 된다고 가르친다. "노하기를 더디하는 것이 사람의 슬기요 허물을 용서하는 것이 자기의 영광이니라"〈구약성경 잠언〉 용서를 영광이라고 표현한다. 용서는 위대한 것이다.

> 부처님께서 사위국 기수급고독원에 계실 때 누군가 나를 향하여 꾸짖고 성내며 때리고 싸움을 걸어도 내가 그것을 받지 않으면 그러한 행위의 나쁜 독들은 결국 그 행위를 지은 이에게 돌아가며 또 누가 나를 향하여 꾸짖고 내지 싸움을 걸어오더라도 그것에 응하거나 되갚음하지 말라고 설하셨다
>
> 〈잡아함경 빈기가경〉

나쁜 일을 당하더라도 되갚음을 하지 말라고 설한다. 그러면 나쁜 독이 그 행위를 지은 사람에게 돌아간다. 예수는 전도를 떠나는 제자들에게 이런 충고를 한 적이 있다. "또 그 집에 들어가면서 평안하기를 빌라 그 집이 이에 합당하면 너희 빈 평안이 거기 임할 것이요 만일 합당하지 아니하면 그 평안이 너희에게 돌아올 것이니라"〈신약성경 마태복음〉 합당하지 않다는 말은 홀대를 당하는 상황일 것이다. 나를 홀대하는 이에게 평안을 빌어 주는 행위는 참음이 없이는 가능하지 않다. 참으면 독은 내게서 떠나고 평안은 내게로 돌아온다. 그

러니 참는 자가 복을 누릴 수밖에 없다.

부처님께서는 사위국의 기수급고독원에 계실 때 성내지 않
고 인욕하는 자가 승리를 거두니 석종자제는 성냄을 그치
고 참기를 배우며 그러한 것을 찬탄해야 한다고 설하셨다
〈잡아함경 선승경〉

참는 자가 승리한다. 그리고 그것은 찬탄해야 할 일이다. 참음은
부처의 중요한 가르침이며 또한 구도자의 자세가 아니면 지키기가
어려운 가르침이기도 하다.

그때 담미가 자리에서 일어나 부처님께 여쭈었다 세존이
시여 사문은 어떻게 사문의 법에 머무르나이까 만일 어떤
비구가 누군가 자기를 꾸짖어도 맞대어 꾸짖지 않고 성내
어도 맞대어 성내지 않으며 부수고 달려들어도 맞대어 부
수지 않으며 덤벼들어 때려도 맞대어 때리지 않으면 이것
을 일러 사문이 사문의 법에 머무른 것이라고 하느니라
〈중아함경 교담미경〉

2) 화

화는 마음속에서 일어나는 미움의 불길이다. 그래서 지옥하면 뜨

거운 불이 떠오른다. 화가 불같이 일어나면 그곳이 바로 지옥이기 때문이다. 화는 쌓아두기보다 어떻게든 해소해야 한다. 그런데 성현들의 가르침은 그렇지 않다. 화를 내는 일이 일차로 마음에 걸린다. 그것이 얼마나 큰 죄인지 예수는 이렇게 말씀한다.

> 옛 사람에게 말한바 살인하지 말라 누구든지 살인하면 심판을 받게 되리라 하였다는 것을 너희가 들었으나 나는 너희에게 이르노니 형제에게 노하는 자마다 심판을 받게 되고 형제를 대하여 라가라 하는 자는 공회에 잡혀가게 되고 미련한 놈이라 하는 자는 지옥 불에 들어가게 되리라
>
> 〈신약성경 마태복음〉

'라가'는 쓸모없는 놈이라는 유대인의 욕이다. 화를 내는 것 자체가 살인하는 죄와 같다는 엄중한 경고다. 형제에게 화를 내고 욕을 하고 미련한 놈이라고 하면 지옥에 들어간다고 한다. 상당히 과장된 표현일 수도 있는 이 말씀은 예수의 유명한 '산상수훈'이라는 설교에 나온다. 화를 내는 일은 일상에서 자주 일어난다. 말씀에 따르면 그럴 때마다 지옥에 갔다 오는 셈이다. 지옥이 죽어서만 가는 곳이 아니고 살아서도 수시로 들락날락하는 것이다. 화를 다스리는 일이 얼마나 중요한가를 깨우치고 있다.

인간이 인간에게 화를 품고서 주님께 치유를 구할 수 있겠

느냐 인간이 같은 인간에게 자비를 품지 않으면서 자기 죄
의 용서를 청할 수 있겠느냐 죽을 몸으로 태어난 인간이
분노를 품고 있으면 누가 그의 죄를 사해 줄 수 있겠느냐
종말을 생각하고 적개심을 버려라

〈가톨릭성경 집회서〉

화를 품으면 적개심이 일어난다. 적개심은 원한을 갚으려는 마음이
니 화를 낼 때마다 상대방이 다 적으로 변한다. 그러면 그 마음이 자
연히 강퍅해지게 마련이다. 화를 낸 상태에서 하나님의 뜻이라고 함
부로 말하면 씻지 못할 죄를 범할 수 있다. 살다 보면 화가 나는 일이
없을 수 없지만 '성내기는 더디하라'는 충고를 기억하고 되새기면 후
회할 일을 덜 수 있을 것이다. 죽을 몸으로 태어난 인간이 마지막 때
에 구원받으려면 화를 내면 되겠느냐고 반문한다. 그래도 화가 나면
어쩔 수 없다고 할지 모르지만 그래서 지옥 불맛을 보게 된다면 그 불
행은 오로지 자기 몫이다. 성내는 일을 불경에는 이렇게 전한다.

그때 보현보살이 다시 보살 대중에게 말하였다… 나는 어
떤 허물이라도 보살이 다른 보살에게 성내는 마음을 일으
키는 것보다 큰 것을 보지 못하였노라

〈화엄경 보현행품〉

보현보살은 문수보살과 함께 부처를 좌우에서 모신다고 하는 큰 보

　지혜만찬

살이다. 성내는 마음을 일으키는 것이 가장 큰 허물이라고 한다. 허물은 죄다. 성내는 것을 가장 큰 죄라고 하였으니 예수의 말씀과 차이가 없다. 화를 내는 일은 허물 중에 가장 나쁜 허물이고 지옥에 떨어질 만큼 큰 죄다. 그래서 부처는 성내는 마음을 참는 것이 제일이라고 게송으로 가르친다.

> 모든 악 가운데 가장 악한 것 성냄에서 또 성내는 것이니라
> 성날 때 능히 성내지 않는 것 싸움 가운데서 최상이 되느니라
> 사람이 많이 큰 힘이 있다면 힘없는 사람에 대해서도 능히 참는다
> 이 힘을 제일이라 하나니 참는 것 가운데서 제일이니라
> 어리석은 자는 스스로 힘 있다 하지만 그 힘은 진정한 힘이 아니다
> 법답게 참는 힘 가진 사람 이 힘이야말로 막을 수 없네
> 〈장아함경 세기경〉

　세상에서 가장 큰 악이 화를 내는 것이고 제일 큰 힘은 그 화를 참는 힘이라고 한다. 화내는 일이 그렇게 큰 사건인지 실감하기가 쉽지만은 않다. 화는 당하는 사람은 물론 내는 사람에게도 큰 상처가 된다. 화를 내면 순간은 후련할지 몰라도 얼마 지나지 않아 재앙이 되어 돌아오는 수가 많다. 후회해 보지만 돌이킬 수 없는 결과를 만들

고 만다.

　그런데 화를 내는 행위가 의롭다고 하는 때가 있다. 그러한 경우를 의분 또는 공분이라고 부른다. 이런 분노는 나를 위한 화가 아니고 남을 위한 것이라는 점에서 크게 다르다. 일반적으로 말하는 화는 나를 위한 분노의 감정이다. 화는 자존심과 같은 개인적인 감정이 상했을 경우에 일어나지만 의분은 의롭지 않은 일을 보게 될 때 정의감의 발로로 갖게 되는 감정이다. 그러면 이러한 종류의 화도 참는 것이 지혜인가. 논어에는 공자가 제자의 일로 분노하는 일화가 나온다.

> **계씨가 주공보다 부유하였는데도 염구가 그를 위해 세금**
> **을 더 걷어 재산을 불려주었다 공자께서 말씀하셨다 구는**
> **우리의 편이 아니니 제자들아 북을 울리며 공격해도 된다**
>
> 〈논어 선진편〉

　계씨는 노나라의 삼가(三家)라고 불리는 권력 가문 중의 하나로서 월권이 심하고 재물을 탐하였다. 염구는 공자의 제자로 계씨의 가신으로 있으면서 그의 행위를 바로잡지 못하고 오히려 아부하여 백성을 괴롭게 하였다. 이에 공자가 그 일을 성토하며 분을 내는 장면이다. 염구는 자공과 더불어 현실적인 감각이 뛰어난 제자로서 공자에게는 중요한 인물이었다. 그런 제자를 성토하는 모습은 개인적 감정이 아닌 정의감의 표출이다.

　성경에도 예수가 화를 내는 장면이 여러 번 나온다. 자신의 설교를 들으러 나온 유대교 지도자들에게 위선자요 독사의 새끼들이라고 욕설과 저주를 퍼붓기도 하고, 예루살렘 성전 안에서 제단에 바칠 제물을 가지고 장사하는 성전 장사꾼들을 쫓아내며 좌판을 뒤집어엎기도 했다.

> 예수께서 성전에 들어가사 성전 안에서 매매하는 모든 사람을 내쫓으시며 돈 바꾸는 사람들의 상과 비둘기파는 사람들의 의자를 둘러 엎으시고 그들에게 이르시되 기록된 바 내 집은 기도하는 집이라 일컬음을 받으리라 하였거늘 너희는 강도의 소굴을 만드는도다 하시니라
>
> 〈신약성경 마태복음〉

하나님의 집인 성전이 불의한 돈이 오고 가는 소굴로 변한 것을 격한 행동으로 비난하고 있다. 예수는 불의를 보고 참지 못하는 이러한 모습으로 인해서 사회혁명가로 평가받기도 한다. 정의를 세우기 위한 분노는 어느 시대에나 칭송의 대상이 되는 고귀한 행위다. 그러나 이러한 의분의 바탕에는 모든 사람을 향한 사랑이 있었다는 점을 기억해야 한다. 그러한 사실은 예수가 마지막에 십자가에서 처형될 때 하나님께 드린 기도에 잘 나타나 있다. "이에 예수께서 이르시되 아버지 저들을 사하여 주옵소서 자기들이 하는 것을 알지 못함이니이다 하시더라."〈신약성경 누가복음〉 자신을 비난하고 처형하라고 외치던 사람들을 용서하는 기도다. 의로운 성냄에서는 죄는 미워하더

라도 사람은 미워하는 일이 있어서는 안되는 것이다. 공자도 염구라는 제자가 미웠다기보다는 그의 불의한 행위를 미워하였을 것이다. 그래서 이런 말씀을 한 적이 있다.

공자께서 말씀하셨다 오직 어진 사람이어야 제대로 사람을 좋아할 수 있고 사람을 미워할 수 있다

〈논어 이인편〉

인(仁)은 사람을 사랑하는 것이라고 했으니 인자란 사람을 사랑하는 사람이다. 사랑하는 마음이 바탕이 되어야 진정으로 남을 좋아할 수도 있고 미워할 수도 있다는 뜻이다. 공자가 아끼는 제자인 염구를 공격하라고 성토한 것은 사랑하는 어진 마음이 바탕이 되어 나온 행위라고 이해함이 맞을 것이다. 맹자도 "인하지 못하면 지혜롭지 못하다"〈맹자 공손추상편〉고 하였다. 염구는 이 사건에도 불구하고 후에 십대 제자로 이름을 올렸으니 이러한 사실을 보면 인간적인 미움을 받은 것은 아니라고 추측해 볼 수 있다. 만일 사람이 미워졌다면 그것은 개인적인 화에 지나지 않는다고 생각해야 한다. 사사로운 성냄을 의로운 분노로 포장하거나 사람이 미운 것을 죄를 미워하는 것으로 정당화하려 한다면 그것은 시기나 오만이기 쉽다.

죄를 미워하는 것은 정의이고 사람을 미워하지 않는 것은 사랑이다. 정의와 사랑은 어느 것도 포기할 수 없는 귀한 가치이지만 정의를 앞세우며 사랑을 잃어버리는 일이 많은 것 같다. 세상의 비극이

지혜만찬

여기서 시작이다. 사람에 대한 사랑이나 용서하는 마음이 없이 정의만을 추구하는 투쟁은 인정사정 볼 것이 없다. 정의로 시작되는 분쟁은 끝없는 보복으로 이어지고 미움과 증오의 감정을 부추긴다. 이런 일은 정의나 사랑이라는 가치를 모르는 동물의 세계에서는 일어나지 않는다. 증오의 감정을 의분이나 공분으로 착각하는 것은 어리석음 중에 가장 큰 어리석음이다. 어느 날 부처는 서로 다툼을 벌인 대중을 꾸짖는 일이 있었다.

어느 때 부처님께서 사위국 기수급고독원에 계셨다 그때에 대중 가운데서 조그마한 다툼이 있었다 이에 부처님께서는 이른 아침에 가사를 입고 바루를 가지고 성으로 들어가 밥을 빌어 공양하신 뒤 돌아가 가사와 바루를 챙겨두고 발을 씻은 뒤에 안티숲으로 들어가시어 한 나무 밑에 고요히 앉아 이렇게 생각하셨다 대중 가운데에 조그마한 다툼이 있다 나는 대중을 꾸짖어야 하리라 나는 그들을 가엽게 여기기 때문에 이제 다시 돌아가 그들을 거두어 잡으리라

〈잡아함경 책제상경〉

대중을 꾸짖는 것은 그들을 가엽게 여기기 때문이라고 말씀한다. 어진 사람이어야 진정으로 미워할 수 있다는 공자의 말씀과 같다. 기독교의 사랑이나 불교의 자비, 그리고 유교의 인은 정의를 넘어서는 최상의 가르침이고 깨달음이다. 그래서 화를 참음이 큰 지혜가 된다.

참는 힘이 제일이고 이 힘은 막을 수 없다고 부처는 말씀했다.

  개인적인 화든지 의분이나 공분이든지 화가 나면 미워하는 감정이 일어날 수 있다. 우리 속담에 '주는 것 없이 미운 사람'이라는 말도 있는 것처럼 미운 감정은 흔히 일어난다. 그래서 화를 참으려면 이 미움이라는 감정을 잘 이겨야 한다. 제자 사리불이 여러 비구에게 미운 마음이나 성내는 마음을 없애는 방법을 상세하게 설명하고 있다.

> 나는 당신들을 위하여 상대방으로 인해 생기는 번뇌를 없애는 다섯 가지 방법을 말하리라
> 첫째, 만일 어떤 사람이 몸의 행은 깨끗하지 않으나 입의 행이 깨끗하거든 그 몸의 깨끗하지 않은 행을 밑다 생각하지 말고 다만 그 입의 깨끗한 행만 생각함으로써 그에 대한 미운 마음이나 성내는 마음을 없애도록 한다
> 둘째, 만일 어떤 사람이 입의 행은 깨끗하지 않으나 몸에 깨끗한 행이 있거든 그 입의 깨끗하지 않은 행을 밑다 생각하지 말고 다만 그 몸의 깨끗함을 생각함으로써 그에 대한 미운 마음이나 성내는 마음을 없애도록 한다
> 셋째, 만일 어떤 사람이 몸의 행도 깨끗하지 않고 입의 행도 깨끗하지 않으나 마음에 조금 깨끗한 것이 있거든 그 몸의 깨끗하지 않은 행과 입의 깨끗하지 않은 행을 밑다 생각하지 말고 다만 그 마음에 조금 있는 깨끗한 것을 생각함으로써 그에 대한 미운 마음이나 성내는 마음을 없애

도록 한다

넷째, 만일 어떤 사람이 몸의 행도 깨끗하지 않고 입과 뜻의 행도 깨끗하지 않거든 그것을 밉다 생각하지 말고 가엾게 여기고 사랑하는 마음을 가짐으로써 그에 대한 미운 마음이나 성내는 마음을 없애도록 한다

다섯째, 만일 어떤 사람이 몸의 행도 깨끗하고 입과 뜻의 행도 깨끗하거든 설혹 그가 미울 때가 있더라도 다만 그 몸과 입과 뜻의 깨끗한 행을 생각함으로써 그에 대한 미운 마음이나 성내는 마음을 없애도록 한다

〈중아함경 수유경〉

사리불은 십대 제자 중에서도 목건련과 함께 부처가 아꼈던 2대 제자로 통하며 지혜제일이라고 불린다. 불교에서는 사람의 행위를 크게 세 가지로 나누어 보는데 몸, 입, 마음을 통하여 행위가 이루어져서 이것을 신(身), 구(口), 의(意), 삼업(三業)이라고 한다. 업이란 사람이 살아서 짓는 모든 행위를 말한다. 사람이 미워지는 것은 이 삼업이 거슬리기 때문이다. 사리불이 제시하는 방법은 어느 하나가 잘못되어 미워지면 다른 잘한 점을 더 기억해 내서 미운 감정을 이기라는 것이다. 만일 신, 구, 의 세 가지가 다 거슬리면 그때는 가엾게 여기는 마음을 일으켜서 미움이나 성냄을 이기라고 조언한다. 여기서 눈길을 끄는 것은 신구의가 다 깨끗한데도 미울 수가 있다는 점이다. 흠잡을 것이 없어도 미울 수가 있다니 미움은 예사롭게 넘어갈 수 없

는 어려운 감정임이 분명하다.

3) 오래참음

기독교 성경에는 오래참음이라는 말이 용서, 사랑과 더불어 여러 번 나온다. 용서는 오래참음에서 시작되고 그것이 곧 사랑이다. 예수가 용서에 대하여 제자 베드로와 나눈 대화다.

> 그때에 베드로가 나아와 이르되 주여 형제가 내게 죄를 범하면 몇 번이나 용서하여 주리이까 일곱 번까지 하오리이까 예수께서 이르시되 네게 이르노니 일곱 번뿐 아니라 일곱 번을 일흔 번까지라도 할지니라 그러므로 천국은 그 종들과 결산하려 하던 어떤 임금과 같으니 결산할 때에 만 달란트 빚진 자 하나를 데려오매 갚을 것이 없는지라 주인이 명하여 그 몸과 아내와 자식들과 모든 소유를 다 팔아 갚게 하라 하니 그 종이 엎드려 절하여 이르되 내게 참으소서 다 갚으리이다 하거늘 그 종의 주인이 불쌍히 여겨 놓아 보내며 그 빚을 탕감하여 주었더니 그 종이 나가서 자기에게 백 데나리온 빚진 동료 한 사람을 만나 붙들어 목을 잡고 이르되 빚을 갚으라 하매 그 동료가 엎드려 간구하여 이르되 나에게 참아 주소서 갚으리이다 하되 허락하지 아니하고 이에 가서 그가 빚을 갚도록 옥에 가두거늘

그 동료들이 그것을 보고 몹시 딱하게 여겨 주인에게 가서 그 일을 다 알리니 이에 주인이 그를 불러다가 말하되 악한 종아 네가 빌기에 내가 네 빚을 전부 탕감하여 주었거늘 내가 너를 불쌍히 여김과 같이 너도 네 동료를 불쌍히 여김이 마땅하지 아니하냐 하고 주인이 노하여 그 빚을 다 갚도록 그를 옥졸들에게 넘기니라 너희가 각각 마음으로부터 형제를 용서하지 아니하면 나의 하늘 아버지께서도 너희에게 이와 같이 하시리라

〈신약성경 마태복음〉

수제자인 베드로는 칭찬받기를 기대하며 일곱 번이나 용서하겠다는 제안을 했다. 그 정도면 최고 수준의 용서가 아니겠는가 하는 생각이었다. 일곱은 기독교에서 완전을 상징하는 숫자다. 일곱 번을 일흔 번이라도 용서하라는 말씀은 끝까지 참으라는 뜻이다. 이후에 나오는 예화에서는 큰 용서를 받았음에도 불구하고 작은 용서를 베풀지 않은 나쁜 사람이 등장한다. 데나리온은 하루 품삯에 해당하고 달란트는 약 육천 데나리온이라고 한다. 그러므로 만 달란트와 백 데나리온은 비교할 수 없이 큰 차이가 나는 돈이다. 사람은 누구나 크든 작든 죄와 허물을 가지고 산다. 그래서 남에게 용서를 받기도 하고 또 남을 용서하기도 하며 살게 마련이다. 그런데 자기가 받은 큰 용서는 기억하지 못하고 남의 작은 허물을 용서하지 못한다면 공정하신 하나님이 눈감아 줄 리 없다.

어찌하여 형제의 눈 속에 있는 티는 보고 네 눈 속에 있는
들보는 깨닫지 못하느냐

<신약성경 마태복음>

들보는 통나무다. 과장된 비유가 흥미롭다. 기독교에서는 인간이
태어나면서부터 죄를 가지고 나온다고 한다. 이를 원죄라고 한다. 그
리고 살면서 짓는 죄를 자범죄라고 하며 예수를 통하여 하나님이 그
모든 죄를 사해 주었다고 한다. 그러므로 인간은 큰 죄 사함을 받았
기 때문에 다른 사람의 죄를 용서해야 할 의무가 있다. 오래참음은
곧 용서를 베풂이다. 용서하는 마음이 없이 오래참기란 쉽지 않다.
야고보 사도는 이렇게 권면한다.

내 사랑하는 형제들아 너희가 알지니 사람마다 듣기는 속
히 하고 말하기는 더디하며 성내기도 더디하라 사람이 성
내는 것이 하나님의 의를 이루지 못함이라

<신약성경 야고보서>

더디하라는 말은 참으라는 뜻이다. 성냄은 하나님의 뜻이 아니며
의를 이루지도 못한다. 더디하라는 말씀은 현실적인 충고다. 성내지
않는 것이 정답이기는 하지만 저도 모르게 화가 나는 상황에서는 천
천히 말을 하라고 한다. 성이 나면 말이 빨라진다. 화에는 상승작용
이 있어서 스스로 억제하지 못하는 사이에 극단으로 치닫기 쉽다. 급

한 마음은 우리를 늘 후회스럽게 만든다.

> 분을 내어도 죄를 짓지 말며 해가 지도록 분을 품지 말고
> 마귀에게 틈을 주지 말라
>
> 〈신약성경 에베소서〉

당장 용서하는 마음은 없을지라도 일단 참고 보는 것도 좋은 방법이다. 어느 때는 참는 것이 바보처럼 보이지 않을까 하는 생각으로 화를 내기도 한다. 그러나 그렇더라도 결국 참는 것이 유익이다. 평범한 심성으로는 쉽지 않다. 참고 지나가려니 자신이 나약해 보인다. 그래서 부처는 능력이 있어야 참을 수 있다는 말씀을 했다. 예수는 참음에서 한 걸음 더 나아가 원수도 사랑하라고 강권한다.

> 네 이웃을 사랑하고 네 원수를 미워하라 하였다는 것을 너
> 희가 들었으나 나는 너희에게 이르노니 너희 원수를 사랑
> 하며 너희를 박해하는 자를 위하여 기도하라 이같이 한즉
> 하늘에 계신 너희 아버지의 아들이 되리니 이는 하나님이
> 그 해를 악인과 선인에게 비추시며 비를 의로운 자와 불의
> 한 자에게 내려주심이라
>
> 〈신약성경 마태복음〉

네 원수를 미워하라는 말은 성경에 나오지는 않으나 유대인의 관

습적인 전통으로 보인다. 구약시대에 여호와 하나님은 주로 의로운 하나님의 모습을 보인다. 구약성경 레위기에 보면 '네 이웃을 반드시 견책하라'는 구절도 나온다. 하지만 신약시대를 맞아 '원수를 사랑하라'는 큰 가르침이 등장한다. 전능하신 하나님 아버지의 아들이 되고 싶으면 그리하라는 말씀이다. 불교의 대승보살계 중에 성내어 원수 갚지 말라는 '수원계'(酬怨戒)에도 이와 비슷한 가르침이 있다.

> 부처님께서 말씀하셨다 불자가 성냄으로써 성냄을 갚지 말며 때리는 것으로써 때리는 것을 갚지 말 것이니 만일 부모 형제 육친을 죽였더라도 또한 갚지 말며 만일 국주가 남을 위해 죽였더라도 갚지 말라 생명을 죽여 갚음하는 것은 효도에 순하는 것이 아니니라
>
> 〈범망경 사십팔경계〉

원수도 사랑하라는 예수의 가르침과 차이가 없다. 내 부모나 형제를 죽인 사람을 용서해야 한다는 말씀은 보통 사람이 이룰 수 있는 경지가 아니다. 희생할 수 있는 지혜가 아니면 이행하기 어려운 말씀들이다. 사도 바울은 그러한 사랑을 다음과 같이 자세하게 설명한다.

> 사랑은 오래 참고 사랑은 온유하며 시기하지 아니하며 사랑은 자랑하지 아니하며 교만하지 아니하며 무례히 행하지 아니하며 자기의 유익을 구하지 아니하며 성내지 아니

지혜만찬

하며 악한 것을 생각하지 아니하며 불의를 기뻐하지 아니
하며 진리와 함께 기뻐하고 모든 것을 참으며 모든 것을
믿으며 모든 것을 바라며 모든 것을 견디느니라

〈신약성경 고린도전서〉

성경에서 〈고린도전서 13장〉은 일명 '사랑장'이라고 한다. 여기에
서 사랑의 덕목이 열다섯 가지로 설명되고 있다. 첫째가 '오래참고'이
며 마지막이 '모든 것을 견디느니라'이다. 중간에 '성내지 아니하며',
'모든 것을 참으며' 라는 구절도 있다. 단순하게 말하자면 사랑이란
오래참음이다. 나를 화나게 하는 사람을 용서하는 마음으로 오래 참
아 주면 그것이 사랑이다. 구약시대에 여호와 하나님이 이스라엘 민
족에게 내려 준 십계명 대신에 신약시대에 예수가 새로운 계명으로
준 말씀이다.

새 계명을 너희에게 주노니 서로 사랑하라 내가 너희를 사
랑한 것 같이 너희도 서로 사랑하라 너희가 서로 사랑하면
이로써 모든 사람이 너희가 내 제자인 줄 알리라

〈신약성경 요한복음〉

예수의 제자라고 생각하는 사람은 십계명보다 이 새 계명을 더 마
음에 새겨야 한다. 이 계명을 지키지 못하면 십계명을 다 지켰다 할
지라도 예수의 제자로 자처할 수 없다. 예수가 사랑을 새 계명으로

준 까닭은 자신이 하나님의 사랑으로 세상에 왔다는 자각 때문이다. 사도 요한은 이렇게 증언하고 있다. "하나님이 세상을 이처럼 사랑하사 독생자를 주셨으니 이는 그를 믿는 자마다 멸망하지 않고 영생을 얻게 하려 하심이라"〈신약성경 요한복음〉 그리고 또 말씀한다.

사랑하는 자들아 우리가 서로 사랑하자 사랑은 하나님께 속한 것이니 사랑하는 자마다 하나님으로부터 나서 하나님을 알고 사랑하지 아니하는 자는 하나님을 알지 못하나니 이는 하나님은 사랑이심이라

〈신약성경 요한1서〉

그 사랑이 바로 오래참음에서 시작된다. 참되 오래 참아야 한다. 기독교의 위대한 정신은 사랑이지만 그 사랑에 이르도록 우리를 인도해 주는 지혜는 오래참음이다. 사랑이라는 말은 흔히 쓰이기 때문에 별로 어렵지 않게 생각되지만 그 속성이 오래참음인 줄 알면 이야기는 달라진다.

여호와 앞에 잠잠하고 참고 기다리라 자기 길이 형통하며 악한 꾀를 이루는 자 때문에 불평하지 말지어다 분을 그치고 노를 버리며 불평하지 말라 오히려 악을 만들 뿐이다

〈구약성경 시편〉

잠잠히 참고 기다림이 오래참음이다. 분을 그치고 노를 버리지 못하면 악을 만들고 저도 모르는 사이에 지옥으로 빠져든다. 맹자가 지적한 바와 같이 우리의 화와 복은 다 스스로 만들지 않음이 없으니 오래참음은 화를 자초하는 어리석음을 막아주는 방패와도 같다.

4) 인욕

인욕(忍辱)이란 남에게서 당하는 욕을 참는 것이다. 성내지 않고 화를 참는 이 참음을 불경에 다음과 같이 설명한다.

> 사리자여 어떤 것을 참음이라 하는가 하면 욕설하는 자가 있더라도 잠자코 받아들여 보복하지 않음은 그 음성이 메아리의 모양 같음을 잘 알기 때문이며 가책하는 자가 있더라도 그대로 받아들임은 몸뚱이의 모양이 그림자와 같음을 잘 알기 때문이며 성내는 자가 있더라도 마음에 원한을 품지 않음은 심법이 환상과 같음을 잘 알기 때문이며 분한 일이 있더라도 그 분함을 보복하지 않음은 마음이 청정하기 때문이며 명예로운 말을 들어도 마음에 애착하지 않음은 스스로 훌륭한 체하지 않기 때문이며 명예롭지 않은 말을 들어도 마음에 장애를 일으키지 않음은 공덕을 원만히 갖추기 때문이요
>
> 〈방등대집경 무진의보살품〉

욕설을 참아 보복하지 말고 나를 책망하더라도 그대로 받아들이며 내게 성낸다고 원한을 품지 말고 참으라고 한다. 남이 나에게 하는 욕설은 메아리와 같이 허공에 흩어지는 덧없는 말일 뿐이며, 나를 향한 비난은 그림자와 같이 실상이 없는 것이고, 성내는 자의 마음은 환상과 같으니 아무 뜻이 없고, 나의 마음은 청정하기 때문에 보복할 이유가 없다고 깨달으라고 한다. 요즘은 사는 환경이 복잡해지면서 많은 사람이 부대끼며 산다. 그러다 보니 화낼 일도 많아지고 분노조절장애라는 증상도 자주 접하게 된다. 그래서 실행하기가 더 어려워진 지혜이기도 하다. 이러한 참음수행을 대승불교에서 인욕바라밀이라고 한다.

어느때 부처님께서 사위성 기수급고독원에 1250인과 함께 계셨다 그때 세존께서 구수 만자자에게 말씀하셨다 너는 지금 위없는 정등보리를 증득하고자 하는 보살들을 위하여 인욕바라밀다를 연설해 주어라 이때에 만자자가 부처님의 분부를 받잡고 부처님의 위신력에 의하여 부처님께 사뢰었다 보살들이 위없는 정등보리를 증득코자 하면 다른 유정들이 갖가지 방법으로 꾸짖고 비방하더라도 꾹참고 견디어서 성내는 마음을 일으키지 말고 자비한 마음으로 그에게 은혜 갚을 생각을 내야합니다 이러한 보살이 인욕바라밀다에 머물러서 깊은 마음을 좋아하고 참는 마음을 일으킴에 따라 온갖 지혜의 지혜를 구하는 데로 회향

지혜만찬

하면 이 보살들은 인욕바라밀다에 머물 수 있습니다

<대반야경 589권 안인바라밀다품>

만자자는 설법제일이라고 하는 부루나이다. 위없는 정등보리는 최상의 깨달음이라는 뜻이다. 비방을 받더라도 성내는 마음을 일으키지 말고 오히려 은혜 갚을 생각을 내서 지혜를 구하면 인욕을 수행할 수 있다고 말한다. 너를 박해하는 자를 위해서 기도해 주라는 예수의 가르침을 상기시킨다. 부처는 이 인욕바라밀에 세 가지가 있다고 설명한다.

인욕바라밀에 세 가지가 있으니 헐뜯는 말을 듣고도 성내지 않는 것 칭찬을 듣고도 기뻐하지 않는 것 어떤 협박을 당하여 생명을 빼앗길 때에도 능히 법계를 관하는 것이다

<방등대집경 다라니자재왕보살품>

인욕은 성내지 않는 것 외에 칭찬을 기뻐하지 않고 생명의 위협을 참는 것을 포함한다고 한다. 칭찬을 기뻐하지 않는 것은 교만해지려는 욕망을 참는 것이고 생명의 위협을 참는 것은 희생을 감수하는 일로서 인욕의 본래 개념보다 더 큰 참음이라 할 수 있다. 화를 참음에도 종류가 있으니 나보다 못한 이에게 참는 것이 진정한 참음이라고 한다.

만일 큰 힘을 가졌으면서 모자라는 이에게 참을 수 있다면 그것은 훌륭한 참음이 되지만 힘이 없이 어떻게 참을 수 있으랴 남에게 몹시 꾸지람을 받고도 힘있는 사람은 능히 참는다 그것은 훌륭한 참음이 되지만 힘이 없이 어떻게 참을 수 있으랴 나보다 센 이에게 굳이 참는 것 그것은 두려워서 참는 것이요 나와 같은 이에게 그리 참는 것 그것은 다툼을 견뎌 참는 것이며 나보다 못한 이에게 즐겨 참는 것 그것은 곧 훌륭한 참음이다

〈잡아함경 박계경〉

참음이 지혜의 큰 덕목이기는 하지만 힘이 있어야 참을 수 있다고 강조한다. 할 수 없어서 참는 것은 지혜로서의 참음이 아니며 즐겨 참을 수 있어야 훌륭한 참음이고 지혜가 된다. '힘이 없이 어떻게 참을 수 있으랴'는 한마디가 큰 깨우침이다. 참음이 좋은 것이고 지혜인 줄 알아도 힘이 없으면 소용이 없다. 그 참을 수 있는 힘이란 자존감이나 자신감일 수도 있고 훌륭한 인품일 수도 있지만 종교적으로 말하면 그것은 믿음 또는 신심이다. 진정으로 힘이 있는 사람이란 믿음이나 신심이 강한 사람이다. 그것은 정신력과도 같으나 그 힘은 영적인 능력이다. 그러므로 부처가 말씀한 훌륭한 참음은 영적인 능력이 있어야 가능하다고 할 수 있다. 인욕바라밀을 잘 수행하면 신심이 커지고 신심이 커지면 다시 인욕을 능히 행할 수 있게 된다.

어느 때 부처님께서 바이샬라 잔나비 못가에 있는 중강당에 계시면서 여러 비구들에게 이렇게 말씀하셨다 지나간 세상에 어떤 야차귀신은 아주 추한 꼴로 제석의 빈자리 위에 앉아 있었다 이를 본 도리천의 사람들이 화를 내자 그들이 화를 냄에 따라 그 야차의 형상은 점점 단정하게 되었다 이에 도리천 중이 제석에게 나아가 이 일을 알리자 제석은 그 귀신에게 성을 냈기 때문이라고 말하고는 곧 그 야차에게로 나아가 옷을 바로 하고 오른쪽 어깨를 드러내고 합장하면서 자기 이름을 세 번 말하고는 자신과 같이 겸손 하라고 말했다 그러자 그 야차의 형상은 점점 추해지더니 곧 사라져 다시는 나타나지 않았다 이때 제석은 자리에서 일어나 이렇게 게송을 읊었다

사람은 마땅히 성내지 말라

내게 성내도 그 성냄 갚지 말라

악에 대해서 악한 마음을 내지 말고 마땅히 교만한 맘 부숴야 한다

성내지 않고 해치지 않으면 그야말로 성현의 무리라 한다

성내는 죄 미워하면 끄떡하지 않기는 돌산 같거니

〈잡아함경 야차경〉

야차는 나찰과 함께 불경에 자주 등장하는 포악한 귀신으로 나중에는 부처에게 귀의했다고 한다. 제석은 제석천이라고도 하며 천상세

계의 하나인 도리천의 왕이며 부처의 말씀을 대언하기도 하는 신화적 존재로 불경에 자주 등장한다. 사람이 화를 내면 마음이 점점 추해지고 겸손히 참으면 그 마음은 점점 단정해진다는 말씀을 재미있게 묘사하고 있다. 야차귀신의 추한 꼴은 화를 내는 사람 자신의 모습이기도 하다. 참음은 불교에서 진리에 이르는 중요한 길이다. 참음의 공덕에 대하여 부처는 마왕 파순에게 계송으로 이렇게 말씀한다.

참음은 세간의 으뜸되므로 참음이 곧 안락한 길이고
참음은 고독을 여의게 되므로 어진이가 즐겨하는 것이네
참음은 능히 친한 벗을 맺고
참음은 능히 중생을 나타내고
참음은 아름다운 명예를 더하므로
참음은 세간의 사랑하는 것이며

〈방등대집경 월장분 영마득침락경〉

참으면 안락하고 벗이 생기니 고독하지 않으며 그래서 지혜로운 사람이 즐겨하는 것이고 참으면 아름다운 명예를 얻고 세상 사람이 사랑하게 된다. 참지 못하면 불안하게 되고 벗이 떠나가니 고독하며 아름답지 못한 불명예를 얻고 세상 사람이 미워한다. 그래서 지혜로운 사람은 즐겨 참고 어리석은 사람은 참지를 못한다. 또 이런 말씀을 한다.

나는 인욕을 익혀 닦아 경박과 사나움을 행하지 않았고 또
한 항상 능히 인욕하는 사람을 칭찬하였다 만일 지혜 있는
사람이 내 도를 펴고자 하거든 마땅히 인묵(忍默)을 닦아
원한의 마음을 품지 말라

〈장아함경 세기경〉

인묵은 참고 잠잠하라는 뜻이다. 그러면 원한의 마음도 사그라든
다. 익히고 닦는 일이 지혜를 깨치는 길이다. 부처도 익히고 닦았다
는 인욕은 불도를 이루는 첫째가는 수행이다. 잠잠히 참는 그 도를
깨우친 사람은 마땅히 원한도 없고 미움도 없을 터이니 그 마음에 평
안을 누릴 수 있을 것이다.

5) 충서

우리 속담에는 '참을 인'(忍)자에 관한 것이 많다. 대표적으로 '참을
인자 셋이면 살인도 면한다'고 하고 '참을 인자가 제일이다'라는 말도
있다. 참지 못해서 사소한 다툼이 비극적인 사고로 치닫는 사례가 빈
번하게 일어난다. 그런데 유교 경전에는 이 참음에 관한 말씀이 별로
없다. 맹자가 말한 '불인인지심'(不忍人之心)에서 나오는 참음은 화를
참는 참음이 아니고 측은함을 참는 것으로 그 의미가 다르다. 참음이
큰 지혜가 되는 것은 용서를 포함할 때이다. 유교경전이나 공자의 말
씀에는 남이 저지른 잘못을 용서하라는 뜻의 참음은 없다. 그 대신

'충서'(忠恕), '서'(恕)라는 개념이 있는데 이것이 공자 가르침의 핵심이라고 설명하고 있다.

> 공자께서 말씀하셨다 삼아 나의 도는 하나로 관통하느니라 증자가 예라고 대답하였다 공자가 나가시자 제자들이 묻기를 무슨 말씀인가 하니 증자가 말하였다 스승님의 도는 충서일 뿐이다
>
> 〈논어 이인편〉

삼(參)은 증자의 이름이다. 증자는 아버지 증점과 함께 부자가 공자의 문하에 있었는데 공자 사후에 주로 증자의 제자들이 어록을 정리하는 일에 참여하였기 때문에 논어에는 증자의 언행이 많이 수록되어 있다. 공자의 손자인 자사는 증자의 제자이며 맹자는 자사의 문하에 사숙했다고 전한다. 공자가 말씀하는 나의 도란 유교의 가르침이다. 그 도를 하나로 관통하는 사상이 충서라고 하였다. 일반적으로 공자의 가르침을 인(仁)이라고 한다. 그런데 증자는 충서가 바로 그 인의 중심사상이라 설명하고 있다. 주자는 집주에서 해설하기를 '충은 자기 마음을 다하는 것이고 서는 자기 마음을 미루어 아는 것이라'고 했다. 이 '서'에 대하여 구체적으로 설명하는 말씀이 논어에 나온다.

자공이 묻기를 한 가지 말씀으로 종신토록 지킬 만한 것이

있습니까 하니 공자께서 말씀하셨다 그것은 서이다 자기
가 하고자 하지 않는 일을 남에게 베풀지 말라

〈논어 위령공편〉

서를 종신토록 지킬만한 가르침으로 제시하며 그 내용은 내가 싫은
것은 남에게도 시키지 말라는 '기소불욕 물시어인'(己所不欲 勿施於
人)이라고 한다. 기독교의 황금률을 연상시키는 말씀이다. 황금률은
예수가 제시한 '남에게 받고자 하는 대로 남을 대접하라'는 가르침이
다. 충서는 인의 실천적 측면이라고 이해할 수 있다. 이 충서와 같은
의미로 '혈구지도'(絜矩之道)라는 말이 있다.

이 때문에 군자는 혈구지도를 가지고 있다 윗사람에게서
싫었던 것으로 아랫사람을 시키지 말고 아랫사람에게서
싫었던 것으로 윗사람을 섬기지 말며 앞사람에게서 싫었
던 것으로 뒷사람을 대하지 말며 뒷사람에게서 싫었던 것
으로 앞사람을 따르지 말며 오른쪽 사람에게서 싫었던 것
으로 왼쪽 사람과 사귀지 말며 왼쪽 사람에게서 싫었던 것
으로 오른쪽 사람과 사귀지 말것이니 이것을 일러 헤아려
법도에 맞는 도라고 한다

〈대학〉

혈구지도는 '나의 잣대를 가지고 남을 재는 방법'이라는 뜻으로 나

의 처지를 미루어 남의 처지를 헤아린다는 '추기급인'(推己及人)과 같은 의미다. 충서 또는 서와 같은 뜻이며 자기 마음을 다해서 나쁜 것은 남에게 보이지 말고 좋은 것으로 베풀라는 말이다. 그래서 충서를 유교의 중심사상인 인과 같은 개념으로 이해할 수 있다. 용서(容恕)라는 어휘의 서는 바로 충서(忠恕)의 서이다. 그러므로 충서라는 개념은 용서라는 말과 상통한다. 말 그대로 서를 용납하는 것이 용서다. 그러므로 나의 잘못으로 남에게서 용서받지 못하고 비난받기 싫으면 나도 남이 잘못했을 때 용서를 베풀고 비난하지 말아야 하는 것이다. 내가 싫은 것은 남에게 행하지 않으며 남도 나에게 그렇게 하지 않는다면 서로 용서할 일도 없고 용서받을 일도 없을지 모른다. 충서는 용서보다 더 적극적이고 예방적 차원의 개념이라고 볼 수도 있다.

지혜만찬

2. 만족

1) 족함

두 번째로 살펴볼 덕목은 만족 또는 자족이다. 욕심은 끝이 없고 그래서 이를 극복해 보려고 무소유를 예찬해 보기도 하지만 여전히 만족스럽지 않다. 욕망은 어느 정도 수준에서 멈춰야 평안해진다. 역사적으로 종교는 욕망을 채우기 위한 수단으로 이용된 경우가 많았다. 기복신앙이 대표적인 현상이다. 그러나 예수, 부처, 공자가 깨우쳐 준 지혜는 족함을 알라고 한다. 욕망에서 벗어남을 진리에 이르는 길이라고 가르치고 있다.

현실적인 지혜서들은 만족하지 말라는 메시지를 보낸다. 현실에 안주하고 있으면 뒤쳐진다는 주장이다. 과연 현대 문명은 끝없는 탐구와 도전에서 비롯되었다는 점은 부인할 수 없다. 현재도 새로운 아이템을 개발하며 큰 성공을 거두고 있는 상황이 전개되고 있다. 말하자면 만족함을 몰라야 더 큰 만족을 가질 수 있다는 말이다. 그러니 누구에게든 만족은 미덕인 셈인데 문제는 만족을 찾아 끝없는 욕망을 따르느냐 아니면 여유를 갖는 족함을 택하느냐 하는 것이다. 구약성경 잠언에 나오는 말씀이다. "채소를 먹으며 서로 사랑하는 것이 살진 소를 먹으며 서로 미워하는 것보다 나으니라" 족함을 모르면 살진 소를 먹으면서도 채소를 먹는 사람보다 더 불화하며 불행하게 살 수 있다는 교훈이다.

> 두 손에 가득하고 수고하며 바람을 잡는 것보다 한 손에만
> 가득하고 평온함이 더 나으니라
>
> 〈구약성경 전도서〉

그런데 실재 삶에서는 그렇지만 않은 듯하다. 어차피 불행은 겪어야 한다면 굶는 것보다는 일단 배부터 부르기를 바란다. '먹고 죽은 귀신은 때깔도 좋다'는 속담도 있다. 만족의 지혜란 정말로 만만한 주제가 아니다. 우리의 심성에는 무엇에든지 쉽게 만족할 줄 모르는 속성이 독사처럼 똬리를 틀고 있기 때문이다. 만족에는 두 가지 종류가 있다. 먼저 욕망을 누그러뜨리면 자연히 불만족도 사라지고 그러면 만족이 나타나게 된다. 신유학으로 불리는 주자학에서 말하는 '알인욕 존천리'(遏人欲 存天理)는 욕망을 억제하고 천리를 보존한다는 뜻이며 욕망이 천리를 보존하는 데 방해가 된다는 의미가 담겨있다. 욕망을 억제하여 족함을 아는 것이 천리를 보존하는 지혜가 된다. 또 다른 하나는 어렵고 궁핍한 처지를 불만스럽게 여기지 않으면 만족을 얻을 수 있다는 것이다. 이것은 어떠한 상황에 처하더라도 족함을

잃지 않는 마음가짐이다.

> 이때 사자후보살이 말하였다 세존이시여 욕심이 적은 것
> 과 만족함을 아는 것이 어떻게 다르니이까 욕심이 적은 것
> 은 구하지도 않고 취하지도 않음이요 만족함을 아는 것은
> 적게 얻었을 적에 후회하지 않는 것이니라 욕심이 적은 것
> 은 하고자 함이 적음이요 만족함을 아는 것은 불법의 일만
> 위하고 마음에 근심하지 않는 것이니라… 미래에 하고자
> 하는 일을 구하지 아니하면 욕심이 적다하고 얻고도 집착
> 하지 아니하면 만족할 줄 안다 하며 공경을 구하지 아니하
> 면 욕심이 적다고 하고 얻고도 쌓아두지 아니하면 만족함
> 을 안다 하느니라
>
> 〈대반열반경 사자후보살품〉

두 가지 만족이란 하나는 욕심을 적게 가짐으로 얻게 되는 것과 또 하나는 얻고도 그것에 집착하지 않을 때 찾아오는 것이다. 족함을 안다 함은 내가 가진 것이 많고 적음을 떠나서 기본적인 태도 문제다. 욕심은 부려야 할 때도 있다. 아무것도 바라는 것이 없이 산다면 무기력한 상태로 떨어지게 된다. 문제는 욕심에 사로잡혀서 만족을 잃어버리는 일이다. 어려운 일이기는 하지만 어떤 상황에 놓여있든지 그 뜻을 헤아리고 순응하는 자세가 진정한 만족이라고 할 수 있다.

비록 무화과나무가 무성하지 못하며 포도나무에 열매가
없으며 감람나무에 소출이 없으며 밭에 먹을 것이 없으며
우리에 양이 없으며 외양간에 소가 없을지라도 나는 여호
와로 말미암아 즐거워하며 나의 구원의 하나님으로 말미
암아 기뻐하리로다

〈구약성경 하박국〉

　고대 유다왕국이 쇠퇴하던 말기의 선지자인 하박국의 고백이다.
그는 당시 벌어지던 모순적인 현실에 대해 고뇌하며 이렇게 탄식했
다. "주께서는 눈이 정결하시므로 악을 차마 보지 못하시며 패역을
차마 보지 못하시거늘 어찌하여 거짓된 자들을 방관하시며 악인이
자기보다 의로운 사람을 삼키는데도 잠잠하시나이까"〈하박국〉 그러
나 결국 이러한 모순을 하나님에 대한 절대적인 신앙으로 극복하고
있다. 세속적인 지혜로는 깨우치기 어려운 만족함이며 일반적인 판
단력으로 미칠 수 없고 종교적이라고밖에는 설명할 수 없다. 하박국
선지자는 '의인은 믿음으로 말미암아 살리라'는 말씀으로 유명하다.
바로 믿음이 그러한 만족을 가능케 하는 요인이었다.

2) 욕망

　욕망은 늘 경계의 대상이다. 인생의 모든 문제가 여기에서 비롯된
다고 보기 때문이다. 흔히 가장 강한 욕망으로 성욕, 물질욕, 명예욕

을 든다. 이 셋은 강렬하고도 본능적이다. 인간의 생존과 생활을 위해서 필수적인 요소이며 동시에 문명의 원동력이기도 하다. 성욕은 모든 생물의 존속을 위해서 필요한 욕구다. 만일 이 욕구가 사라진다면 살아남을 생명체는 하나도 없을 것이다. 물질욕은 성욕보다는 덜 본능적이기는 하지만 역시 생존을 위한 필수적인 수단이며 물질적 여유는 문화생활을 가능케 하는 기반이 된다. 명예욕은 가장 고등한 욕구로서 다른 동물세계에서는 찾아보기 어렵고 주로 정신적인 만족을 주는 작용을 한다. 이러한 본능적 욕망은 천지창조 질서의 일부라고 할 수 있다.

> 하나님이 자기 형상 곧 하나님의 형상대로 사람을 창조하
> 시되 남자와 여자를 창조하시고 하나님이 그들에게 복을
> 주시며 하나님이 그들에게 이르시되 생육하고 번성하여
> 땅에 충만하라 땅을 정복하라 바다의 물고기와 하늘의 새
> 와 땅에 움직이는 모든 생물을 다스리라 하시니라
>
> 〈구약성경 창세기〉

인간의 욕망이란 하나님의 명령에 따라 충만하고 정복하고 다스리기 위한 수단으로 받은 복으로 이해할 수 있다. 인류가 현대에 이르기까지 번성하고 발전할 수 있었던 것은 세 가지 욕망이 적절히 발휘되고 기여한 덕분이다. 남녀 간의 에로스적 사랑은 아름다운 미의 상징이 되고, 물질적 부는 예나 지금이나 행복의 일순위이며, 소위 스

타라고 하는 이들이 누리는 명예는 모든 사람에게 선망의 대상이다. 많은 사람이 이 욕망을 어떻게 하면 만족시킬 수 있을까 몰두하며 사는 모습이 인생의 민낯이라 하겠다.

그런데 창조질서를 이루기 위한 수단으로 받은 이 본능이 인간에게 불행의 씨앗이기도 하다는 사실이 비극이다. 절제되지 않은 변태적 성욕이 일으키는 광적인 사태가 도처에서 자주 일어난다. 또 이기적인 물질욕으로 인해서 스스로 타락의 길을 걸어간다. 허황된 명예욕은 인간존재의 신뢰를 허물고 깊은 혼란에 빠뜨리기도 한다. 이 욕망들이 우리가 자랑하는 문명이라는 거대한 업적에 깊은 상처를 남기고 그 근간까지 뒤흔드는 일이 허다했다.

이러한 고뇌와 좌절감에서 인간을 구해 낼 수 있다고 나선 것이 종교라고 할 수 있다. 물론 종교의 역할은 이보다는 더 고차적인 영적 영역에 속하는 것이라고 할 수 있지만 현실과 유리된 영적인 문제란 사실은 의미가 없는 것이다. 욕망이 미친 듯이 날뛰는 그곳이 지옥이고 우리의 현실이다. 현실에 매몰되어 지옥으로 떨어지지 않도록 인간의 욕망에 재갈을 물리는 역할을 종교적 지혜가 해낸다. 부처는 성현의 지혜 가운데에서 자족하기를 구하라 하고 다음과 같은 게송을 남겼다.

탐욕이란 우기에 오는 비처럼 그 욕심에 있어 만족할 줄 모른다
즐거움은 적고 괴로움만 많거니 지혜로운 사람은 그것 떨

어버린다

비록 하늘의 즐거움 받아 다섯 가지 향락을 누리더라도

그것은 저 애욕을 끊어버린 부처의 제자 됨만 못하느니라

탐욕으로 오랜 세월 살아 복이 다하면 지옥에 떨어지네

향락을 누리는 것 얼마인가 이내 곧 지옥의 고통 받나니

〈증일아함경 안반품〉

　근세에 서구에서 인간을 종교적 속박에서 해방시켰다고 주장했던 이성은 신뢰의 기준으로서 한계를 드러내고 실패한 경험이 역사에 여러 번 있었다. 그래도 여전히 이성에 기대어 어려운 삶의 문제들을 해결해 보려는 시도는 계속되고 있다. 휴머니즘이 그러한 노력 중에 하나다. 종교는 인간의 욕망을 절제시키며 순화하고 승화시키는 역할을 한다. 모든 욕망을 끊어버려야 평안을 얻을 수 있다고 주장하기도 하지만 현실에서는 그 굴레를 벗어나기가 어렵다. 대부분 종교는 이 욕망에 관해서 부정적이며 경계의 대상임을 분명히 한다. 예수는 다른 여인을 보고 음욕을 품는 자는 이미 간음한 것이라고 말씀하며, 부자는 하늘나라에 들어가기가 어렵다는 말씀으로 물욕을 경계하고, 명예를 탐하며 높은 자리에 앉지 말고 낮은 자리로 나가라고 가르친다.

　청함을 받았을 때에 차라리 가서 끝자리에 앉으라 그러면 너를 청한 자가 와서 너더러 벗이여 올라앉으라 하리니 그때에야 함께 앉은 모든 사람 앞에서 영광이 있으리라 무릇

자기를 높이는 자는 낮아지고 자기를 낮추는 자는 높아지
리라

〈신약성경 누가복음〉

그러나 에로스의 사랑을 부정하지 않으면서 그것을 통해서 고귀한
아가페의 사랑을 바라보며, 물질적인 부를 이용해서 구제하고, 높은
자리에 올라서 섬김의 리더십을 보인다면 그 행위가 인류구원이라는
종교의 참뜻에 더 가까울 수 있다. 이 욕망을 어떻게 이해하는가 하
는 문제는 이천여 년 전부터 인류가 고민해 왔고 현재도 여전히 당면
하고 있는 어려운 과제이기도 하다. 만족은 욕망을 어떻게 다스리는
가에 달려 있다. 그 실체를 직시하는 것은 만족을 이루는 첫걸음이
된다.

욕(欲)이란 무상이요 거짓이다 이 거짓의 법은 곧 허깨비
요 속임이요 어리석음이다 현세의 욕이나 후세의 욕이나
혹은 현세의 색(色)이나 후세의 색이나 그 일체는 곧 악마
의 경계로서 악마의 미끼다 그것으로 인하여 마음에는 악
하고 착하지 않은 법과 탐욕과 성냄과 싸움 등이 생기나니
곧 거룩한 제자들의 공부에 장애가 되느니라

〈중아함경 정부동도경〉

색은 눈으로 볼 수 있는 물질세계다. 불교에서 추구하는 궁극적인

목표는 열반이고 이는 욕망의 불길을 끈다는 의미가 있다. 욕망이 무상하고 허깨비요 어리석음이라고 깨닫는 것이 수행의 첫걸음이다. 욕망에서 벗어나는 것이 최상의 깨달음이라는 것을 부처는 제자 아난다에게 예화로 설명한다.

아난다야 옛날 정생이라는 왕이 있었는데 전륜성왕이 되어 염부제 땅에서 많은 백성과 칠보를 거느리게 되었다 그러나 욕심이 생겨 보물이 무릎까지 쌓이도록 신족을 부렸다 그러고는 또 욕심이 나서 서방의 구야니 땅을 취하고 그다음엔 동방의 불우체 땅을 취했다 그러고 나서는 그것도 모자라서 33천(도리천)에 올라가 제석천의 자리의 반을 취하였다 그러나 왕은 이에 만족하지 않고 제석천을 내쫓을 생각을 하다가 갑자기 염부제 땅으로 추락하였다 그 후 신족을 잃고 중병이 생겨 죽게 되었는데 죽기 전에 다음과 같은 게송을 신하들에게 남겼다

하늘이 묘한 보배 비처럼 내리어도 욕심이 많은 자는 만족하지 않누나

욕심이란 괴로울 뿐 즐거움이 없나니 슬기로운 사람들은 마땅히 알라

비록 황금을 얻어 쌓아 설산과 같다 한들 그 어느 하나에도 만족이 없나니

슬기로운 사람들은 이렇게 생각하라

하늘의 묘한 5욕을 얻을지라도 이 5욕을 즐거워하지 않고
애욕과 욕심을 끊어 집착하지 않으면 그 사람은 등정각의
제자이니라

〈중아함경 사주경〉

전륜성왕이란 세속세계를 통치하는 이상적 제왕을 이르는 말이다.
5욕은 인간의 다섯 가지 감각대상에 따르는 욕망으로 색욕(色欲), 성
욕(聲欲), 향욕(香欲), 미욕(味欲), 촉욕(觸欲)을 말한다. 전륜성왕이
속세의 영화에 만족하지 못하고 천상계인 도리천을 다스리는 제석천
의 자리까지 넘보다가 결국에는 땅으로 추락하였다는 우화이다. 그
가 병들어 죽으면서 마지막 한 말이 욕심을 끊고 집착하지 않으면 최
고의 지혜를 얻게 된다는 깨달음이다. 사람의 욕심은 끝이 없다는 사
실을 실감나게 설명한다. 끝 모를 욕망의 굴레로 떨어지고 나서야 그
허망함을 깨우치는 인생들을 비유적으로 말씀하면서 애욕과 욕심을
끊고 집착하지 말라고 경계한다. 법구경에는 이런 말씀도 있다. "사
람들아 이렇게 알라 절제와 어거가 없는 것은 악이다 탐하는 욕심과
법답지 않음으로써 길이 너를 괴롭히고 손해되게 하지 말라" 또 다음
과 같은 경계의 말씀을 설한다.

비구들이여 차라리 불에 달군 쇠창으로 그 눈을 찌를 지언
정 안식으로써 빛깔의 아름다움에 취하지 말라 무슨 까닭
인가 빛깔의 아름다움을 취함으로써 나쁜 세계에 떨어지

는 것은 마치 쇠탄자가 물속에 잠기는 것과 같기 때문이니
라 많이 아는 거룩한 제자들은 다음과 같이 결심하고 다음
과 같이 관찰하여 눈(眼) 귀(耳) 코(鼻) 혀(舌) 몸(身) 뜻(意)
과 빛깔(色) 소리(聲) 냄새(香) 맛(味) 촉감(觸) 법(法) 그리고
안식(眼識) 이식(耳識) 비식(鼻識) 설식(舌識) 신식(身識) 의
식(意識)을 싫어하여 이 세 가지 부딪침으로 인해 생긴 온
갖 느낌도 싫어하고 바라지 않아서 구경열반을 증득한다

〈잡아함경 소연법경〉

불교에서는 안, 이, 비, 설, 신, 의를 6근이라 하여 모든 감각기관
을 총칭하며 색, 성, 향, 미, 촉, 법을 6경이라고 하여 감각의 대상을
지칭하고, 6근이 6경에 작용하여 생기는 인식인 안식, 이식, 비식,
설식, 신식, 의식을 6식이라고 하며 이것을 모두 합해서 18계라고 한
다. 세속에서 벌어지는 모든 일은 이 18계의 조화다. 여기의 말씀은
모든 감각을 통해서 들어오는 느낌과 생각을 좋아하지 말고 바라지
도 말라는 가르침이다. 이러한 욕망에 빠지면 생명까지 위태로워진
다는 경고다. 예수도 이러한 염려를 심각하게 지적하는 말씀을 한다.

만일 네 오른 눈이 너로 실족하게 하거든 빼어 내버리라
네 백체 중 하나가 없어지고 온몸이 지옥에 던져지지 않는
것이 유익하며 또한 네 오른손이 너로 실족하게 하거든 찍
어 내버리라 네 백체 중 하나가 없어지고 온몸이 지옥에

던져지지 않는 것이 유익하니라

<신약성경 마태복음>

이 말씀은 성욕에 관한 절제를 강조하면서 한 말씀으로 마치 욕망에 대한 선전포고와도 같은 격한 표현을 하고 있다. 그만큼 위험성이 크다는 경고다. 하지만 욕망이란 모든 생명의 생존을 위해서 없어서는 안되는 원초적인 본능이라는 사실은 변함이 없다. 동물의 세계에서는 욕망이 생존을 위한 수준을 넘는 경우가 거의 없다. 그러나 인간은 그렇지 않다. 생존의 본능을 훨씬 넘어서서 그 끝을 알 수 없다. 그래서 부처는 욕망이란 만족함을 모르니 다만 기본적인 것에 만족하라고 말씀한다.

도는 족함을 아는 것을 따르는 것이지 만족할 줄 모르는
데서 얻어지는 것이 아니다 그래서 비구는 만족할 줄 알아
옷은 다만 몸을 가리기 위하여 가지며 밥은 다만 배를 채
우기 위해 먹는다

<증일아함경 팔념경>

몸만 가리고 배만 채우라는 말씀은 욕망을 버리고 기본으로 돌아가라는 말씀으로 들린다. 그러나 그 어두운 그림자에도 불구하고 욕망이란 인류문명을 가능케 한 중요한 원동력이기도 하다는 사실을 간과할 수 없다. 문명 자체를 의미가 없는 것으로 단정한다면 모르겠지

만 그렇지 않다면 이것을 어떻게 이해하고 받아들이는가 하는 문제에 대해서 고민할 필요가 있다. 그렇게 경계하는 욕망을 긍정적으로 작용하게 할 수 있는 방법을 성찰하는 노력이 필요하다.

'방편'이란 불교에서 사용하는 개념으로 말로는 다 표현할 수 없는 '진실'을 설명하기 위한 수단으로 불가불 사용한다는 뜻이다. 다 설명할 수 없는 것을 표현해 놓은 것이니 그런 줄 알고 알아들어야지 곧이곧대로 얽매이면 안된다는 것이다. 〈능엄경〉에서 보면 달을 보이기 위해 손가락으로 달을 가리켰는데 사람들은 달은 보지 않고 가리키는 이의 손가락만 쳐다본다는 말씀이 나온다. 그 움직임을 따라가다가 달을 보게 되면 손가락은 잊어야 하는 것이다. 손가락은 단지 달을 보이기 위한 방편이라는 사실을 기억해야 한다. 이와 비슷한 의미로 '뗏목의 비유'가 있다. 여기에서 부처는 모든 설법을 뗏목과 같이 여기라고 말씀한다. 뗏목은 강을 건너기 위한 방편이니 건넌 후에는 잊어야 한다. 그것이 소중하다고 강을 건넌 후에도 가지고 다닐 수는 없는 노릇이다.

> 어느 때 부처님께서 사위국 승림급고독원에 계셨다… 나는 너희들을 위하여 뗏목의 비유법을 설명하리라 어떤 사람이 깊고 넓으며 물살이 센 강물을 건너 저쪽 언덕에 이르고자 하여 사방을 둘러보았으나 다리도 없고 배도 없었다 그는 어떻게 하면 건널 수 있을까 하고 깊이 생각한 끝에 풀과 나무를 모아 뗏목을 만들어 건너가면 되겠다고 생

각했다 그래서 그는 곧 이쪽 언덕에서 풀과 나무를 끌어모아 엮어서 뗏목을 만드는데 성공했다 그리고는 그 배를 타고 무사히 저쪽 언덕으로 건너갈 수 있었다 그러나 강을 건넌 후에는 뗏목을 어깨에 메고 끌고 갈까 아니면 강가에 두고 갈까 하고 깊은 고민에 빠졌다 부처님께서는 여기까지 말씀하신 후에 비구들에게 다음과 같이 질문을 던지셨다 비구들이여 너희들 생각에는 어떠하냐 그가 뗏목을 어깨에 메고 가는 것이 유익하겠느냐 아닙니다 세존이시여 비구들이여 너희들 생각에는 어떠하냐 그가 뗏목을 강가에 두고 가는 것이 유익하겠느냐 유익하니이다 세존이시여 이와 같이 난 뗏목 비유법을 설명해 마쳤다 만일 너희들이 이 비유의 뜻을 안다면 너희들은 응당 법도 버리겠거늘 하물며 법이 아닌 것이겠는가

〈중아함경 아리타경〉

어느 선승은 열반에 들면서 그동안 자신이 한 말은 다 거짓이라고 말하기도 했다. 뗏목과 같으니 잊으라는 뜻이다. 이 비유로 비춰 보면 앞에서 욕망을 거짓이고 허깨비라고 한 부처의 말씀도 방편으로 이해함이 적절할 것 같다. 부처가 제자 가섭에게 이와 같이 설명한다. "선남자여 지혜 있는 사람은 코끼리에게 싣는 것을 나귀로는 감당할 수 없는 줄을 알리니 모든 중생의 행하는 것이 한량이 없으므로 여래가 가지가지 한량없는 법을 말하느니라"〈대반열반경 가섭보살

품〉 여기서 말하는 가지가지 한량없는 법을 방편이라고 이해할 수 있다. 만약에 욕망도 긍정적인 면이 있다고 한다면 이 말은 신심이 코끼리 등짐만큼 든든한 사람에게는 약이 되겠지만 나귀의 등짐처럼 상대적으로 가벼운 사람에게는 독이 될 터이다. 그래서 부처는 제각기 다른 법문을 설한다고 말씀하고 있다.

> 그때 문수사리보살이 지수보살에게 물었다 불자여 불법 가운데는 지혜가 으뜸인데 여래께서 무슨 연고로 중생을 위하여 보시를 찬탄하고 혹은 계행을 찬탄하고 인욕 정진 선정 지혜를 찬탄하고 또 사랑하고 슬피 여기고 기뻐하고 버리는 것을 찬탄하오며 마침내 한 번만으로 뛰어남을 얻어서 무상보리를 성취할 수 없음이오니까 지수보살은 게송으로 대답하였다 …
> 부처님이 중생의 마음과 성품 제각기 다른 것을 모두 아시고 그들을 제도할 수 있음을 따라 이러하게 법문을 말씀하셨네
> 인색하면 보시를 찬탄하시고 금계를 깨뜨리면 계행을 말하고
> 성 잘 내면 인욕을 칭찬하시고 게으른 이는 정진하라 말씀하시네
> 믿음이 산란하면 선정 말하고 우치하면 지혜를 찬탄하시며
> 악한 이에겐 인자함을 말씀하시고 남 해치면 대비를 찬탄하였네

걱정 있는 이에겐 기쁨을 칭찬 마음이 굽은 이에겐 버리라
하여
이러하게 차례를 닦아나가면 부처님의 모든 법 갖추게 되리
〈화엄경 보살문명품〉

'한 번만으로 뛰어남을 얻어서 무상보리를 성취할 수 없음이오니까'라는 물음에 대해서 게송의 마지막에 '이러하게 차례를 닦아나가면 부처님의 모든 법을 갖추게 되리'라고 답한다. 지혜는 단박에 성취하는 것이 아니고 방편들을 헤치며 차례차례 닦아나가야 한다는 말씀이다. 이러한 말씀은 공자의 경우에서도 확인할 수 있다. 제자들이 인에 대하여 여러 번 물었는데 공자는 그때마다 다른 말씀을 한다. 안연이 물었을 때는 자신을 극복하라는 뜻인 '극기복례'(克己復禮)라고 답하시고 번지가 물었을 때는 '애인'(愛人)이라고 하였다. 중궁, 사마우의 질문에는 또 다른 대답을 하며 번지의 두 번째 질문에는 다른 뜻을 말씀하였다. 예수도 서로 다른 말씀을 하신 적이 있다. 따르던 무리들에게 '나와 함께 하지 않는 자는 나를 반대하는 자'라고 부정적인 말씀을 하고, 또 제자들에게는 '너희를 반대하지 않는 자는 너희를 위하는 자'라고 긍정적인 말씀을 하였다.〈신약성경 누가복음〉 성현들의 가르침은 단편적으로 받아들이면 큰 오해가 생길 수 있다는 사실을 주목해야 한다. 그래서 인간의 욕망이란 넘쳐서 악이 되지 않을 정도로 선하게 작용하도록 순화되어야 하며 그렇게 하지 못하면 죄를 짓게 되고 지옥으로 떨어진다는 사실이 전하고자 하는 교훈

일 것이다. 욕망에 대하여 긍정적으로 말씀하지 않은 까닭은 그 폐해가 생명을 해칠 정도로 극심하기 때문이다. 사실을 말하더라도 보는 눈과 들을 귀가 부족하기 때문에 방편을 통하여 설명할 수밖에 없다. 만족의 경지에 대하여 공자는 이렇게 말씀한다.

> 공자께서 말씀하셨다 거친 밥을 먹고 물을 마시며 팔을 베고 누웠더라도 즐거움이 또한 그 안에 있다 의롭지 못한 부와 귀는 나에게 뜬구름과 같다
>
> 〈논어 술이편〉

소박한 삶에서 즐거움을 누리는 모습이 평안해 보인다. 또한 의롭지 못하게 부와 귀를 추구하는 것이 허망함을 말씀하는데, 바꾸어 말하면 정당하게 추구하는 부와 귀는 가치 있는 것이라는 의미로도 해석된다. 실제로 공자는 자신이 덕을 펼칠 수 있는 높은 지위를 얻고자 노력하였으며 그런 지위에 합당한 부를 누리는 것을 또한 당연한 이치로 여겼다. 하지만 사람이 추구할 수 있는 가치로서 재물을 구하는 것보다는 내가 좋아하는 일을 하는 것이 더 의미가 있다는 말씀도 나온다.

> 공자께서 말씀하셨다 부가 구하여 얻을 수 있는 것이라면 내 말채찍을 잡는 일이라도 하겠다 그러나 구하여 얻을 수 있지 않다면 나는 내가 좋아하는 일을 하겠다
>
> 〈논어 술이편〉

이 말씀은 재물은 애써 구한다고 구해지는 것이 아니라는 소극적인 의미도 있지만 재물은 구하려고 애쓸 만한 것이 아니라는 의미도 담고 있다. 말채찍을 잡는 일이란 요즘 말로 하면 택시드라이버다. 내가 좋아하는 것을 한다는 만족감이 지혜라는 말씀으로 이해할 수 있다. 사람은 소질이 다르고 성향이 다르기 때문에 좋아하는 대상도 다르게 마련이다. 각기 다양성을 인정하며 자기에 맞는 만족을 추구하는 것이 지혜라는 말씀이다.

3) 재물

욕망 가운데 가장 큰 것은 재물욕이다. 성욕이 원초적인 욕구라는 주장도 있지만 현실적으로 생활에 절실한 영향을 끼치는 것은 뭐니 뭐니 해도 돈, 재물이다. 예수의 다음 말씀을 보면 재물욕의 위력이 어느 정도인가 짐작할 수 있다.

> 한 사람이 두 주인을 섬기지 못할 것이니 혹 이를 미워하
> 고 저를 사랑하거나 혹 이를 중히 여기고 저를 경히 여김
> 이라 너희가 하나님과 재물을 겸하여 섬기지 못하느니라
> 〈신약성경 마태복음〉

재물이 하나님과 같은 수준의 숭배 대상이 될 수 있다는 사실을 심각하게 갈파한 말씀이다. 재물이 주는 만족감이나 안정감은 신앙인

지혜만찬

이 갖는 그것보다 더 구체적이고 현실적이다. 그래서 재물에 의지하고 재물을 믿으며 살아간다. 이천 년 전에 갈파한 그 위력이 현대사회에서는 몇 배로 더 커져 있을지 모른다. 국내외의 연구기관에서 조사한 통계를 보면 재산이나 소득수준에 따라서 행복지수가 다르게 나타난다. 짐작하는 바와 같이 재산이나 소득이 많을수록 행복감이나 만족도가 높게 나왔다. 지구상의 인구 중에 85%가 종교인이기는 하지만 그 종교인 중에도 많은 사람이 신이나 절대자를 향하여 재물을 구하는 기도를 하며 재물의 복을 가장 큰 축복으로 여긴다. 실로 재물의 힘은 하나님에 필적한다. 하지만 재물을 추구하면서 평안을 누리는 사람은 많지 않다. 욕망은 무한한데 재물은 유한하니 당연한 귀결이다. 의식주를 위해서는 기본적인 재물이 필요하지만 욕망은 더 많은 소유를 위해서 중요한 가치들을 희생하려고 한다. 그래서 사도 바울은 '탐심은 우상숭배'라고 말했다.〈신약성경 골로새서〉 그리고 다음과 같이 경계한다.

> 그러나 자족하는 마음이 있으면 경건은 큰 이익이 되느니라 우리가 세상에 아무 것도 가지고 온 것이 없으매 또한 아무 것도 가지고 가지 못하리니 우리가 먹을 것과 입을 것이 있은즉 족한 줄로 알 것이니라 부 하려고 하는 자들은 시험과 올무와 여러 가지 어리석고 해로운 욕심에 떨어지나니 곧 사람으로 파멸과 멸망에 빠지게 하는 것이라 돈을 사랑함이 일만 악의 뿌리가 되나니 이것을 탐내는 자들

은 미혹을 받아 믿음에서 떠나 많은 근심으로써 자기를 찔렀도다

〈신약성경 디모데전서〉

먹을 것과 입을 것이 있으면 족한 줄로 알라는 언급이 앞에서 본 불경 말씀과 비슷하다. 자족하는 마음이 신앙에 유익이며 돈을 사랑함이 모든 악의 뿌리라고 한다. 자족은 만족의 주관적인 이해다. 객관적으로 보아 만족할 만한 것이 없을지라도 자족할 수 있으면 그만이다. 돈을 사랑함이 악의 뿌리라면 결국 돈이 악이 되는가 생각할 수 있다. 그러나 돈을 사랑함이란 돈 자체와는 다른 의미다. 돈 자체를 악이라고 할 수는 없다. 만일 그렇다면 거식증 환자가 굶어 죽는 것과 같은 상황이 벌어지게 될 수도 있다. 다만 돈과 사랑에 빠지면 악을 만들게 된다는 경고다. 그래서 "돈을 사랑하지 말고 있는 바를 족한 줄로 알라"〈신약성경 히브리서〉는 말씀을 한다. 예수는 재물에 안주하며 평안을 누린다는 사람의 어리석음에 대하여 이런 예화를 들고 있다.

그들에게 이르시되 삼가 모든 탐심을 물리치라 사람의 생명이 그 소유의 넉넉한데 있지 아니하니라 하시고 또 비유로 그들에게 말하여 이르시되 한 부자가 그 밭에 소출이 풍성하매 심중에 생각하여 이르되 내가 곡식 쌓아 둘 곳이 없으니 어찌할까 하고 또 이르되 내가 이렇게 하리라 내 곳간

지혜만찬

을 헐고 더 크게 짓고 내 모든 곡식과 물건을 거기 쌓아 두
리라 또 내가 내 영혼에게 이르되 영혼아 여러 해 쓸 물건
을 많이 쌓아두었으니 평안히 쉬고 먹고 마시고 즐거워하
자 하리라 하되 하나님은 이르시되 어리석은 자여 오늘 밤
에 네 영혼을 도로 찾으리니 그러면 네 준비한 것이 누구의
것이 되겠느냐 하셨으니 자기를 위하여 재물을 쌓아두고
하나님께 대하여 부요하지 못한 자가 이와 같으니라

〈신약성경 누가복음〉

자기를 위하여 재물을 쌓아두는 자는 하나님께 대하여는 부요하
지 못한 자가 된다. 즉 세속적으로 부유한 사람이 종교적으로는 가난
한 사람이 될 수 있다는 말이다. 하나님에 대하여 부요한 자는 재물
을 모아서 베푸는 사람이다. 그것이 재물을 하늘에 쌓아두는 결과가
된다. "너희를 위하여 보물을 땅에 쌓아두지 말라 거기는 좀과 동록
이 해하며 도둑이 구멍을 뚫고 도둑질하느니라 오직 너희를 위하여
보물을 하늘에 쌓아두라 거기는 좀이나 동록이 해하지 못하며 도둑
이 구멍을 뚫지도 못하고 도둑질도 못하느니라"〈신약성경 마태복음〉
어느 날 예수는 그를 찾아온 부자청년에게 네가 가진 재산을 팔아서
다 나누어 주라고 말씀한 적이 있다. 그것이 바로 재물을 하늘에 쌓
는 방법이다. 그러나 내 것을 내려놓기는 말처럼 쉽지 않다. 우리의
의지로는 불가능한 일이다. 부자청년은 혼란스러운 마음으로 예수를
떠났다. 부처는 재물에 대한 집착을 이렇게 경계한다.

재물에 대한 집착심은 쥐도 새도 모르게 인간을 타락시키
고 삼악도에 떨어지게 하나니 재물에 대한 집착을 끊으라
〈증일아함경 불체품〉

삼악도는 아귀, 축생, 지옥으로 생명이 윤회하는 과정 중 고통스러
운 세 단계를 말한다. 재물에 대한 집착은 현세에는 도움이 되는지
몰라도 내세에는 큰 고통을 겪게 만든다는 말씀이다. 그러나 재물에
대해 초연하게 사는 사람은 드물다. 돈을 사랑함이 일만 악의 뿌리
라면 당연히 경계해야 하겠지만 돈이나 재물을 멀리하면서 만족감을
느끼기가 쉽지 않기 때문이다. 맹자는 이 점에 대하여 매우 현실적인
말씀을 한다.

재물이 없으면 기쁠 수가 없다

〈맹자 공손추하편〉

그리고 "보통사람은 일정한 재산이 없으면 일정한 마음도 가질 수
없다"〈등문공상편〉고 말씀한다. 사람은 즐겁고 편안하려면 재물이
있어야 한다. 재물이 없으면 기쁠 수가 없다는 이 말씀은 많은 사람
이 공감할 만한 말이다. 하지만 한 그릇의 거친 밥을 먹고 한 표주박
의 물을 마시면서 즐거움을 누렸다고 하는 공자의 말씀으로 보면 다
분히 이단적인 주장이다. 맹자는 현실적인 문제를 사실적으로 말한
것인데, 그래도 그의 주장이 공자의 말씀과 조화를 이룰 수 있었던

것은 그러한 말씀의 이면에 인간은 천성적으로 선하다는 전제를 두고 있기 때문이다. 재물을 기뻐하는 것이 인간의 선한 성품과 모순되지 않는다는 의미를 내포한다. 선한 사람에게 재물이 들어가면 선하게 쓰일 것이니 선한 사람이 재물을 갖는 것이 좋은 일이라는 의미로 풀어 볼 수 있다. 성경 잠언에 이러한 말씀이 나온다. "가난한 자는 그 이웃에게도 미움을 받게 되나 부요한 자는 친구가 많으니라." "부자의 재물은 그의 견고한 성이라 그가 높은 성같이 여기느니라."

재물에 대한 집착은 경계해야 할 일이라는 가르침은 공통으로 말씀하는 교훈이다. 그러나 재물의 유용함을 부정하는 것으로 해석한다면 이는 뗏목의 비유를 모르는 단견이 되기 십상이다. 집착하지 말라는 것은 멀리하라는 말이 아니다. 재물은 의식주를 위하여 반드시 필요한 것이므로 멀리할 수가 없다. 이 순간에도 많은 사람이 돈이 없어서 굶고 치료비가 없어서 죽어간다. 그들에게 돈은 모든 것이다.

> 잔치는 희락을 위하여 베푸는 것이요 포도주는 생명을 기쁘게 하는 것이나 돈은 범사에 이용되느니라
>
> 〈구약성경 전도서〉

돈을 사랑한다는 의미는 사람보다 돈을 더 귀하게 여긴다는 뜻이다. 돈 때문에 신의를 배반하여 불신을 만들고 돈에 대한 탐욕으로 생명을 희생시키는 일이 있으면 악이 된다. 예수는 그를 따르며 말씀을 듣던 오천 명의 군중에게 먹을 것을 나누어 주었다. 유명한 '오병

이어'의 기적인데 떡 다섯 덩이와 물고기 두 마리로 오천 명을 먹인 사건이다. 물론 이 사건은 물질의 필요를 뛰어넘는 하나님의 능력을 전하고 있지만 먹을 양식은 가장 기본적으로 해결해야 할 재물이라는 의미도 포함하고 있다. 평생 가르치기를 사명으로 알았던 공자도 같은 취지로 이렇게 말씀한다.

> 공자께서 위나라에 가실 적에 염유가 수레를 몰았다 공자께서 백성들이 많기도 하구나 하고 말씀하셨다 염유가 말하기를 백성들이 많으면 무엇을 더하여야 합니까 하고 묻자 부유하게 해 주어야 한다고 대답하셨다 이미 부유해지면 또 무엇을 더해야 합니까 하고 묻자 가르쳐야 한다고 말씀하셨다
>
> 〈논어 자로편〉

먹고 사는 데 어려움이 없을 만큼 부를 갖는 것은 생활의 기본이다. 이것을 무시하고 교육적인 훈계만을 앞세우면 그 효과를 기대하기 어렵다는 뜻이다. 맹자도 비슷한 의미로 넉넉한 양식이 사람을 어질게 한다는 말씀을 한다.

> 성인이 천하를 다스림에 백성들로 하여금 콩과 곡식을 물과 불처럼 흔하게 소유하게 하니 콩과 곡식이 물과 불처럼 흔하다면 백성들이 어찌 인하지 못한 자가 있겠는가
>
> 〈맹자 진심상편〉

맹자의 학설을 '성선설'(性善說)이라고 하며 인간은 본성이 착하다는 이론이다. 그러나 그 착한 본성이 잘 발휘되려면 기본적인 재물이 충족되어야 한다는 주장이다. 그것은 말로만 존재하는 추상적인 것이 아니다. 현실적이고 구체적이어야 한다. 옛말에 '곳간에서 인심난다'고 했다. 기본생활을 영위하기에 필요한 재물이 부족하면 사람의 마음은 저절로 각박해진다.

> 만일 형제나 자매가 헐벗고 일용할 양식이 없는데 너희 중에 누구든지 그에게 이르되 평안히 가라 덥게 하라 배부르게 하라 하며 그 몸에 쓸 것을 주지 아니하면 무슨 유익이 있으리요
>
> 〈신약성경 야고보서〉

입으로만 베풀어서는 소용없는 짓이니 일부러 부를 멀리할 이유는 없다. 오히려 베풀기 위해서는 적극적으로 재물을 모을 필요가 있다. 앞에 성경 말씀을 실천하려면 베풀만한 재물이 있어야 가능하다. 많든 적든 소중한 재산을 모아서 아낌없이 사회에 환원하는 사람들의 일화는 인간의 품격을 높여주는 큰 감동이다. 욕망을 철저히 부정하는 말씀을 했던 부처가 욕심부리는 사람에 대하여 이렇게 읊은 게송이 있다.

> 만일 법다이 재물을 구하여 자기 스스로 수고로이 얻은 것

> 남에게도 내어주고 자기도 쓰며 또한 널리 베풀어 복도 지
> 으면
> 이 둘은 다 덕이 있나니 욕심부리는 중의 최상이라
>
> 〈중아함경 행욕경〉

　재물은 정당하게 벌어서 베푸는 데 쓰면 욕심을 부려도 된다는 말씀이다. 오히려 최상의 욕심이 된다고 추천한다. 재물은 우리에게 안락함을 주고 만족감을 줄 수 있다. 그러나 거기에 취하면 어리석음에 빠지고 평안을 누릴 수 없다는 것이 성현들이 전하는 깨우침이다. 그래서 가난은 누구도 원하는 바가 아니지만 부끄러워해서는 안된다고 말씀한다.

> 공자께서 말씀하셨다 지사가 도에 뜻을 두고서 나쁜 옷과
> 나쁜 음식을 부끄러워하는 자는 그와 더불어 도를 논할 수
> 없다
>
> 〈논어 이인편〉

　실제로 가난하면서도 부끄러움이 없이 평안을 누릴 수 있는 사람은 많지 않다. 여기 지사(志士)란 고매한 인격자란 말인데 그런 지사라도 부끄러워하는 자가 있을 수 있다는 지적이다. 공자는 수제자 안연이 재물에 초탈한 경지에 있다고 평하기도 했고, 또 제자 자로가 가난에 굴하지 않는다고 칭찬한 적이 있다. "다 떨어진 솜옷을 입고서

고급스러운 가죽옷을 입은 사람과 같이 서 있으면서도 부끄러워하지 않을 자는 자로일 것이다"〈논어 자한편〉 그 당시에도 부자 옆에 가면 주눅 드는 사람이 많았던 모양이다. 현실적인 이재에 밝았던 제자 자공의 물음에는 이런 대답을 한다.

> 자공이 말하였다 가난하면서도 비굴하지 않고 부유하면서도
> 교만하지 않으면 어떻습니까 공자께서 말씀하셨다 그만하
> 면 괜찮다 그러나 가난하면서도 즐거워하고 부유하면서도
> 예를 좋아함만 못하니라
>
> 〈논어 학이편〉

자공의 생각으로는 재물에 대하여 비굴하지 않고 교만하지 않으면 칭찬을 들을 만하지 않을까 했는데 공자의 말씀은 가난을 즐기며 예를 좋아함이 더 낫다고 하였다. 즐기는 상태에서는 평안을 누릴 수 있다. 무엇이나 즐긴다는 것은 최고의 경지다. 그래서 이런 말씀을 한 적이 있다. "아는 자는 좋아하는 자만 못하고 좋아하는 자는 즐기는 자만 못하다"〈논어 옹야편〉 여기서 앎의 대상은 물론 유교의 가르침인 '도'(道)다. 그 도를 알거나 좋아하는 것보다 즐기는 단계가 최고라는 말씀이다. 또 부귀와 빈천에 대하여 말씀한다.

> 부와 귀는 사람들이 바라는 바이지만 정상적으로 얻은 것
> 이 아니면 누리지 않아야 하고 빈과 천은 사람들이 싫어하

는 바이지만 정상적으로 얻은 것이 아니라도 버리지 않아
야 한다

<논어 이인편>

세상에서는 부귀를 인생의 성공으로 치지만 군자는 아무래도 부귀
보다는 빈천과 더 친한 것 같다. 한번은 주유천하 중에 식량이 떨어
지는 빈궁에 처한 적이 있었다.

진나라에 있을 때 양식이 떨어지니 따르는 자들이 병이 들
어 일어나지 못하였다 자로가 성난 얼굴로 공자께 묻기를
군자도 궁핍할 때가 있습니까 하니 공자께서 대답하셨다 군
자는 진실로 궁핍한 것이니 소인은 궁핍하면 함부로 한다

<논어 위령공편>

자로는 졸지에 소인배가 되어버렸다. 군자의 무리라고 자처하는
공자와 그 제자들이 밥을 굶는 처지를 당하자 자로가 화를 냈다. 공
자의 대답은 군자는 진실로 궁핍하다고 한다. 그런 군자를 부러워할
사람이 얼마나 있을지 모르겠다. 하지만 군자는 소인들이 알지 못하
는 '불우불구'(不憂不懼)라는 평안을 누린다. 부처는 제자 가섭의 초
탈한 모습을 칭찬한 적이 있다. "부처님께서 기수급고독원에 계실
때 남의 집에 걸식하러 들어갈 때 겸손한 자세로 임하여 기대나 계산
을 하지 않아서 음식을 얻지 못하거나 업신여김을 당해도 기가 죽거

나 그 마음에 장애가 생기지 않는 이는 오직 마하가섭 뿐이다고 설하셨다"〈잡아함경 시여경〉 부처는 그런 제자 가섭을 안쓰러운 마음으로 바라보기도 했다. 지혜로운 사람은 부에도 처할 줄 알고 가난에도 처할 줄 안다. 많은 재물에 취해서 탐욕스러운 욕망에 빠지지도 않고 가난한 처지를 불평하거나 부끄러워하지도 않는다. 사도 바울은 이렇게 말한다.

> 내가 궁핍함으로 말하는 것이 아니니라 어떠한 형편에든지 나는 자족하기를 배웠노니 나는 비천에 처할 줄도 알고 풍부에 처할 줄도 알아 모든 일 곧 배부름과 배고픔과 풍부와 궁핍에도 처할 줄 아는 일체의 비결을 배웠노라
>
> 〈신약성경 빌립보서〉

사도 바울은 소아시아와 그리스 지방 일대에서 오랫동안 체류하며 전도활동을 했다. 여러 곳에 교회를 세우고 옮겨 다니는 동안 숱한 고생을 하고 또 후한 대접도 받았다. 그 모든 일을 자족하는 마음으로 수행했기에 이러한 고백이 나온다. 일체의 비결이 바로 만족의 지혜다. 그러나 사람은 만족스러운 일은 쉽게 잊어버리고 불만스러운 일은 오래 기억한다. 객관적으로 보아 만족할 만한 처지인데도 만족하지 못하는 것은 단순한 물질적 욕구 때문이 아닌 경우가 있다. 남보다 덜 가졌다는 생각이 불만을 일으킨다.

4) 불만

먹을 양식이 떨어졌는데 자족한다며 가만히 앉아 명상만 하고 있을 수는 없는 노릇이다. 성인군자라도 그럴 수는 없다. 그때는 양식을 위해 열심히 일을 해야 만족스러울 것이다. 그런데 우리가 가지고 있는 불만은 절대적인 물질의 양의 적음보다는 상대적으로 느끼는 빈곤감이 더 큰 이유가 되기도 한다. 예수는 '포도원 일꾼에 관한 비유'로 이러한 현상을 적나라하게 설명하고 있다.

천국은 마치 품꾼을 얻어 포도원에 들여보내려고 이른 아침에 나간 집 주인과 같으니 그가 하루 한 데나리온씩 품꾼들과 약속하여 포도원에 들여보내고 또 제 삼시에 나가 보니 장터에 놀고 서 있는 사람들이 또 있는지라 그들에게 이르되 너희도 포도원에 들어가라 내가 너희에게 상당하게 주리라 하니 그들이 가고 제 육시와 제 구시에 또 나가 그와같이 하고 제 십일 시에도 나가 보니 서 있는 사람들이 또 있는지라 이르되 너희는 어찌하여 종일토록 놀고 여기 서 있느냐 이르되 우리를 품꾼으로 쓰는 이가 없음이니이다 이르되 너희도 포도원에 들어가라 하니라 저물매 포도원 주인이 청지기에게 이르되 품꾼들을 불러 나중 온 자로부터 시작하여 먼저 온 자까지 삯을 주라 하니 제 십일 시에 온 자들이 와서 한 데나리온씩을 받거늘 먼저 온 자들이 와서 더 받을 줄 알았더니 그들도 한 데나리온씩 받은지라 받은 후 집 주인을 원망하여 이르되 나중 온 이 사람들은 한 시간밖에 일하지 아니하였거늘 그들을 종일 수고하며 더위를 견딘 우리와 같게 하였나이다 주인이 그 중의 한 사람에게 대답하여 이르되 친구여 내가 네게 잘못한 것이 없노라 네가 나와 한 데나리온의 약속을 하지 아니하였느냐 네 것이나 가지고 가라 나중 온 이 사람에게 너와 같이 주는 것이 내 뜻이니라 내 것을 가지고 내 뜻대로 할 것이 아니냐 내가 선하므로 네가 악하게 보느냐 이와 같이 나중 된 자로서 먼저 되고 먼저 된 자로서 나중 되리라

〈신약성경 마태복음〉

여기의 세 시는 오전 아홉 시이고 십일 시는 오후 다섯 시쯤에 해당한다. 그러므로 십일 시에 온 사람은 한 시간 정도만 일한 것이 된다. 한 시간 일한 일꾼과 종일 일한 일꾼이 같은 보수를 받는다면 경제정의라는 측면에서는 잘못된 처사라고 할 수 있다. 그러나 아침부터 일한 사람은 자기가 받을 보수를 약속대로 받았으므로 불만스러워할 이유는 없다. 다만 상대적 박탈감이 문제다. 불만은 대부분 불평등에서 기인한다. 주민들이 모두 가난한 동네에 사는 사람은 불만이 적지만 주위에 부자가 하나둘씩 생겨나면 불행의 싹이 자라난다. 평등의 문제는 이기적인 인간이 매우 민감해하는 문제다. 평등이라는 이념은 인류가 추구해온 중요한 가치로서 역사발전의 핵심 동력

이기도 하였다. 신분의 평등과 소유의 평등, 그리고 남녀의 평등으로 이어져 온 해방의 역사는 인간의 존엄성과 가치를 높은 수준으로 올려놓았다. 오늘날 큰 이슈가 되고 있는 소수자 문제도 본질은 평등의 구현이다. 그런데 이 개념이 단순하지가 않다. 모든 사람을 똑같이 대우하는 것이 평등이라고 할 수도 있고, 형편에 따라 다르게 대우해야 실질적인 평등이 된다고 할 수도 있다. 즉 '모든 것을 같게'라는 주장과 '같은 것은 같게 다른 것은 다르게'라는 주장이 가능한 것이다. 위의 사례에서 예수는 모든 일꾼에게 동일한 삯을 내어 주었지만 현실적으로 매번 같은 대우를 받기는 어렵다. 사도 바울은 그릇의 비유를 들어 이와 같이 설명한다.

> 큰 집에는 금그릇과 은그릇뿐 아니라 나무그릇과 질그릇도 있어 귀하게 쓰는 것도 있고 천하게 쓰는 것도 있나니 그러므로 누구든지 이런 것에서 자기를 깨끗하게 하면 귀히 쓰는 그릇이 되어 거룩하고 주인의 쓰심에 합당하며 모든 선한 일에 준비함이 되리라
>
> 〈신약성경 디모데후서〉

누구든지 금그릇 은그릇이고 싶은 것은 인지상정이다. 그러나 모두 금그릇 은그릇일 수 없다. 금그릇은 금그릇대로 질그릇은 또 그것대로 쓰임이 있다. 비록 천해 보일지라도 깨끗하게 준비된 그릇으로 만족할 줄 아는 지혜를 깨우치는 말씀이다. 질그릇이 요술을 부려서

금그릇이 될 수는 없지만 깨끗하게 준비하는 일은 노력하면 된다. 요행수나 기적만 바라고 요령을 피우면 만족과 거리가 멀어진다. 귀한 척해 본들 불만만 쌓이게 된다.

> 이 사람아 네가 누구이기에 감히 하나님께 반문하느냐 지음을 받은 물건이 지은자에게 어찌 나를 이같이 만들었느냐 말하겠느냐 토기장이가 진흙 한 덩이로 하나는 귀히 쓸 그릇을 하나는 천히 쓸 그릇을 만들 권한이 없느냐
>
> 〈신약성경 로마서〉

다분히 운명론적인 이 말씀은 사도 바울이 동족인 유대인을 향하여 한 설교다. 유대인은 선민사상이 있어서 스스로 특별한 민족으로 자처하였다. 새로운 종교로 거듭나고 있던 기독교의 대표적인 설교자인 그는 유대인이 이방인에 대하여 가지고 있던 특권의식을 인정하지 않았고 유대인이건 이방인이건 하나님에게 어떻게 택함을 받느냐에 따라 이방인이라도 귀하게 쓰이기도 하고 유대인이라도 천하게 쓰일 수 있다고 가르쳤다. 한 편에서 보면 이 말씀에는 유대인과 이방인에 차이가 없다는 평등사상이 있다. 또 한편에서 보면 토기장이와 같은 하나님은 모든 그릇을 똑같이 만들지 않고 귀하게 쓰일 것과 천하게 쓰일 것을 만든다는 불평등사상도 존재한다. 모든 사람은 소질과 능력이 다르다. 조물주를 향하여 왜 못난 그릇으로 만들었느냐고 불평해 봐야 소용도 없고 피곤한 일이다. 다 필요해서 만들었다고

이해하고 스스로 만족함을 깨우치라는 말씀으로 알아들으면 좋을 것이다. 부처도 사람이 낫고 못함의 차이가 있다고 말씀한다.

이때 아난은 합장하고 부처님께 여쭈었다 세존이시여 참으로 기이하고 참으로 특별하시나이다 세존께서는 비구들을 위하여 의지할 곳을 의지하고 의지할 곳을 세워서 번뇌를 떠날 것을 말씀하셨나이다 그런데 비구들은 그와 같은 깨달음을 빨리 얻지 못하나이다 그렇다 아난아 나는 비구들을 위하여 의지할 곳을 의지하고 의지할 곳을 세워 번뇌를 떠날 것을 말하였다 그러나 비구들은 이른바 위없는 깨달음을 빨리 얻지 못한다 무슨 까닭인가 사람에게는 낫고 못함이 있기 때문에 도를 닦는 데 있어 정미롭고 둔탁함이 있고 도를 닦는데 있어 정미롭고 둔탁함이 있기 때문에 사람에게 낫고 못함이 있느니라

〈중아함경 오하문결경〉

그러니 정미롭고 둔탁함을 불평할 필요가 없다. 흔히 인생에 실패한 사람은 팔자를 잘못 타고나서 그렇다고 자조한다. 왜 남보다 못한 소질을 타고났느냐고 불만스러워하는 것은 소용없는 일이다. 오히려 낫고 못함이 있다는 것을 인정하고 그만큼 더 노력을 기울이는 것이 현명한 태도다. 공자는 현재의 처지를 거짓으로 꾸미면 만족함을 얻을 수 없다고 말씀한다.

지혜만찬

없으면서 있는 척하고 비었으면서 가득 찬 척하며 적으면
서 많은 척하면 항심(恒心)을 두기가 어렵다

〈논어 술이편〉

항심은 평정심과 같은 의미다. 이 말씀은 나무그릇이나 질그릇이
면서 금그릇이나 은그릇인 척하면 평안할 수 없다는 가르침이다. 자
기가 생긴 대로 깨끗하게 준비되어 그 역할을 다할 때 만족을 누릴
수 있다. 그래서 또 이런 말씀을 한다. "남이 나를 알아주지 않음을
걱정하지 말고 내가 남을 알아주지 못할까 걱정하라"〈논어 학이편〉
남이 나를 알아주지 않는다는 생각은 불평과 불만을 낳는다. 그러나
남을 알아주지 못함을 걱정하는 것은 그 성격이 전혀 다른 걱정이다.
남을 알아주지 못할까 염려하는 것은 선한 일이다. 공자는 그런 선한
일을 하는 데에는 만족함을 몰라도 된다는 가르침을 준다.

공자께서 말씀하셨다 인을 당하여서는 스승에게도 사양하
지 않는다

〈논어 위령공편〉

어느 누구에게도 양보하지 않고 만족함이 없이 욕심을 부려서 해도
되는 것이 인이다. 그것은 실로 거룩한 욕심이기 때문이다. 인은 사랑
이고 자비이며 그래서 선이다. 그러므로 이 말씀은 사랑과 자비를 베
푸는 일이라면 마음껏 욕심을 내서 하라는 긍정의 메시지라고 하겠다.

군자는 현재의 지위를 그대로 받아들이고 분수를 넘는 것
은 바라지 않는다 지금 부귀하면 부귀에 맞게 살고 빈천한
형편이면 빈천에 맞게 살며 외지에 가 있으면 그곳에 어울
리게 처신하고 환난을 당하면 환난에 맞게 행동한다 군자
는 어디를 가더라도 스스로 만족하지 못함이 없다

〈중용〉

유교의 이상적 인간상인 군자는 어떤 상황에든지 불만을 갖는 일이
없어야 한다는 가르침이다. 부귀에 만족스러워하는 것은 누구나 가
능한 일이지만 빈천이나 환난에서 만족함을 잃지 않는다는 것은 아
무나 할 수 있는 일은 아니다. 어떤 상황에서든지 만족스러워하는 예
를 맹자는 순임금을 들어 설명한다.

맹자가 말씀하였다 순임금이 거친 밥에 채소를 먹을 때는
종신토록 그러할 듯 하시더니 천자가 되고서는 아름다운
옷을 입고 거문고를 타면서 두 여자의 시중을 받는 것을
원래 그랬던 것처럼 여기셨다

〈맹자 진심하편〉

순임금이 천자에 오르기 전에는 평민으로서 빈천에 처하며 만족하
였고 천자가 되고 나서는 부귀를 누리며 또한 만족했다는 말씀이다.
맹자의 말씀을 빌리면 순임금은 부귀를 누리는 천자의 지위도 언제

든 내려놓을 수 있는 사람이라고 한다. 순임금은 요임금과 더불어 유교에서 대표적인 성인으로 추앙받는 인물이다. 사도 바울은 이보다 더 적극적으로 지금의 부족함을 불만으로 여기지 않고 도리어 기쁨으로 받아들인다고 고백한다.

나에게 이르시기를 내 은혜가 네게 족하도다 이는 네 능력이 약한 데에서 온전하여 짐이라 하신지라 그러므로 도리어 크게 기뻐함으로 나의 여러 약한 것들에 대하여 자랑하리니 이는 그리스도의 능력이 내게 머물게 하려 함이라 그러므로 내가 그리스도를 위하여 약한 것들과 능욕과 궁핍과 박해와 곤고를 기뻐하노니 이는 내가 약한 그때에 강함이니라

〈신약성경 고린도후서〉

바울은 유대인이었지만 로마의 시민권을 가진 특권층이었으며 높은 수준의 학식을 갖춘 인사였다. 그런 그가 예수를 환상 속에서 만나고 난 후에 기독교를 가장 열렬히 추종하는 전도자가 되었으나 그에게 육체적인 고질병이 있었다. 전승에 의하면 안질증세가 있었다고 한다. 그 병을 낫게 해달라고 여러 번 하나님께 간구했지만 받은 응답은 지금의 상태에 만족하라는 말씀이었다. 바울은 이러한 응답을 기뻐하며 받았다고 고백한다. 자신의 약한 부분이 오히려 더욱 강해지는 계기가 되었다고 한다. 만족할 만한 형편이 아니라도 그 안에

서 만족할 수 있는 조건을 찾아내는 능력이 지혜다. 능욕과 궁핍과 박해와 곤고를 기뻐하였다는 고백이 바울신앙의 깊이를 짐작케 한다. 인생사가 잘 풀리지 않으면 원망하는 마음이 들고 고난이 닥치면 불평하기 쉬운 것이 현실이지만 불안하고 불만스러운 상황을 긍정적으로 받아들이면 오히려 삶에 유익이 될 수가 있다.

내 아들아 여호와의 징계를 경히 여기지 말라 그 꾸지람을 싫어하지 말라 대저 여호와께서 그 사랑하시는 자를 징계하시기를 마치 아비가 그 기뻐하는 이들을 징계함 같이 하시느니라

〈구약성경 잠언〉

지혜만찬

3. 중용

중용(中庸)이란 치우치지 않고 지나치지 않으며 변함이 없는 마음가짐이다. 그래서 누구와도 조화를 이루며 화평을 나눈다. 중용은 유교경전의 명칭이면서 그 자체로 중요한 지혜의 덕목으로 사용되는 용어이기도 하다. 기독교에서는 좌로나 우로나 치우치지 말라는 가르침이 있고 불교에는 중도라는 깨달음이 있다. 순서상 세 번째로 언급하지만 중용은 지혜 중의 지혜라고 할 정도로 폭이 넓고 심오한 의미를 담고 있다.

1) 치우침

치우침은 편견, 편협, 왜곡, 곡해 등을 연상시킨다. 중용과는 반대되는 말들이다. 좌와 우든지 혹은 보수와 진보라는 이념이나 성향이 예민하게 대립되는 상황에서는 치우침의 폐단이 더 크게 보인다. 치우침은 어리석음의 전형적인 모습이며 빗나간 확신은 신뢰를 갉아먹는 나쁜 바이러스다. 성경에는 치우치지 말라는 말씀이 여러 번 나온다.

그런즉 너희 하나님 여호와께서 너희에게 명령하신 대로 너희는 삼가 행하여 좌로나 우로나 치우치지 말고 너희 하나님 여호와께서 너희에게 명령하신 모든 도를 행하라

〈구약성경 신명기〉

오직 강하고 극히 담대하여 나의 종 모세가 네게 명령한 그 율법을 다 지켜 행하고 우로나 좌로나 치우치지 말라 그리하면 어디로 가든지 형통하리니

〈구약성경 여호수아〉

신명기에 나오는 좌로나 우로나 치우치지 말라는 말씀은 모세가 이스라엘 민족에게 여호와 하나님의 율법을 올바르게 지키라는 뜻으로 강조하며 한 말이고, 여호수아서에 나오는 말씀은 하나님이 직접 여호수아에게 한 명령으로 그 의미가 중용에 가깝다. 잠언에는 이런 말씀이 나온다. "좌로나 우로나 치우치지 말고 네 발을 악에서 떠나게 하라" 어느 한쪽으로 치우치면 악에 빠지기 쉽다. 치우치지 말라는 말을 실제적으로 설명하는 구절도 나온다.

너희는 재판할 때에 불의를 행하지 말며 가난한 자의 편을 들지 말며 세력 있는 자라고 두둔하지 말고 공의로 사람을 재판할지며

〈구약성경 레위기〉

지혜만찬

가난한 자라고 편들지 말고 힘 있는 자에게 굽히지 말라고 한다. 우리는 약자의 편에 선다는 말을 정의롭다고 이해하는 경우가 많다. 그러나 구약시대 하나님은 편들지 말라고 한다. 단지 가난하다는 이유로 편을 들어 주면 치우침이 돼서 안된다는 것이다. 똑같은 이유로 세력이 있다고 두둔해도 안 된다. 그런데 신약시대에 예수의 행적을 보면 가난한 자와 병든 자와 천대받는 자들의 편에서 그들을 위로하고 변호하는 역할을 많이 하였다는 사실을 확인할 수 있다. 이러한 활동은 앞에 인용한 레위기 말씀과는 차이가 있는 것처럼 보인다. 좌로나 우로나 치우치지 말라고 했는데 약한 자와 가난한 자를 편드는 모습으로 보인다. 예수의 설교 말씀 중에 잃어버린 양의 비유와 돌아온 탕자의 비유가 있다. 어떤 목자가 잃어버린 한 마리 양을 찾기 위해서 아흔아홉 마리를 남겨두고 떠났다가 그 한 마리를 찾고서는 잔치를 열고 기뻐한다는 이야기다. 한 마리를 찾기 위해서 나머지를 들판에 남겨두고 떠난 것이 적절했는지 의문을 제기할 만하지만 잃어버린 양을 향한 관심이 사랑의 모습을 보여준다. 또 돌아온 탕자의 비유는 허랑방탕하게 재산을 소진하고 돌아온 아들을 위해서 잔치를 베푼다는 이야기다.

> 또 이르시되 어떤 사람에게 두 아들이 있는데 그 둘째가 아버지에게 말하되 아버지여 재산 중에서 내게 돌아올 분깃을 내게 주소서 하는지라 아버지가 그 살림을 각각 나누어 주었더니 그 후 며칠이 안 되어 둘째 아들이 재물을 모

아가지고 먼 나라에 가 거기서 허랑방탕하여 그 재산을 낭비하더니 다 없앤 후 그 나라에 크게 흉년이 들어 그가 비로소 궁핍한지라 가서 그 나라 백성 중 한 사람에게 붙여 사니 그가 그를 들로 보내어 돼지를 치게 하였는데 그가 돼지 먹는 쥐엄 열매로 배를 채우고자 하되 주는 자가 없는지라 이에 스스로 돌이켜 이르되 내 아버지에게는 양식이 풍족한 품꾼이 얼마나 많은가 나는 여기서 주려 죽는구나 내가 일어나 아버지께 가서 이르기를 아버지 내가 하늘과 아버지께 죄를 지었사오니 지금부터는 아버지의 아들이라 일컬음을 감당하지 못하겠나이다 나를 품꾼의 하나로 보소서 하리라 하고 이에 일어나서 아버지께로 돌아가니라 아직도 거리가 먼데 아버지가 그를 보고 측은히 여겨 달려가 목을 안고 입을 맞추니 아들이 이르되 아버지 내가 하늘과 아버지께 죄를 지었사오니 지금부터는 아버지의 아들이라 일컬음을 감당하지 못하겠나이다 하나 아버지는 종들에게 이르되 제일 좋은 옷을 내어다가 입히고 손에 가락지를 끼우고 발에 신을 신기라 그리고 살진 송아지를 끌어다가 잡으라 우리가 먹고 즐기자 이 내 아들은 죽었다가 다시 살아났으며 내가 잃었다가 다시 얻었노라 하니 그들이 즐거워하더라 맏아들은 밭에 있다가 돌아와 집에 가까이 왔을 때에 풍악과 춤추는 소리를 듣고 한 종을 불러 이무슨 일인가 물은대 대답하되 당신의 동생이 돌아왔으매

지혜만찬

당신의 아버지가 건강한 그를 다시 맞아들이게 됨으로 인하여 살진 송아지를 잡았나이다 하니 그가 노하여 들어가고자 하지 아니하거늘 아버지가 나와서 권한대 아버지께 대답하여 이르되 내가 여러 해 아버지를 섬겨 명을 어김이 없거늘 내게는 염소 새끼라도 주어 나와 내 벗으로 즐기게 하신 일이 없더니 아버지의 살림을 창녀들과 함께 삼켜버린 이 아들이 돌아오매 이를 위하여 살진 송아지를 잡으셨나이다 아버지가 이르되 애 너는 항상 나와 함께 있으니 내 것이 다 네 것이로되 이 네 동생은 죽었다가 살아났으며 내가 잃었다가 얻었기로 우리가 즐거워하고 기뻐하는 것이 마땅하다 하니라

〈신약성경 누가복음〉

여기서 보면 약자에 대한 배려가 특별한 것을 알 수 있다. 그래서 이 비유도 하나님의 깊은 사랑을 나타내는 일화로 알려져 있다. 불교 법화경에도 잃어버린 아들의 비유가 나오는데 거기에서는 잃었던 아들을 다시 찾은 아버지가 아들에게 자신을 드러내지 않다가 마지막 임종의 순간에 모든 재산을 물려주며 사실을 밝힌다는 이야기다. 구약성경에서 치우치지 말라는 말씀은 공의로운 모습이라면 신약시대에 예수가 보여주는 하나님은 사랑의 하나님이다. 이 예화에서 맏아들의 반응은 잘못되지 않았다. 염소 새끼라도 주지 않았다고 하니 그럴 수 있다. 그러나 이어지는 '너는 항상 나와 함께 있으니 내 것이

다 네 것이다'는 아버지의 말을 들어보면 무언가 부족했다는 생각이 든다. 그는 모든 것을 가진 사람이다. 반면에 탕자가 되어 돌아온 아들은 모든 것을 잃은 사람이고 죄값을 달게 받겠다는 마음으로 찾아왔다. 이와 비슷한 사례로 예수가 간음한 여인을 본의 아니게 재판하는 장면이 나온다.

아침에 다시 성전으로 들어오시니 백성이 다 나아오는지라 앉으사 그들을 가르치시더니 서기관들과 바리세인들이 음행 중에 잡힌 여자를 끌고 와서 가운데 세우고 예수께 말하되 선생이여 이 여자가 간음하다가 현장에서 잡혔나이다 모세는 율법에 이러한 여자를 돌로 치라 명하였거니와 선생은 어떻게 말하겠나이까 그들이 이렇게 말함은 고발할 조건을 얻고자 하여 예수를 시험함이러라 예수께서 몸을 굽히사 손가락으로 땅에 쓰시니 그들이 묻기를 마지아니하는지라 이에 일어나 이르시되 너희 중에 죄 없는 자가 먼저 돌로 치라 하시고 다시 몸을 굽혀 손가락으로 땅에 쓰시니 그들이 이 말씀을 듣고 양심에 가책을 느껴 어른으로 시작하여 젊은이까지 하나씩 하나씩 나가고 오직 예수와 그 가운데 섰는 여자만 남았더라 예수께서 일어나사 여자 외에 아무도 없는 것을 보시고 이르시되 여자여 너를 고발하던 그들이 어디 있느냐 너를 정죄한 자가 없느냐 대답하되 주여 없나이다 예수께서 이르시되 나도 너를 정죄하지 아니

지혜만찬

하노니 가서 다시는 죄를 범하지 말라 하시니라

〈신약성경 요한복음〉

이 이야기에는 의와 사랑이라는 두 기준이 어떻게 적용되어야 하는지 어려운 상황이 전개되고 있다. 의와 사랑은 하나님의 속성이면서 인간이 추구해야 할 이상이다. 서기관과 바리새인은 당시 유대인의 종교지도자들이다. 예수는 복음을 전파하면서 정의보다는 사랑을 강조하는 설교를 많이 하였다. 그러다 보니 유대인의 관습에 반하는 일이 일어나는 경우가 있었다. 그래서 서기관과 바리새인은 간음한 여인을 심판하게 함으로써 예수를 책잡고자 올가미를 던진 것이다. 이때 예수가 내린 판결은 유대교의 율법대로 돌로 쳐서 죽이라는 형벌이다. 공의로운 율법을 지킨 것이다. 단, 죄 없는 자가 먼저 치라고 한다. 이 말씀에 양심의 가책을 느낀 유대인들은 하나씩 하나씩 모두 물러간다. 오늘날 이런 상황이 벌어졌다면 우리도 물러났을지 의문이다. 서기관과 바리새인은 예수로부터 위선자라고 비난을 받았던 사람들이다. 그런 그들이 모두 물러가고 결과적으로 여인은 용서를 받는다. 의와 사랑 중에 어느 편으로 치우치지 않았지만 이 사건에서 예수는 사랑의 하나님을 멋지게 보여주었다. 솔로몬의 판결에 비하면 차원이 다른 명판결이며 의와 사랑을 어떻게 조화시키는지를 잘 보여준 일화이다.

이러한 모습은 당시 유대교 지도자들에게는 기존질서를 어지럽히는 위험한 행동으로 비쳤다. 정의와 사랑 사이에서 사랑으로 치우친 모습은 중용에 반한다고 할 수 있다. 그런데 당시의 유대교에서는 사랑보다 정의라는 측면으로 치우쳐 있었다. 엄격한 율법주의를 지킴으로써 정의를 세우는 경건의 생활은 했는지 모르지만 사람에 대한 사랑, 특히 약한 자나 가난한 자에 대한 배려가 부족했다. 구약시대 여호와 하나님의 명령에는 '네 이웃을 네 자신과 같이 사랑하라'는 말씀이 있으나(레위기) 유대인들에게는 하나님이 먼저였다. 그래서 맛있는 음식이 있을 때 부모에게 먼저 드리지 않고 '이것은 성전에 바칠 것입니다' 라고 말하면 부모에 대한 효도를 안해도 된다는 관례가 있기도 했는데 예수는 그런 불효를 비난하였다. 경건한 유대인들은 자신을 의로운 사람이라고 생각했지만 그 의를 바로 잡기 위해서 사랑에 더 치우치는 모습을 보인 것이다. 구약의 하나님 자체도 사랑보다는 의로운 하나님으로 보이는 경우가 많았다. 그래서 유대 민족은 하나님의 명령인 율법을 잘 지키면 복을 받고 율법을 어기면 즉각 벌을 받는다고 믿었으며 그러한 기록이 구약성경의 줄거리이기도 하다.

예수는 사랑의 하나님이라는 모습을 드러내기 위해서 새로운 계명을 주면서 공생애 기간 동안 주로 약자들을 위해서 베푸는 모습을 보인다. 사람들은 자신을 의로운 사람으로 나타내기를 좋아한다. 불의하다는 평가를 대단한 불명예로 알기 때문에 의로움을 드러내려고 애를 쓴다. 반면에 사랑이 부족하다는 평가에 대해서는 크게 신경을 쓰지 않는 것이 다수의 모습이기도 하다. 사랑은 기분에 맞으면 할 수도 있고 안 해도 큰 허물은 아니라고 생각한다. 그러나 예수의 가르침은 분명하다. 사랑이 새로운 계명으로 등장한다. 사랑의 하나님이라는 개념이 없었던 것은 아니지만 부족한 사랑을 강조함으로써 의와 균형을 맞추려 했다.

불경에는 병든 아들에게 더 마음을 쓰는 부모의 모습을 부처의 마음으로 비유적으로 설명하는 말씀이 나온다.

아사세왕에게 기바가 말하였다 어떤 사람이 아들 일곱을 두었는데 그 가운데 한 아들이 병이 났다고 한다면 부모의 마음은 평등하건만 병난 아들에게 마음이 치우치게 되는 것이오니 대왕이시여 여래도 그와 같아서 여러 중생에게 평등하지 않음이 없건만 죄 있는 이에게 마음이 치우치게 되는 것이오매 방일한 이를 부처님의 자비로 염려하시고 방일하지 않은 이는 마음을 놓는 것이오니 방일하지 않는 이는 육주 보살이니이다

〈대반열반경 범행품〉

아사세왕은 부처가 초기에 활동했던 마가다국의 왕이고 기바는 의사로서 부처의 제자였다. 부처의 자비심은 평등하지만 병든 이에게 마음을 더 쓴다는 말씀은 예수가 보인 탕자의 아버지 마음과 뜻이 통한다.

중용은 공평과 다르고 중간도 아니다. 활을 쏘는 사람이 만약 한쪽에서 바람이 분다면 그 바람의 방향이나 세기를 감안해서 쏴야 표적의 중앙을 맞힐 수 있다. 바람이 우측으로 불면 경우에 따라서 표적의 좌측을 겨냥해야 하고, 좌측으로 분다면 우측을 겨냥해야 할 때도

있다. 중용의 실천적 의미는 조화다. 형평에 맞게 화합하는 것이다. 논어와 중용에 '군자는 조화를 이루되 같지는 않다'(和而不同)거나 '조화를 이루되 휩쓸리지 않는다'(和而不流)는 말씀이 있다. 나와 같지는 않더라도 조화를 이룬다는 의미다. 조화는 화평으로 통한다. 화평을 이룬다고 해서 옳지 않은 일에 동조하거나 휩쓸리는 일은 없다. 불의와 화평하다는 말은 성립되지 않는다. 그러나 어떠한 일을 불의라고 속단해서 불화한다면 이는 화평과 거리가 멀어질 수가 있다. 어떤 사안이 불의한지 아닌지를 판단하는 데도 중용이 필요하다. 이에 대해서 예수는 이렇게 말씀한다.

> 오직 너희 말은 **옳다옳다 아니라아니라** 하라 이에서 지나
> 는 것은 악으로부터 나느니라
>
> 〈신약성경 마태복음〉

이 말씀은 다만 옳은 것은 옳다고 하고 아닌 것은 아니라고 하라는 뜻이다. 옳은 것을 아니라 하고 아닌 것을 옳다고 하면 악이 된다. 옳지 않은 일을 궤변을 부려서 옳다고 우기는 경우를 가끔 본다. 권력이나 돈의 위력이 진실을 왜곡하기도 한다. 예수의 말씀에 따르면 다 악으로부터 나는 일이다. 그런데 살다 보면 어떤 일은 그럴 수도 있다고 넘어가는 것이 더 나은 경우도 있다. 사정에 따라서는 옳고 그름을 단순하게 따지기보다 '그럴 수도 있지' 또는 '나도 그랬을 거야'라는 말이 더 조화롭게 들린다. 별 유익도 없이 남의 허물을 집요하

게 캐묻는다든지 나쁜 기억을 일부러 되새기며 자존심을 상하게 하는 일들은 비록 옳은 지적이라고 해도 덮어주고 넘어가는 것만 못하다는 말이다. 그러므로 옳은 것을 옳다고 하고 아닌 것을 아니라고 하는 것이 단순한 일만은 아니다.

옳은 것과 아닌 것을 구분하는 능력은 분별력이고 그것을 몸으로 행하는 것은 실천력이다. 지혜는 실천의지가 따르지 않으면 발휘되지 않는다. 그러나 무엇을 하겠다고 맹세하는 것도 중용이 아니라고 한다. 예수는 "도무지 맹세하지 말지니 하늘로도 하지 말라"는 말씀을 한다.〈마태복음〉 맹자에는 이런 말씀이 있다. "하지 말 것을 하지 말며 욕심내지 말 것을 욕심부리지 말아야 하니 이와 같을 뿐이다" 〈맹자 진신상편〉 공자는 네 가지를 하지 않았다고 해서 '절사'(絕四)라고 하는데, 그중에 하나가 '무필'(毋必)이다. "공자께서는 네 가지 마음이 전혀 없으셨으니 사사로운 뜻이 없으셨고 기필하는 마음이 없으셨으며 집착하는 마음이 없으셨고 이기심이 없으셨다"〈논어 자한편〉 무필이란 기필코 무엇을 하겠다는 뜻을 갖지 않는다는 말이다.

> 공자께서 말씀하셨다 군자는 천하의 일을 함에 있어서 오
> 직 해야 한다 함도 없고 해서는 안된다 함도 없으니 의를
> 따를 뿐이다
>
> 〈논어 이인편〉

옳은 것은 그냥 옳다고 하고 아닌 것은 아니라고 하면 된다. 그것이

의일 뿐이다. 옳은 것을 옳다고 하는 것은 비교적 쉽다. 그런데 아닌 것을 아니라고 하는 것은 그렇게 쉽지 않다는 사실을 흔히 경험한다. 그래서 입장이 곤란한 경우에는 명확한 의사를 밝히지 않고 침묵으로 넘어가려고 한다. "미련한 자라도 잠잠하면 지혜로운 자로 여겨지고 그의 입술을 닫으면 슬기로운 자로 여겨지느니라"〈구약성경 잠언〉 말이 많으면 실수하기 쉽고 옳고 그름의 판단이 쉽지 않은 일에 섣부른 결정은 불화를 가져오기도 한다. 그래서 사도 바울은 이런 말을 한다.

> 내게 주신 은혜로 말미암아 너희 각 사람에게 말하노니 마
> 땅히 생각할 그 이상을 품지 말고 오직 하나님께서 각 사
> 람에게 나누어 주신 믿음의 분량대로 지혜롭게 생각하라
> 〈신약성경 로마서〉

여기서 '믿음의 분량대로 지혜롭게 생각하라'는 말은 마땅한 것을 지키고 분수에 맞는 처신을 하라는 의미다. 어려운 말이지만 옳고 그름을 합당하게 판단하고 자기가 감당할 수 있는 만큼 처신하는 태도가 중용이라고 하겠다. 이 점을 확인이라도 하듯이 자공이 공자에게 말씀한다. "저는 남이 나에게 하기를 원하지 않는 일은 저도 남에게 하지 않으려 합니다 하자 공자께서 말씀하셨다 사야 이 경지는 네가 미칠 바가 아니다"〈논어 공야장편〉 사는 자공의 이름이다. 남이 나에게 하기를 원치 않는 일은 나도 남에게 하지 않겠다는 말은 '서'(恕)로서 곧 인의 실천이다. 자공은 공자가 아끼는 제자이기는 했지만 아직

지혜만찬

인의 경지는 아니라고 말씀하며 자신의 분수를 알고 자만하지 말라는 충고를 하고 있다. 공자는 또 이런 말씀을 한다. "그 지위에 있지 않으면 그 정사를 도모하지 말아야 한다"〈논어 태백편〉 지위에 합당하게 행동하라는 훈계이다. 흔히 말하는 '자기 주제를 알라'는 경구가 여기에 해당할 것이다.

자신이 처해 있는 지위에 넘침도 모자람도 중용이 아니다. 바울은 말하기를 나는 풍부에도 처할 줄도 알고 비천에도 처할 줄도 안다고 했는데 이 말에도 중용의 뜻이 담겨 있다. 부유한 자는 가난한 자를 업신여기기 쉽고 가난한 자는 부유한 자를 비판하기 쉽다. 가난했던 자가 부유해질 수도 있고 반대로 부유했던 자가 가난해질 때도 있는 것이니 오늘 내가 당하고 있는 처지에서만 판단하면 치우침이 되기 쉽다. 치우침이 없다는 것이 이편도 아니고 저편도 아님을 의미하지는 않는다. 상황에 따라서는 어느 한 편에 서야 할 때도 있는 것이다. 치우침은 옳지 않지만 좌든지 우든지 판단을 해야 할 경우에는 확실한 결정이 있어야 한다.

> **내가 네 행위를 아노니 네가 차지도 아니하고 뜨겁지도 아니하도다 네가 차든지 뜨겁든지 하기를 원하노라**
>
> 〈신약성경 요한계시록〉

이 말씀은 사도 요한이 마지막 때에 계시로 받은 말씀을 아시아의 일곱 교회로 보내면서 그 중 라오디게아교회를 향해 보낸 경고이다.

라오디게아교회 사람들의 신앙이 확실하지 못함을 비난하는 내용이다. 미지근한 것은 중용이 아니다. 명확히 입장을 밝혀야 할 때 회색분자처럼 숨는 것은 그 뜻에 반한다. 그러나 극단은 피해야 한다. 물론 그러한 조치가 필요한 상황이 있을 수 있지만 극단으로 치우치는 것은 반중용인 경우가 대부분이다. 치우치지 않으면서 확실한 결정을 내린다는 것이 말처럼 간단한 일은 아니다. 여러 가지 사정을 고려하는 심사숙고가 필요하다. 그래서 시의에 적절함을 내포하는데 이를 '시중'(時中)이라고 한다. "군자의 중용은 군자로서 때에 알맞게 적중하고 소인의 중용은 소인으로서 거리낌이 없다"〈중용〉 여기에 '때에 알맞게 적중한다'는 말이 시중이다.

> 공자께서 말씀하셨다 베로 만든 관이 본래 예에 맞지만 지금은 관을 생사로 만드니 검소하다 나는 지금의 풍습을 따르겠다 신하가 임금에게 절을 행할 때 당 아래에서 하는 것이 본래 예인데 지금은 당 위에서 절하니 이는 공손하지 못한 것이다 나는 비록 시속과 다르더라도 당 아래에서 절하겠다
>
> 〈논어 자한편〉

지금의 풍습이 원래보다 나으면 지금 것을 따르고 옛것이 나으면 시속과 다르더라도 옛것을 따르겠다는 말씀이 시의 적절히 행하는 모습으로 보인다. 옛것이 좋다고 고집함도 아니고 새것이 좋다고 주

지혜만찬

장함도 아니다. 예나 지금이나 그때그때 합당하다고 판단되는 대로 거기에 맞게 따르면 된다.

> 범사에 기한이 있고 천하만사가 다 때가 있나니 날 때가 있고 죽을 때가 있으며 심을 때가 있고 심은 것을 뽑을 때가 있으며 죽일 때가 있고 치료할 때가 있으며 헐 때가 있고 세울 때가 있으며… 잠잠할 때가 있고 말할 때가 있으며 사랑할 때가 있고 미워할 때가 있으며 전쟁할 때가 있고 평화할 때가 있느니라
>
> 〈구약성경 전도서〉

알맞은 때를 잘 판단하는 것이 시중이다. 소인의 중용은 '무기탄'(無忌憚)이라고 한다. 보통 솔직하게 털어놓고 말할 때 기탄없이 말한다고 하는데 거리낌 없이 극단으로 내지르는 것은 소인들의 중용이니 본뜻에 반한다. 예수가 활동할 당시 그는 많은 사람의 기대를 모으며 구세주라는 소문을 들었다. 그래서 가는 곳마다 늘 많은 인파가 몰려들었는데 그 생애의 마지막 때를 맞아 성전이 있는 예루살렘에 입성할 적에는 마치 왕처럼 큰 환영을 받기도 했다. 그러나 곧 내란선동죄로 체포되어 심판을 받게 되자 많은 사람들은 그를 십자가에 처형하라고 외쳤다. 군중은 그들의 욕구에 따라 극단적인 모습을 보인 것이다. 물론 환영한 사람과 처형을 외친 사람은 다른 부류일 수 있다. 그러나 대부분은 예수에게서 현실적인 변혁을 가져올 메시

야를 기대했던 평범한 사람들이었다. 그들은 희망과 기대가 충족되지 않자 극단적으로 돌변해서 기탄없이 소리를 질렀다. 그러나 예수는 그런 군중을 용서하는 기도를 하며 숨을 거둔다.

2) 중도

중도(中道)는 부처가 보리수 아래에서 깨달은 지혜로서 불도에 이르기 위해서는 현세적인 쾌락도 피해야 하고 또한 몸을 괴롭히는 지나친 고행도 피해야 한다는 가르침이다. 부처는 왕자로서 화려하고 사치한 궁중의 호사를 누려본 사람이다. 안락한 생활에서 허무를 느낀 그가 조용히 궁중을 나와 육년 동안 사문으로 떠돌며 많은 고행을 하고 난 후 보리수 아래에 조용히 앉아 깨달음을 얻는다. 몇 달 동안 음식을 먹지 않고 가부좌를 틀고 앉아 뱃가죽이 등뼈에 달라붙을 정도로 피골이 상접한 모습이 되도록 정진했다. 그러다가 어느 아이가 내미는 한 그릇의 죽으로 원기를 회복하고는 다시 보리수 아래에 자리를 잡았다. 그리고 모든 것이 무상하고 연기(緣起)로 이루어져 있음을 깨닫는다. 이후에 사문들을 찾아가니 그들은 부처가 고행을 포기하고 타락했다며 쳐다보지도 않았다. 그런 그들에게 중도를 가르치며 깨달음은 극단적인 고행으로 얻을 수 있는 것이 아니라고 가르쳤다. 부처는 비구들에게 이렇게 설한다.

다섯 비구여 마땅히 알라 도를 닦는 사람으로서 배워서는

지혜만찬

안 될 두 가지 치우친 행이 있으니 하나는 욕심과 향락에
빠져 범인의 행에 집착하는 것이요 또 하나는 스스로 번거
로워하고 스스로 괴로워하는 도리에 맞지 않는 일이다 비
구들이여 이 두 가지 치우친 행을 버리고 중도를 취하면
밝음을 이루고 지혜를 이루며 정을 취하여 자재를 얻고 지
혜로 나아가며 깨달음으로 나아가고 열반으로 나아간다
그 중도란 이른바 팔정도니 바른견해 바른사유 바른말 바
른행동 바른생활 바른정진 바른염력 바른선정이니라

〈중아함경 라마경〉

다섯 비구는 부처가 최초의 설법을 한 제자로서 함께 고행했던 사
문들이다. 그리고 여기에서 팔정도를 중도라고 설명한다. 이것은 불
교 수행의 기본덕목으로서 다음에 다시 설명이 나온다. 또 다른 곳에
서는 범부의 행과 괴로운 행을 구하지 말라는 말씀을 한다.

탐욕을 즐기는 극히 하천한 업을 구해 범부의 행을 짓지
말고 또한 거룩한 이치와 서로 응하지 않는 지극히 괴로운
행을 구하지 말라 이 두 가지 치우침을 떠나면 곧 중도가
있으니 그것은 눈이 되고 지혜가 되어 자재로이 정을 이루
게 하고 지혜로 나아가게 하며 깨달음으로 나아가게 하고
열반으로 나아가게 한다

〈중아함경 구루수무쟁경〉

탐욕을 즐기지도 말고 괴로운 고행도 구하지 말라는 단순한 가르침인 이 중도는 불교 사상의 전반에 영향을 미쳐서 모든 교리가 중도로 통한다. 그래서 다소 추상적인 개념이 되기도 한다. 부처가 보계보살에게 설한다.

> 선남자야 무릇 중도란 것은 눈으로 볼 수 없고 내지 몸으로 부딪치지 않으며 또 이르는 곳이 없고 세간이면서 출세간이며 말할 수 없고 많거나 적은 것이 아니므로 중도라 하느니라
>
> 　　　　　　　　　　　　　　　〈방등대집경 보계보살품〉

　이 말씀으로 보면 중도는 단순하게 치우침이 없는 차원이 아니고 말로 하기 어려운 불가사의처럼 표현한다. 그러나 기본적으로 중도는 두 가지 극단을 피하는 것이다. 제자 가전연에게는 이렇게 설한다.

> 세상 사람들은 있다 없다는 두 극단에 의해서 미혹한다 세상사람들은 모든 경계를 취하기 때문에 마음이 곧 분별해 집착한다 가전연이여 세간의 이루어짐을 참되게 바로 관찰하면 세간이 없다는 소견이 생기지 않을 것이요 세간이 멸함을 참되게 바로 관찰하면 세간이 있다는 소견이 생기지 않을 것이다 여래는 두 극단을 떠나 중도를 설한다
>
> 　　　　　　　　　　　　　　　〈잡아함경 천타경〉

가전연은 십대 제자로 논리가 정연하기로 이름이 나서 논의제일이라는 별칭으로 불린다. 있다고도 할 수 없고 없다고도 할 수 없다는 것은 바로 공사상이다. 만물이 빈 것이고 빈 것이 만물이라는 '색즉시공 공즉시색'(色卽是空 空卽是色)이라는 가르침이며 그래서 '불이'(不二)라고 한다. 불이란 색과 공이 다르지 않다는 말이다. 공을 비어 있는 것으로만 이해한다면 진정한 공이 아니다. 이 공사상, 불이를 대승불교에서 불성(佛性)으로 설명한다. 불성이 중도의 지혜에서 나온다.

> 그때에 부처님이 모든 대중에게 말씀하셨다… 선남자여 그대가 묻기를 어떤 것을 불성이라 하느냐 하였는데 불성은 제일의공(第一義空)이고 제일의공은 지혜니라 공이라 말하는 것은 공한 것이니 공하지 않은 것을 보지 않는 것이요 지혜라 함은 공한 것이나 공하지 아니한 것과 항상한 것이나 무상한 것과 괴로운 것이나 즐거운 것과 나인 것이나 나가 없는 것을 보는 것이니라 공은 생사요 공하지 않은 것은 대열반이며 내지 나가 없다는 것은 생사요 나라는 것은 대열반이니라 온갖 공한 것만 보고 공하지 않은 것을 보지 못하는 것은 중도라 이름할 수 없으며 내지 온갖 나가 없는 것만 보고 나를 보지 못하는 것은 중도라고 이름할 수 없느니라 중도란 것은 불성이라 이름하나니 이런 뜻으로 불성은 항상하며 변하지 아니하니라 무명이 덮이어

서 중생들로 하여금 볼 수 없게 하느니라 성문과 연각은
모든 공한 것만 보고 공하지 않은 것은 보지 못하며 내지
모든 나가 없는 것만 보고 나인 것은 보지 못하나니 이런
뜻으로 제일의공을 얻지 못하며 제일의공을 얻지 못하므
로 중도를 행하지 못하고 중도가 없으므로 불성을 보지 못
하느니라

〈대반열반경 사자후보살품〉

　제일의공은 단순한 공이 아니고 색과 다르지 않은 불이로서의 공
을 말한다. 성문과 연각은 초기 상좌부불교의 승려를 일컫는 이름이
다. 대승불교의 보살에 비교해서 약간 폄하하는 의미가 있다. 공이란
모든 것이 비어있다는 것이다. 그런데 불성은 공한 것과 공하지 않은
것을 다 포함한다고 한다. 모든 사물이 공하다고만 생각하면 불성을
모르는 것이다. 불교의 세가지 중요한 법(三法印) 중에 제법무아(諸
法無我)가 있다. '나'라고 하는 존재는 없다는 깨달음인데 내가 없으
면 '내것'도 없을 것이고 '내생각'이라는 것도 당연히 없게 되니 나라
는 존재에 집착하지 않으면 모든 번뇌가 사라진다는 말이다. 그런데
'나'가 없다는 것만 보고 '진아'라고 하는 나를 보지 못하면 안된다고
한다. 진아라는 참나 개념은 대승불교에서는 '불성'이나 '여래장'으로
이해한다. 그 양면을 다 보는 것을 중도라 이름하고 이를 제일의공이
며 지혜라고 말하고 있다. 산은 산이요 물은 물이라는 어느 선승의
말에서 보면, 깨달음을 얻기 전에 산은 그저 산이고 물은 단순하게

물이었다. 그러나 제법무아라는 깨달음을 얻고 보니 산은 공하여 산이 아니고 물도 공하여 물이 아니다. 그런데 불성을 깨치고 보니 다시 산은 산으로 있고 물은 물로 있다는 말이다. 불성은 있음과 없음을 다 포함하는 중도의 개념이 없으면 깨칠 수 없다. 그래서 불교의 모든 교리가 중도로 설명되기도 한다. 이 중도의 지혜를 어느 보살은 다음과 같이 말하고 있다.

> 분별원천 보살은 부처님께 사뢰었다. 만약에 어떤 사람이 번뇌를 즐겨하지 않고 번뇌를 싫어하지도 않으며 사랑하지 않고 미워하지도 않으며 버리지 않고 구하지도 않으며 보시하지도 않고 염하지도 않는다면 이것이 바로 부처님의 지혜이겠나이다
>
> 〈방등대집경 보당분 왕고품〉

이것도 아니고 저것도 아니라는 어중간한 말처럼 들린다. 어렵지 않은 것 같으면서 단순하게 이해될 수 있는 개념이 아니다. 기본적으로 중도는 극단적이고 이분법적인 사고를 버리는 것이다.

> 수보리야 만약 보살이 아상이나 인상이나 중생상이나 수자상을 가지고 있다면 곧 보살이 아니니라
>
> 〈금강경〉

수보리도 십대 제자 중 한 사람으로 공사상을 제일 잘 안다고 하여 해공제일이라 한다. 불교에서 말하는 이상적인 인간상인 보살은 아상(我相), 인상(人相), 중생상(衆生相), 수자상(壽者相)을 가져서는 안된다고 한다. 아상이란 나와 남이 다르다는 생각이고, 인상은 인간이 다른 동물과 다르다는 생각이며, 중생상은 생명 있는 것과 생명 없는 것이 다르다는 생각이며, 수자상은 삶과 죽음이 다르다는 생각이다. 이분법적 사고를 경계하고 이것과 저것이 다르다는 생각을 하지 말라는 가르침이다. 이처럼 어려운 중도라는 개념은 깨침의 영역이라기보다 믿음의 영역에 가깝다. 그래서 중도는 중용과 어느 정도 차원을 달리하는 측면이 있다. 불교에서는 진리라는 말보다 지혜라는 의미로 모든 교리를 포괄하므로 중도를 지혜라고 하지만 유교적 중용과 비교할 경우에 그 의미가 깊은 것을 알 수 있다. 하지만 중도의 일차적 의미는 극단을 피한다는 것이며 서로 다르지 않다는 '불이'(不二)라는 의미는 나중에 등장한 대승불교에서 형성된 것이다.

문수사리보살이 유마힐 거사에게 물었다 우리들이 각기 자신이 본 것을 말했다 이번에는 인자가 말할 차례니 어떠한 것을 보살이 불이법문에 들어감이라고 하겠습니까 그때에 유마힐 거사가 묵묵히 말이 없었다 이에 문수사리보살이 찬탄하여 말하였다 훌륭하고 훌륭하다 문자와 언어까지 있지 아니함 이것이 참으로 불이법문에 들어가는 것

지혜만찬

이기 때문이다

〈유마힐경 입불이법문품〉

　문수사리보살은 대승불교에서 지혜를 상징하는 보살이다. 유마힐 거사는 과거세의 부처로 알려진 재가신도로서 병을 핑계로 누워있으면서 불제자를 가르쳤다. 그의 설법이라고 하는 유마힐경이 전해진다. 이 이야기는 '유마힐거사의 침묵'이라는 일화다. 서로 다르지 않다는 불이론은 문자와 언어로 한정할 수 없는 경계다. 어느 날 부처는 자신을 이겨보려고 하는 어느 바라문에게 이렇게 말씀하고 있다. 바라문은 불교 이전의 인도 토착종교인 바라문교의 승려이다. 바라문교는 후에 힌두교로 발전한다.

> 부처님께서 사위국 기수급고독원에 계실 때 거닐고 계신
> 부처님을 따라 다니며 추한 말을 하여 부처님을 항복받고
> 자 하는 욕쟁이 바아라드바쟈 바라문에게 승리와 항복을
> 다 버리면 편안해 진다고 설하셨다
> 이긴 사람은 원수 더욱 사고 항복한 이 누워도 편안치 않네
> 승리와 항복 둘을 버리면 그는 곧 편안하게 잘 수 있으리

〈잡아함경 건매경〉

　남을 이기려고 하지도 말고 남에게 지지도 말라고 한다. 남을 이기면 원수를 사는 일이 생기고 남에게 지면 굴욕감에 편치 않게 되는

것이니 이기지도 말고 지지도 말아서 승리와 항복을 둘 다 버리라는 중용의 지혜를 가르친다. 중도는 또한 실천적 의미가 있다.

어느때 부처님께서 사위국 승림급고독원에 계셨다 그때에 이십억 비구가 사위국 사림에 있으면서 밤새도록 자지 않고 공부하며 도품을 닦아 익히고 있었다 이때 이십억 비구는 홀로 고요히 앉아 깊이 생각하다가 만일 세존의 제자로서 꾸준히 힘써 법을 공부하는 자를 들라면 내가 으뜸이 될 것이다 그런데 내 마음은 모든 누에서 벗어나지 못한다 우리 부모의 집에는 재물이 지극히 풍족하다 나는 이제부터 차라리 계를 버리고 도행을 그만두고 보시를 행하여 모든 복업을 닦는 것이 어떨까 생각하였다 이때 부처님께서는 이십억 비구의 생각을 아시고는 곧 그를 불러 타심통으로 물으셨다 너는 집에서 무엇을 잘했느냐 거문고를 제일 잘 탔습니다 그래 그렇다면 거문고를 탈 때 줄을 조여도 그 소리가 잘 나던가 아닙니다 세존이시여 그러면 줄을 너무 조이면 어떠하던가 오래 가지 않습니다 그렇다 사문아 너무 과하게 정진하면 마음이 어지럽게 되고 너무 정진하지 않으면 마음이 게으르게 된다 그러므로 너는 마땅히 잘 분별하고 관찰하여 방일하게 하지 말라 그 후 이십억 비구는 부처님의 법문을 듣고 명심하여 아라한이 되었다

〈중아함경 사문이십억경〉

지혜만찬

'누'는 번뇌를 말하고 타심통은 다른 사람의 마음을 아는 신통력이다. 아라한은 초기불교에서 깨달음의 네 단계 중 최상의 경지를 이룬 자를 말한다. 너무 과하게 정진하면 마음이 어지럽게 되고 정진이 느슨하면 게으르고 태만해진다. 과해도 안 좋고 부족해도 안된다는 말씀이 중용이다.

3) 중용

유교에는 〈중용〉이라는 경전이 존재한다. 공자의 손자인 자사가 편찬한 책으로 알려져 있다. 원래는 〈예기〉의 한 편으로 있던 것인데 〈대학〉과 함께 중국 송나라 때 각각 독립된 경전으로 분리되었다. 논어에는 공자가 중용을 언급한 내용이 다음과 같이 나온다.

> 공자께서 말씀하셨다 중용의 덕스러움이 지극하구나 백성
> 이 이를 행하지 못한 지가 오래되었다
>
> 〈논어 옹야편〉

중용의 지극한 덕을 칭송하며 그것이 행해지지 않음을 애석해한다. 그러나 중용의 덕이 어떤 것인지에 대한 설명이 논어에는 구체적으로 나타나지 않는다. 다만 중용을 지키는 사람이 드물다는 말씀뿐이다. 중용에 대한 직접적인 설명은 〈중용〉에 나온다.

희로애락이 발하지 않은 것을 중(中)이라 하고 발하여 절
도에 맞음을 화(和)라고 한다 중은 천하의 큰 근본이고 화
라는 것은 천하의 통달하는 도이다

〈중용〉

여기서 보면 중용(中庸)을 중화(中和)로 설명하고 있다. 주자는 설
명하기를 중이라는 것은 지나치거나 모자라지 않음이고 용은 변함없
음을 이른다고 했고, 정자는 치우치지 않음을 중이라 하고 변치 않음
을 용이라 한다고 하였다. 주자는 주희이고 정자는 정호와 정이 형제
를 일컫는다. 주희와 정호·정이는 중국 송대의 성리학을 개척한 인
물들이며 이들의 설명이 우리가 일반적으로 이해하는 중용이다. 공
자는 지나침은 모자람과 같다고 했다. 지나침과 부족함이 둘 다 적절
하지 못하다는 지적으로 중용의 뜻을 설명한 것이다. 〈중용〉에서는
감정에 휘둘림 없이 절도에 맞아서 화합하는 것으로 설명한다. 화는
조화, 화평의 뜻이다. 그러므로 중용의 지혜란 넘치거나 모자람이 없
이 치우치지 않고 변함없으며 조화와 화평을 이루는 것을 의미한다
고 말할 수 있다.

맹자가 말씀하였다 중니께서는 너무 심한 것을 하지 않으
셨다

〈맹자 이루하편〉

중니는 공자의 자이며 자는 이름 대신 편하게 부르는 호칭이다. 너무 심하다는 것은 치우침을 말한다. 공자는 행동에 치우침이 없었다는 말씀이다. 중용을 실천한 것이다. 또 가한 것도 없고 불가한 것도 없다는 말씀을 하였다.

> 일민은 백이와 숙제와 우중과 이일과 주장과 유하혜와 소련이었다 공자께서 말씀하셨다 그 뜻을 굽히지 않고 그 몸을 욕되게 하지 않은 자는 백이와 숙제이다 유하혜와 소련을 평하시기를 뜻을 굽히고 몸을 욕되게 하였으나 말이 윤리에 맞고 행실이 사려에 맞았을 뿐이다 하셨다 우중과 이일을 평하시기를 숨어 살면서 말을 함부로 하였으나 몸은 깨끗함에 맞았고 벼슬을 폐함은 권도에 맞았다고 하셨다 나는 이와 달라서 가한 것도 없고 불가한 것도 없다고 하셨다
>
> 〈논어 미자편〉

일민(逸民)이란 숨어 살며 후대에 칭송을 받을 만한 덕을 끼친 위인을 일컫는다. 덕망이 있는 여러 사람을 언급하면서 그들의 지조를 높게 평하였다. 그러나 자신은 그런 미덕보다 중용을 실천하였다고 말씀한다. 주자는 집주에서 이렇게 설명한다. '맹자가 말씀하였다 공자는 벼슬을 할 만하면 벼슬하시고 그만둘 만하면 그만두셨으며 오래 머물 만하면 오래 머무시고 속히 떠나야 하면 속히 떠나셨다 하셨으니 이른바 가한 것도 없고 불가한 것도 없다는 것이다.' 또 천명을

언급하며 제자와 나누는 대화에서는 이렇게 말씀한다.

> 공백료가 자로를 계손에게 참소하자 자복경백이 공자께
> 아뢰었다 계손이 공백료의 말을 듣고 마음에 의혹하고 있
> 으니 내 힘이 공백료를 처단하여 거리에 내다 버릴 수 있
> 습니다 공자께서 말씀하셨다 도가 장차 행해지는 것도 천
> 명이며 도가 장차 폐해지는 것도 천명이니 공백료가 그 천
> 명을 어찌할 수 있겠느냐
>
> 〈논어 헌문편〉

　도가 행해지는 것도 천명이고 행해지지 않는 것도 천명이라는 말씀
은 가한 것도 없고 불가한 것도 없다는 말씀과 비슷하다. 참으로 애
매한 말씀이 아닐 수 없다. 자복경백은 동료 제자인 자로가 참소를
받고 해를 당할까 걱정이 되어 공백료를 처단하려고 했던 것인데 공
자는 그만두라고 하였다. 자로가 해를 당해도 천명이고 해를 당하지
않아도 천명이니 가만 있으라는 말씀인데 그렇다면 천명을 어떻게
판단해야 하는지 난감할 수밖에 없다. 그래서 중용을 지키기가 어렵
다고 한 듯하다. 사사로운 감정에 잡혀있는 인간이 천명을 어찌할 수
있는 것이 아니니 천명을 마음대로 재단하지 말고 다만 도리를 다하
는 일에 힘쓰라는 가르침으로 받아들이면 될 것 같다. 도리를 다한다
는 것을 다음 사례에서 잘 보여주고 있다.

진성자가 간공을 시해하자 공자께서 목욕하고 조정에 들어 애공에게 아뢰었다 진항이 그 군주를 시해하였으니 토벌하소서 애공이 말하였다 저 삼자에게 말하라 공자께서 말씀하셨다 내가 대부의 자리에 있었기 때문에 감히 아뢰지 않을 수 없었는데 임금은 저 삼자에게 말하라고 하는구나 삼자에게 가서 말씀하자 불가하다 하니 공자께서 말씀하셨다 내가 대부의 자리에 있었기 때문에 감히 말하지 않을 수 없었다

〈논어 헌문편〉

진성자는 제나라 대부로 제나라의 군주인 간공을 시해하였다. 이 사건을 두고 그를 토벌하여 위계질서를 바로잡아야 한다고 주장하는 장면이다. 이 사건은 그의 나이 71세 되는 해에 일어났으며 당시 노나라 군주는 애공이었다. 이미 십여 년의 주유천하를 마치고 노나라로 돌아와 조용히 후학을 가르치던 때이다. 관직에도 있지 않고 연로하였지만 임금에게 간할 수 있는 영향력이 있었으므로 직언을 한 것이다. 그러나 그 직언은 현실성이 거의 없는 다분히 명분에 그치는 것이었다. 당시 노나라는 맹손, 계손, 숙손 이라는 세 가문의 권력가에 의하여 실질적으로 통치되고 있었다. 임금인 애공은 실권이 거의 없는 상태여서 결정권이 없었고 삼자라고 언급한 세 가문에서는 자신들이 이미 어기고 있는 위계질서를 논할 입장이 아니었다. 그러나 한때 나라의 대부 자리에 있었고 지금은 인간과 하늘의 도를 가르치

는 선생으로서 마땅한 도리를 간하지 않을 수 없었다고 한다. 아는 것은 안다고 하고 모르는 것은 모른다고 하라는 말씀과 옳은 것은 옳다고 하고 아닌 것은 아니라고 하라는 말씀은 모두 중용의 지혜에 가깝다. 〈시경〉을 평하면서는 이런 말씀을 한다.

> 공자께서 말씀하셨다 관저는 즐거우면서도 음란하지 않고
> 슬프면서도 상처를 입지 않는다
>
> 〈논어 팔일편〉

'관저'(關雎)는 〈시경〉의 한 편명이면서 관용적으로 시경을 대표하는 명칭으로 쓰인다. 시경은 서경, 역경과 함께 삼경이라고 불리는 유교의 경전이다. 즐거움을 쫓다 보면 음란에 빠지기 쉽고 슬픔이 도가 지나치면 몸을 상하게 된다. 그러나 시경은 극단에 치우치지 않으면서도 감성적인 정서를 잘 표현하고 있다는 점을 언급한 것이다. 〈대학〉에 이런 말씀이 나온다. "좋아하면서도 그 나쁜 점을 알고 싫어하면서도 그 좋은 점을 아는 사람이 천하에 드물다" 사람을 좋아하더라도 그 단점을 알고 싫어하더라도 그의 장점을 알아주는 것이 중용의 태도이다. 〈예기〉에도 비슷한 말씀이 있다.

> 지혜로운 사람은 사랑하면서도 그 악한 점을 알고 미워하
> 더라도 그 선한 점을 안다
>
> 〈예기 곡례상편〉

어떤 인물이든지 장단점이 있고 그의 행위에는 공과가 있게 마련이다. 한쪽에 치우치지 않고 이편도 보고 저편도 보아야 전체를 제대로 볼 수 있다. 일방적으로 주장하는 무리에 휩쓸리면 중용을 지키기 어렵다.

여러 사람이 그를 미워하더라도 반드시 다시 살펴보아야 하고 여러 사람이 그를 좋다고 하여도 반드시 다시 살펴보아야 한다

〈논어 위령공편〉

좋고 싫은 감정이 있으면 객관적인 평가를 그르치기 쉽고 여론에 휩쓸리면 중용을 놓치게 된다. 그래서 지키는 사람이 드물다고 말씀했다. 그리고 군자에게 나타나는 모습을 이렇게 묘사한다.

공자께서 말씀하셨다 질박함이 문채보다 뛰어나면 야만스럽고 문채가 질박함보다 뛰어나면 번지르르하기만 하니 문채와 질박함이 잘 어우러진 연후에야 군자이다

〈논어 옹야편〉

문채는 겉으로 드러난 꾸밈이고 질박이란 내적인 바탕이다. 군자는 외적인 모양과 내적인 바탕이 잘 어우러져야 야만스럽지도 않고 세련되지만도 않은 균형 잡힌 자질을 갖출 수 있다는 말씀이다. 군자

는 두루 갖추어야 한다. 그러나 궁극적으로 본질을 잃어서는 안된다. "예는 사치스럽게 하기보다는 차라리 검소한 것이 낫고 상례는 형식적으로 잘 치르기보다는 차라리 슬퍼하는 것이 낫다"〈논어 팔일편〉 예를 차린다고 번잡스럽게 사치를 부리지 말고 없으면 없는 대로 검소하고 진실성 있게 하라는 말씀이다. 유교를 허례와 허식으로 이해하고 있는 사람들을 일깨우는 말씀이다. 맹자는 권도(權道)를 예(禮)와 비교하며 설명하고 있다.

> 순우곤이 묻기를 남녀 간에 주고받기를 직접 하지 않는 것
> 이 예입니까 하니 맹자가 예라고 대답하였다 형수가 우물
> 에 빠지면 손으로 구하여야 합니까 하고 묻자 대답하기를
> 형수가 물에 빠졌는데도 구하지 않으면 이는 짐승이니 남
> 녀 간에 주고받기를 직접 하지 않음은 예이고 물에 빠진
> 형수를 손을 잡고 구하는 것은 권도입니다 하였다
>
> 〈맹자 이루상편〉

순우곤은 제나라의 현자로서 맹자보다 연장자이면서 당대에 영향력이 큰 인물이었다. 남녀가 엄격하게 유별하던 시대에 급해도 형수의 손을 잡는다는 것은 예에 어긋나는 일이다. 그러나 목숨이 위급한 상황에서는 달라야 하는 것이 또한 마땅하다. 예는 원칙이고 권은 시의에 맞게 하는 시중이다. 그러므로 권도는 중용의 지혜가 된다. 권도란 일종의 상황윤리와 같은 개념이면서 때에 따라서 어려운 문제

지혜만찬

를 야기하기도 한다. 이를 잘 쓰면 시의에 적절했다고 하고 남용하면 시류에 영합했다는 비난을 듣는다. 또 이런 말씀을 한다.

> 맹자가 말씀하였다 양자는 자신을 위함을 취하였으니 하나
> 의 털을 뽑아서 천하가 이롭더라도 하지 않았고 묵자는 겸
> 애를 하였으니 이마를 갈아 발뒤꿈치에 이르더라도 천하에
> 이로우면 하였다 자막은 이 중간을 잡았으니 중간을 잡는
> 것이 도에 가까우나 중간을 잡고 저울질함이 없으면 한쪽
> 을 잡는 것과 같다 한쪽을 잡는 것을 미워하는 까닭은 도를
> 해치기 때문이니 하나를 잡아 백 가지를 폐하기 때문이다
>
> 〈맹자 진심상편〉

양자와 묵자는 양주와 묵적을 말하며 맹자보다 몇십 년 앞선 시대의 사상가들이다. 양자의 주장은 극단적인 이기주의이고 묵자는 극단적인 이타주의였다. 양자는 머리털 하나를 뽑으면 천하가 이롭게 된다고 하더라도 하지 않겠다고 말한다. 남을 위해서 자신이 조금이라도 손해를 보는 일은 어리석은 행동이라는 주장이다. 반면에 묵자는 자기 몸이 닳아 없어지는 한이 있더라도 남에게 이로우면 해야 하며 모든 사람을 공평하게 사랑해야 한다는 겸애사상을 전파했다. 이 사상은 당시 서민들로부터 많은 지지를 받았다고 한다. 그는 말하기를 내 집의 부모나 이웃집의 부모나 똑같이 공경해야 한다고 주장했는데 맹자는 가까운 사람으로부터 시작해서 점차 퍼져나가야 한다고 반박했다.

자막은 노나라의 현자로서 이 중간을 취하여 도에 가깝기는 했지만 역시 중간만을 취해서는 안되며 저울질해서 형평을 맞추어야 하는 것이지 그렇지 않으면 이것도 역시 치우치는 것과 같다는 주장이다. 중용은 이론적으로는 그럴 듯하지만 실천에서는 매우 까다로운 지혜.

> 공자께서 말씀하셨다 천하에 나라를 나누어 가질 수도 있
> 고 벼슬을 사양할 수도 있으며 날선 칼 위를 밟을 수도 있
> 지만 중용은 능히 행하기가 어렵다
>
> 〈중용〉

천하를 나눠 가지는 것보다 어렵다고 하니 중용을 지키는 일이 얼마나 어려운 지 짐작할 수 있다. 평범한 생각으로 이룰 수 있는 경지는 분명 아니다. 그리고 권도에 대해서도 어려움을 토로한다.

> 공자께서 말씀하셨다 함께 어울려 배울 수는 있어도 함께
> 도에 나아갈 수는 없으며 함께 도에 나아갈 수는 있어도
> 함께 뜻을 같이하여 설 수는 없으며 함께 뜻을 같이하여
> 설 수는 있어도 함께 권도를 행하기는 어렵다
>
> 〈논어 자한편〉

권도는 함께 배우며 함께 도를 닦으며 함께 뜻을 같이하며 함께 그 뜻을 행하는 것보다 더 어렵다고 한다. 이처럼 중용은 어려운 지혜

다. 넘치거나 부족함이 없는 것이라고 했지만 이것 또한 쉽지 않다. 이러한 문제로 제자에게 불평을 듣고 미안해하는 재미있는 장면이 논어에 나온다.

> 공자께서 무성에 가서 현악에 맞추어 부르는 노랫소리를 들었다 부자께서 빙그레 웃으며 말씀했다 닭을 잡는데 어찌 소 잡는 칼을 쓰느냐 자유가 대답하였다 예전에 제가 선생님께 들으니 군자가 도를 배우면 사람을 사랑하게 되고 소인이 도를 배우면 다스리기가 쉽다고 하셨습니다 공자께서 말씀하셨다 제자들아 자유의 말이 옳다 방금 내가 한 말은 희언(戲言)이었다
>
> 〈논어 양화편〉

무성은 작은 성읍으로 제자인 자유가 읍재로 있으면서 예악으로 백성을 가르치고 있었다. 공자는 작은 마을에서 거창하게 예악을 가르치는 것을 보고 웃으시다가 제자로부터 불만을 샀다. 그러고는 곧 '닭 잡는데 소 잡는 칼을 쓴다'고 한 자신의 지적이 잘못임을 인정하였다. 여기에서는 단순하지 않은 중용의 의미를 일깨우고 있지만 한 편으로 공자의 진솔한 성품을 느낄 수 있는 대목이기도 하다.

중용은 다른 지혜와 연관이 있다. 참음이나 만족이라는 덕목도 중용에 맞게 발휘되어야 비로소 진가가 드러나기 때문이다. 중간만 간다거나 중간의 위치에 선다는 정도로 이해하면 오해가 생긴다. 물론

중립이 중용에 가까운 개념이기는 하다. 우리 옛말에도 '가만히 있으면 중간은 간다'는 말이 있고 경우에 따라서는 그것도 좋은 판단일 수 있다. 괜한 참견을 했다가 화를 당하기보다 차라리 침묵하고 중립을 취하는 것이 나을 수 있다. 성경에도 이런 말씀이 나온다. "너희가 참으로 잠잠하면 그것이 너희의 지혜일 것이니라"〈구약성경 욥기〉그러나 중용은 치우치지 않고 극단을 피하는 것이기는 하지만 한쪽 편에 설 수도 있고 극단적인 조치를 취해야 할 때도 있다. 시중은 중용의 중요한 개념으로 때에 맞게 적절하게 행한다는 뜻이다. 그러므로 양단간에 결정을 내려야 할 때 머뭇거리고 중간에 서는 것은 중용이 아니며, 위기의 상황에 비상한 조치가 필요하다면 극약처방도 가능하다고 해야 한다. 적당하다든지 적절하다는 말이 어려운 만큼 제대로 지키자면 한이 없다.

도응이 물었다 순임금이 천자가 되고 고요가 법관이 되었는데 고수가 사람을 죽였다면 어떻게 하겠습니까 맹자께서 말씀하셨다 법을 집행할 뿐이다 그렇다면 순임금은 막지 않습니까 말씀하기를 순임금이 어떻게 막을 수 있겠느냐 전수받은 지켜야 할 법이 있다 그렇다면 순임금은 어떻게 하시겠습니까 말씀하기를 순임금은 천하를 헌신짝 버리듯 하여 몰래 아버지를 업고 도망하여 바닷가에 거처하며 종신토록 흔쾌히 즐거워하며 천하를 잊으셨을 것이다
〈맹자 진심상편〉

도응은 맹자의 제자이고 순임금은 효자로 유명하다. 고수는 순임금의 아버지로 나쁜 아버지의 표본으로 소문이 나 있는 사람이다. 그는 순임금이 어릴 적에 계모와 함께 모의하여 순임금을 죽이려고 여러 번 시도하기도 하였지만 순임금은 그런 아버지를 극진히 모셨다. 그래서 유교의 최고규범인 효의 모범으로 추앙을 받는다. 고요는 순임금의 신하로서 법을 만들고 공정한 형벌의 집행자로 이름을 남긴 신하다. 제자 도응이 이런 상황을 가정하여 아버지 고수가 살인을 하였다면 자식인 순임금이 어떻게 처신할까 질문한 것이다. 이에 맹자가 대답하기를 아마도 순임금은 왕의 자리를 버리고 몰래 아버지를 업고 바닷가에서 평생을 숨어 살았을 것이라고 말한다. 순임금은 왕의 책무와 자식의 도리를 저울질하여 왕의 자리를 포기함으로써 공적인 책무로부터 벗어나고 대신 자식의 도리를 기꺼운 마음으로 다한다는 이야기다. 다른 사례로 공자와 제자 재아 사이에 상례에 대해서 나눈 대화가 있다.

재아가 말하였다 삼년상은 일 년으로 하더라도 너무 오래입니다 군자가 삼년 동안 예를 행하지 않으면 예가 무너지고 삼년 동안 음악을 배우지 않으면 음악이 무너집니다 묵은 곡식이 없어지고 새 곡식이 나오며 불을 지피는 나무도 바뀌어지니 일 년이면 그칠 만할 것입니다 공자께서 물으시기를 쌀밥을 먹고 비단옷을 입는 것이 너에게는 편안하냐 하시니 재아가 대답하기를 편안합니다 하였다 공자께

서 말씀하셨다 네가 편안하면 그리하라 군자가 상을 지낼
때에 맛있는 것을 먹어도 달지 않고 음악을 들어도 즐겁지
않으며 거처함이 편안하지 않기 때문에 하지 않는 것이니
네가 편하면 그리하라 재아가 밖으로 나가자 공자께서 말
씀하셨다 재아는 어질지 못하구나 자식이 태어나서 삼 년
이 지난 뒤에야 부모의 품을 벗어나게 된다 삼년상은 온천
하의 공통된 상이니 재아는 삼 년의 사랑이 그 부모에게
있었는가

〈논어 양화편〉

재아의 의견은 삼년상이 너무 길다는 것이며 일 년만 치르면 된다
는 주장이다. 이에 대하여 삼년상의 근거를 말씀하고 그래도 편하다
면 편한 대로 하라고 대답한다. 오늘날 관점으로는 제아의 견해가 더
설득력이 있다고 할 수 있다. 당시로는 삼년상이 예에 합당하고 일
반적이었으니 그가 말한 일년상은 지나치게 진보적인 견해였을 것이
다. 요즘은 일년상도 없는 것이 현실이고 보면 시대나 상황에 따라
적절해야 하는 어려운 지혜다. 참을 만큼 참고 만족할 만큼 만족할
수 있다면 굳이 의식하지 않더라도 자연스럽게 드러난다. 일부러 보
이려 하지 않고 크게 표시가 나지도 않지만 그 자체로 종합지혜라고
할 만하다.
중용이라는 지혜는 애매한 면이 있기는 하지만 그 본래 의미는
'중'(中)에 더 강조점이 있다고 볼 수 있다. 중이라는 개념은 희로애락

이 발하지 않은 상태이며 그것은 천하의 큰 근본이라고 했다. 희로애락은 정(情)으로서 이것이 발현되기 이전의 상태는 곧 평안이라고 할 수 있다. 평안은 기쁨도 노여움도 슬픔도 즐거움도 없고 이런 감정들을 넘어서 있는 경지다. 논어에 보면 요임금이 순임금에게 제위를 선양하면서 '중'(中)을 언급하는 말씀이 나온다.

> 요임금이 말씀하였다 아 너 순이여 하늘의 역수가 너의 몸에 달려있으니 진실로 중을 잡으라 사해가 곤궁하면 천록이 영원히 끊어질 것이다 순도 이 말씀으로 우에게 당부하였다

〈논어 요왈편〉

하늘의 역수는 천체의 운행을 계산한 책력으로 천자의 권위를 상징한다. 요임금의 나라가 순임금에게로 넘어가는 것이 하늘의 뜻이라는 말이다. 여기에서 언급하고 있는 중이 중용의 의미다. 중용을 잘 지키라는 당부인데 한 나라를 이끌어 나가는 데 가장 절실한 원칙이 중용을 지키는 것이라고 말하고 있다. 순임금도 나라를 우임금에게 넘기면서 똑같은 말씀으로 당부한다. '진실로 중용을 잡으라'(允執基中).

5장

지혜&삶

1. 지혜로움

지혜로움은 평안에 이르는 길이다. 지혜에 대해서는 많이 안다는 사실이 도움이 안 되고 수백 가지를 암기한다고 해도 별 소용이 없다. 행함이 따라야 하기 때문이다. 단순한 앎이 지식의 영역이라면 지혜로움은 깨달음의 소산이다. 그 깨달음에 도달하기 위해서는 행함이 있어야 하고 행할 수 있는 힘은 영성으로부터 나온다. 그리고 영성의 단련에는 정진이 필요하다는 것이 성현들의 가르침이다.

부처님이 미륵보살에게 설하셨다… 나는 그대들을 도와서 기쁘게 해주고 싶다 이제야말로 자기 자신에 대한 생로병사의 고통을 싫어해야 할 때이다 이 세상은 악이 넘쳐 부정하고 무엇 하나 즐길 게 없느니라 그러므로 우선 스스로 결단하여 몸과 행동을 바르게 가지고 착한 일을 많이 하며 부지런히 정진하고 몸을 청정하게 가지고 마음의 때를 말끔하게 씻어내며 말과 행동을 떳떳하게 하며 겉과 속이 다르지 않게 하라 일생의 고통이란 사실 순간에 지나지 않는

지혜만찬

것이며 죽은 뒤 무량수불의 극락국토에 태어나면 끝없는
행복을 누리게 된다

〈불설무량수경(하)〉

생로병사의 고통이란 고해(苦海)라고 하는 속세의 삶이다. 그것을
싫어한다는 말은 속세를 멀리하라는 말로 이해되는데 그러면서도 현
실에서는 행동을 바르게 하고 착한 일을 많이 하며 부지런히 정진하
라고 말씀한다. 여기서 누리는 끝없는 행복이란 곧 평안이다. 그것은
요란하지 않고 다이나믹하지도 않으며 그저 잔잔한 미소로 바라볼
수 있는 여유로움이다. 여러 풍상을 겪은 어느 작가는 행복하냐는 질
문을 받고는 고요하고 싶다는 대답을 했다. 평안은 고요하다. 굴곡진
인생길에서 행복한 순간에 취하지 않고 불행에 낙심하지 않는다. 평
안이란 그런 경지일 것이다.

군자는 평안(易)에 거하며 천명을 기다리고 소인은 모험을
행하면서 요행을 바란다

〈중용〉

군자는 지혜로운 사람의 모범이고 소인은 어리석은 사람을 말한
다. 정진할 줄 모르고 요행을 바라는 모양은 지혜로움과 멀다. 현대
는 위험을 감수하며 모험을 행하는 것을 미덕으로 여기는 시대다. 사
안에 따라서는 위험을 무릅쓰고 해야 할 일이 있고 또 모험을 하지

않고는 이룰 수 없는 일도 있을 것이다. 그러나 요행을 바라는 상태는 아무래도 불안하다. 조바심으로 요행을 바란다면 혹시 그 일을 이루었다고 할지라도 일시적인 행복일 뿐이며 변함없는 평안을 가져다주지는 못한다.

> 어리석은 사람은 늘상 자기가 할 수 없는 일을 하려고 하고 할 수 있는 일은 싫어하며 지혜로운 사람은 자기가 할 수 없는 일은 하지 않고 할 수 있는 일은 하려고 하나니 부디 지혜로운 사람의 자세를 본받으라
>
> 〈증일아함경 유무품〉

이기는 싸움을 하라는 말이 있는데 자기에게 유리하면 싸우고 불리한 상황이면 싸우지 않는다. 그렇게 하면 질 리가 없으니 이 말도 옳다. 자기가 할 수 있는 일과 할 수 없는 일을 구별하는 데는 분별력이 필요하다. 할 수 있는 일을 할 수 없다고 한다면 정진하려는 노력이 부족한 것이고, 할 수 없는 일을 할 수 있다고 한다면 만족함이 없이 욕심만 크기 때문이다. 참음, 만족, 중용은 쉽게 이룰 수 있는 덕목이 아니다. 때로 참을 수 없는 일을 당하여 화를 내며 불평하는 수도 있고 편파적으로 처신할 경우도 있다. 그러나 나면서부터 지혜로운 사람이 아닌 이상 정진하는 수밖에 없다. 그렇게 해서 정상에 다다를 수 있다면 타고난 지혜와 다르지 않다고 공자가 말씀한 바 있다. 부처는 지혜로운 사람에 대하여 이렇게 설한다.

지혜로운 사람은 착한 생각을 하고 착한 말을 하며 착한 일을 행한다 그 지혜로운 사람의 마음엔 항시 3종의 기쁨과 즐거움이 따른다 어떻게 따르는가 지혜로운 사람은 살생을 끊고 도둑질을 끊으며 사음을 끊고 거짓말을 끊는 등 10선행을 지은 뒤엔 항시 다른 사람의 칭찬을 들으므로 마음에 기쁨과 즐거움이 있다 지혜로운 사람은 선행을 지으므로 설혹 죄인 다스리는 형벌을 보더라도 그것으로 인해 두려워하거나 공포에 떨지 않는다 지혜로운 사람은 선행을 지으며 살았기에 몸이 아프거나 죽음에 임박해서는 천상보를 받게 될 것이라고 알고 기뻐한다

〈중아함경 치혜지경〉

착한 생각을 하고 착한 말을 하며 착한 일을 행하면 기쁨과 즐거움이 따르고 죽음을 맞아서는 천상보를 받게 되리라고 기대하며 기뻐한다고 한다. 지혜로운 사람은 복된 삶을 산다. 천상보란 하늘에서 내려주는 상이라는 말이며 종교의 궁극적인 의의가 여기에 있다. 이것을 소위 보상설이라고 하는데 신앙인은 이 천상보로 말미암아 고난을 이겨나갈 수 있고 죽음도 평안하게 맞을 수 있다.

2. 행함

1) 지행합일

지식과 지혜가 혼동되는 경우가 많지만 특별히 다른 점은 지식은 아는 것만으로도 만족이 되지만 지혜는 아는 단계에만 머물면 소용이 없다는 점이다. 반드시 행함이 뒷받침되어야 성립된다. 그럴듯한 덕목을 알고 있더라도 행할 줄 모르면 지혜로운 삶을 누리지 못한다.

> 그러므로 칠법을 안다고 하는 것은 한마디로 지혜를 갖추는 것을 의미한다 자기의 분수를 알고 남의 분수를 알며 하늘과 세간의 이치를 알아 방일하지 않음이 무엇인가를 아는 지혜 말이다 하지만 여기서 안다고 할 때의 그 안다에는 이미 실천의 의미가 숨어 있으므로 행(行)에 기반을 둔 혜(慧)라고 해야 옳다
>
> 〈중아함경 선법경〉

"칠법이란 곧 법을 알고, 뜻을 알고, 때를 알고, 절제를 알고, 자기를 알고, 무리를 알고, 사람의 잘나고 못남을 아는 것이다."〈중아함경 선법경〉 무엇인가를 안다는 말에는 실천의 의미가 포함되어 있다고 한다. 지혜는 입에서만 나오는 것이 아니고 몸으로 드러나는 것이다. 이러한 개념이 유교에도 있다. 신유학인 양명학에서 말하는 '양지'(良知)는 지행합일(知行合一)하는 지식을 말하며, 행함이 없는 지식은 지식이 아니라고 한다. 이때 말하는 지식은 지혜에 가까운 의미로 이해된다.

> 사랑스럽고 빛나는 꽃에 향기가 없는 것과 같이 좋은 가르
> 침의 말도 실행하지 않으면 그 결과는 없다
>
> 〈법구경〉

> 경전을 아무리 많이 외어도 이것을 행하지 않는 방일한 사
> 람은 남의 소를 세는 목동과 같아서 종교인의 줄에 들어가
> 지 못한다
>
> 〈법구경〉

행하되 올바로 행해야 한다. 남의 집의 소를 세는 목동은 쓸데없는 일을 할 뿐이다. 또 이런 말씀도 있다. "경전을 아무리 적게 외워도 법을 따라 행하고 탐욕과 성냄과 어리석음을 버리며 지식은 정당하고 마음은 완전히 해탈해서 이승에도 저승에도 집착함이 없으면 그

는 종교인의 줄에 들어간다"〈법구경〉 경전을 외우는 일보다 법을 따라 행함이 진정한 종교인에게 더 필요한 일이다. 예수도 행함에 대하여 말씀한다.

지혜는 그 행한 일로 인하여 옳다 함을 얻느니라
〈신약성경 마태복음〉

지혜는 실천으로 나타나야 하고 합당한 열매가 있어야 한다. 행함을 강조하는 불경의 가르침과 다르지 않다. 지혜로운 사람은 하나님의 뜻을 실천하는 사람이다. 그 뜻을 어떻게 이해하고 있는가에 따라 신앙의 모습은 차이가 난다. 다음 성경 구절에 나오는 예수의 말씀은 스스로 신앙이 좋다고 하는 사람들을 곤혹스럽게 할지 모른다.

나더러 주여 주여 하는 자마다 다 천국에 들어갈 것이 아니요 다만 하늘에 계신 내 아버지의 뜻대로 행하는 자라야 들어가리라 그날에 많은 사람이 나더러 이르되 주여 주여 우리가 주의 이름으로 선지자 노릇하며 주의 이름으로 귀신을 쫓아내며 주의 이름으로 많은 권능을 행하지 아니하였나이까 하리니 그때에 내가 그들에게 밝히 말하되 내가 너희를 도무지 알지 못하니 불법을 행하는 자들아 내게서 떠나가라 하리라
〈신약성경 마태복음〉

지혜만찬

예수의 이름으로 선지자 노릇 하고 귀신을 쫓아내고 권능을 행하였지만 불법을 행하는 자라고 비난받으며 쫓겨났다. 결국 이들은 하나님의 뜻대로 행하지 않았다는 얘기다. 그러면 하나님의 뜻은 무엇인가? 어떻게 살아야 하나님의 뜻에 맞는 삶인가? 지혜가 부족한 사람이 믿음을 주장하며 함부로 하나님의 뜻을 내세우면 불법을 행하기 쉽다. 사이비 교단들의 행태가 이를 증명한다. 예수는 그런 상황을 염려하고 무슨 신령한 것만 쫓으며 하나님의 참뜻을 모르는 자들을 경계했다. 바울 사도는 그 하나님의 뜻을 이렇게 설명한다.

> 그러므로 너희는 하나님이 택하사 거룩하고 사랑받는 자처럼 긍휼과 자비와 겸손과 온유와 오래참음을 옷입고 누가 누구에게 불만이 있거든 서로 용납하여 피차 용서하되 주께서 너희를 용서하신 것 같이 너희도 그리하고 이 모든 것 위에 사랑을 더하라 이는 온전하게 매는 띠니라 그리스도의 평강이 너희 마음을 주장하게 하라 너희는 평강을 위하여 한 몸으로 부르심을 받았으니 너희는 또한 감사하는 자가 되라
>
> 〈신약성경 골로새서〉

긍휼과 자비와 겸손, 그리고 오래참음과 용서를 베풀라는 말씀이니 한마디로 사랑하라는 말이다. 그러면 평안을 얻을 터이니 감사하는 마음으로 살라. 선지자 노릇을 하지 못해도 되고 귀신을 쫓아내지

못해도 괜찮고 많은 권능을 행하지 못해도 상관없다. 그래서 또 이런 말씀을 했다.

> 내가 사람의 방언과 천사의 말을 할지라도 사랑이 없으면 소리 나는 구리와 울리는 꽹과리가 되고 내가 예언하는 능력이 있어 모든 비밀과 모든 지식을 알고 또 산을 옮길 만한 모든 믿음이 있을지라도 사랑이 없으면 내가 아무것도 아니요 내가 내게 있는 모든 것으로 구제하고 또 내 몸을 불사르게 내줄지라도 사랑이 없으면 내게 아무 유익이 없느니라
>
> 〈신약성경 고린도전서〉

천사의 말을 하고 예언을 하고 산을 옮기는 이런 엄청난 기적 같은 행위를 다했을지라도 사랑이 없다면 그것은 자기자랑은 될지언정 하나님의 뜻을 행함이 아니다. 자랑은 자신을 드러내고 세상의 칭찬을 듣고 싶어한다. 그러나 지혜는 나서서 드러내려고 하지 않는다. 칭찬을 요구하지도 않는다. 칭찬이라면 위로부터 오는 것을 구한다. 그것은 천상보이고 하늘의 상급이다. 하늘의 상급은 자신의 내면에서 누리는 최고의 칭찬이다. "착하고 충성된 종아 네가 적은 일에 충성하였으매 내가 많은 것을 네게 맡기리니 네 주인의 즐거움에 참여할지어다"〈신약성경 마태복음〉 충성된 종은 하나님의 뜻을 알고 작은 것으로부터 실천한 사람이다. 그런 사람에게 하나님의 즐거움에 참여

지혜만찬

할 수 있는 특권이 주어진다. 하나님의 즐거움이란 세상이 알지 못하는 '영혼이 기뻐 뛰노는' 특별한 체험이다. 이런 체험을 어느 종교심리학자는 '기쁨'(joy)이라고 풀이하기도 했다. 공자는 즐거움을 누리는 상태를 최고의 경지라고 말씀했다. 종교인이라면 이러한 즐거움에 참여할 수 있어야 진정한 신앙의 맛을 볼 수 있으리라.

> 좁은 문으로 들어가라 멸망으로 인도하는 문은 크고 그 길이 넓어 그리로 들어가는 자가 많고 생명으로 인도하는 문은 좁고 길이 협착하여 찾는 자가 적음이라
>
> 〈신약성경 마태복음〉

2) 베풂

행함이란 지혜의 덕목을 실천하는 일이다. 참고 용서하기를 힘쓰며 무엇에나 만족할 줄 알고 중용의 자세를 잃지 않는 것이다. 이 중에 하나만이라도 제대로 실천한다고 하면 지혜롭다는 말을 들을 만하다. 그런데 경전에 보면 종교인으로서 특별히 힘써야 할 일이라고 강조하는 것이 있다. 바로 '베풂'이다. 이것은 또 하나의 지혜 덕목이라고 불러도 무방하다. 실로 그 자체로 지혜의 완결판이라고 할 만한 덕목이다.

베풂은 조건 없이 주고 대가를 바라지 않는다. 그래서 일반적으로 말하는 나눔과 성격이 다르다. 나눔은 상부상조의 개념으로 평등한

관계에서 상호작용으로 이루어지지만 베풂은 일방적으로 조건 없이 행해진다. 되돌려 받음을 생각하지 않고 행한다. 나눔은 품앗이나 두레와 같은 미풍양속으로 공동체의 삶을 중시했던 시대에 서로의 유익을 위해서 필수적이었다. 그러나 개인주의와 자유주의가 보편화된 현대사회에서는 그 필요성이 점점 작아지고 크게 마음먹지 않으면 실천하기가 쉽지 않은 일이 되었다. 나눔은 여전히 현대사회에도 미덕이며 그런 점에서 그것도 지혜라고 해야 할 것이다. 하지만 베풂과 비교해 볼 때 나눔은 세속적 지혜라고 할 수 있다. 거기에는 보통 어떤 반대급부가 있기 때문이다. 반면에 베풂은 대가 없이 일방적으로 주는 것으로 많은 사람을 유익하게 하고 그래서 종교적 지혜가 된다.

> 나와 같이 모든 일에 모든 사람을 기쁘게 하여 자신의 유
> 익을 구하지 아니하고 많은 사람의 유익을 구하여 그들로
> 구원을 받게 하라
>
> 〈신약성경 고린도전서〉

 이 말씀은 사도 바울이 고린도 교회의 교인들에게 전한 설교인데 우리 단군신화에 나오는 '홍익인간'을 연상케 한다. 베풀면 평안이 온다. 힘이 든다거나 피곤함을 느끼면서 베풀었다면 그것은 평안이 없는 베풂으로 지혜가 될 수 없다. 기독교에서는 하나님으로부터 받은 복을 다른 사람에게 나누어 주는 것이며 값없이 받았으므로 값없이 준다고 말한다. 베풂은 선행으로 나타난다. 선행은 지혜의 덕목을 갖

춘 사람이 자연스럽게 실천하는 모습이다. 야고보 사도는 이렇게 말씀한다.

> 너희 중에 지혜와 총명이 있는 자는 누구냐 그는 선행으로
> 말미암아 지혜의 온유함으로 그 행함을 보일지니라
>
> 〈신약성경 야고보서〉

아무리 믿음이 좋고 지혜롭다고 해도 선행이 없다면 하나님의 영광과 상관이 없다. 자신은 기쁘고 만족스럽게 신앙생활을 한다고 하지만 생활 속에 선한 모습이 없다면 그가 느끼는 기쁨이나 만족은 평안과는 거리가 멀고 지혜가 될 수도 없다. 바울 사도는 예수의 말씀을 상기시키면서 베푸는 기쁨을 말씀한다. "범사에 여러분에게 모본을 보여 준 바와 같이 수고하여 약한 사람들을 돕고 또 주 예수께서 친히 말씀하신 바 주는 것이 받는 것보다 복이 있다 하심을 기억하여야 할지니라."〈신약성경 사도행전〉 아들처럼 아끼고 사랑하던 제자 디모데에게도 같은 뜻으로 권면한다.

> 선을 행하고 선한 사업을 많이 하고 나누어 주기를 좋아하
> 며 너그러운 자가 되게 하라 이것이 장래에 자기를 위하여
> 좋은 터를 쌓아 참된 생명을 취하는 것이니라
>
> 〈신약성경 디모데전서〉

여기서 나누어주기는 베풂으로 이해된다. 선을 행함이 참된 생명을 취하는 길이다. 참된 생명은 종교인이 추구하는 목표다. 선한 결과를 가져오는 베풂의 실천은 지혜의 완성임과 동시에 신앙의 완성이라고 볼 수 있다.

> 잔치를 베풀거든 차라리 가난한 자들과 몸 불편한 자들과 저는 자들과 맹인들을 청하라 그리하면 그들이 갚을 길이 없으므로 네게 복이 되리니 이는 의인들의 부활 시에 네가 갚음을 받겠음이라 하시더라
>
> 〈신약성경 누가복음〉

베풂으로 받을 복은 세상에서 받는 복이 아니고 하늘에서 받을 보상이라고 한다. 반면에 세속적 지혜는 현세의 유익이 따른다. 어떠한 형태로든 현세에 그 효과가 나타나기를 기대한다. 현세가 아닌 후세를 기약한다면 그것은 종교적이라고 해야 할 것이다. 유교 전통에서 말하는 '음덕'이란 베푼 덕에 대하여 어떤 대가를 바라지 않으며 은밀하게 마땅한 도리로 행하는 것이다. 그것이 후세에 나타나면 누군가의 유익으로 드러나게 된다. 특별히 조상이 쌓은 음덕으로 후손이 복을 받는다는 믿음은 종교적인 의미를 함축한다.

음덕은 중국 주나라 때에 손숙오라는 사람의 고사에서 유래한다. 숙오는 어렸을 적에 길에서 머리가 둘 달린 뱀을 마주치자 그런 뱀을 본 사람은 죽는다는 말을 생각하고는 다른 사람이 또 볼까 염려하여

돌로 쳐서 죽이고 집으로 돌아왔다. 그러고는 밥도 못 먹고 걱정스러운 모습으로 있었다. 그의 어머니가 무슨 일이냐고 묻자 자초지종을 얘기하며 자기는 곧 죽을 거라고 말했다. 그러자 어머니는 남을 위해서 음덕을 쌓았으니 죽지 않을 거라고 말했는데 과연 숙오는 죽지 않았고 후에 초나라의 재상이 되었다고 한다. 여기에서 유래하여 후손을 위해서 해줄 수 있는 가장 좋은 것은 음덕을 쌓는 일이라는 전통이 생겨났다. 성경에도 이 음덕을 묘사하는 구절이 나온다. "그는 종일토록 은혜를 베풀고 꾸어 주니 그의 자손이 복을 받는도다"〈구약성경 시편〉 기독교 구약시대에는 구제가 율법으로 규정되어 있어서 베풂이 의무사항이었다. 지혜의 실천이 하나님의 명령으로 받아들여진 것이다.

> 땅에는 언제든지 가난한 자가 그치지 아니하겠으므로 내가 네게 명령하여 이르노니 너는 반드시 네 땅 안에 네 형제 중 곤란한 자와 궁핍한 자에게 네 손을 펼지니라
>
> 〈구약성경 신명기〉

이 말씀은 이스라엘의 지도자 모세가 하나님으로부터 계시로 직접 전해 받았다고 하는 율법이다. 선행을 베푸는 것이 법으로 규정되어 의무사항이 되면 그 선한 뜻이 훼손될 수도 있다. 그러나 종교인이 선행을 베풀 때에는 자신의 선한 의지로 말미암아 그러한 행위가 있었다고 말하지 않는다. 오히려 절대자의 명령에 따라 선한 도구로 쓰

였을 뿐이라고 고백하는 것이 종교적인 태도다. 그런 면에서 종교적이라는 의미는 능동적이기보다는 수동적이라고 할 수 있겠지만 거기에는 큰 겸손이 들어 있다. 진정한 지혜의 묘미다. 신약시대에 예수는 선한 사마리아인의 비유를 말씀하면서 베풂을 설명하였다.

> 예수께서 대답하여 이르시되 어떤 사람이 예루살렘에서 여리고로 내려가다가 강도를 만나매 강도들이 그 옷을 벗기고 때려 거의 죽은 것을 버리고 갔더라 마침 한 제사장이 그 길로 내려가다가 그를 보고 피하여 지나가고 또 이와 같이 한 레위인도 그곳에 이르러 그를 보고 피하여 지나가되 어떤 사마리아 사람은 여행하는 중 거기 이르러 그를 보고 불쌍히 여겨 가까이 가서 기름과 포도주를 그 상처에 붓고 싸매고 자기 짐승에 태워 주막으로 데리고 가서 돌보아 주니라 그 이튿날 그가 주막 주인에게 데나리온 둘을 내어 주며 이르되 이 사람을 돌보아 주라 비용이 더 들면 내가 돌아올 때에 갚으리라 하였으니 네 생각에는 이 세 사람 중에 누가 강도 만난 자의 이웃이 되겠느냐 이르되 자비를 베푼 자니이다 예수께서 이르시되 가서 너도 이와 같이 하라 하시니라
>
> 〈신약성경 누가복음〉

사마리아인은 유대인으로부터 이단으로 천대받던 사람들이었다.

그러나 그런 사마리아 사람이 정통 유대인을 자처하는 레위인이나 종교지도자로 인정받던 제사장보다 더 하나님과 이웃을 사랑하는 사람이라는 말씀이다. 그리고 듣는 자에게 말씀한다. '가서 너도 이와 같이 하라.' 여기에 유래하여 현대법에는 '선한 사마리아인법' 이론이 있다. 위험한 상황에 빠진 사람을 구하지 않고 그냥 무시하고 지나치면 벌을 받게 하는 법이다. 그러한 행위를 법으로 처벌할 수 있느냐 하는 문제가 논란이 있기는 하지만 우리나라에는 '아동학대특례법'에 비슷한 규정이 있고 서구에서는 일부 국가에서 시행하고 있다.

유교에는 '박시제중'(博施濟衆)이라는 말이 있는데 널리 베풀어서 백성을 구제한다는 뜻이다. 공자는 제자 자공의 물음에 베풀고 구제하는 일이 성스러운 일이라고 대답한다.

> 자공이 말하였다 만일 백성에게 널리 베풀어 구제한다면 어떻겠습니까 인하다고 할 만합니까 공자께서 말씀하셨다 어찌 인에 머물겠느냐 반드시 성스러움이라고 해야 한다. 오히려 요순임금도 이를 부족하게 여기셨다
>
> 〈논어 옹야편〉

자공은 특히 사업수완이 있어서 재력이 있었고 그래서 베풀기도 하였던 모양이다. 인이란 유교의 최고 이념이고 사람이 마땅히 행해야 할 도리다. 여기에서는 베풂이 인의 경지를 넘어서는 성스러운 행위라고 말씀하고 있다. 널리 베풀어서 사람을 구제하는 일이야말로 가

장 성스러운 일이라는 가르침이다. 이처럼 성스러움의 경지로 높여지는 경우도 있지만 한편 소소한 베풂으로 잔잔한 감동을 주는 일화가 등장하는 경우도 있다. 부처와 제자 가섭이 입고 있는 옷을 가지고 나누는 대화다.

> 어느때 부처님께서 사위국 기수급고독원에 계셨다 그때 동원 녹자모 강당에 있던 존자 마하가섭은 저녁때 선정에서 일어나 부처님께 나아가 머리를 조아려 그 발에 예배드리고 한쪽에 물러나 앉았다 그러자 부처님께서는 그에게 이렇게 말씀하셨다 그대는 이미 늙어 모든 기관이 쇠약해져 누더기 옷은 무거울 것이다 내 옷은 가볍고 좋다 그대도 지금부터는 가벼운 옷을 입어라 가섭이 대답하였다 세존이시여 저는 이미 오랫동안 아란나를 익혔고 아란나와 누더기 옷과 걸식을 찬탄하였나이다
>
> 〈잡아함경 극로경〉

아란나는 수행에 적합한 고요하고 한적한 곳을 말하며 또한 이곳에서 닦는 번뇌가 없는 수행을 뜻하기도 한다. 가섭은 불경의 형성에 가장 공이 큰 제자이며 그래서 마하가섭이라고 불리며 제자 중에 연장자로서 부처와 나이 차가 많지 않았다고 한다. 그는 부잣집 출신이지만 출가 후에는 항상 헌 누더기옷을 입고 금욕생활을 한 것으로 유명한데 부처가 이를 마음에 두고 자신의 가벼운 옷을 입으라고 권하

는 장면이다. 늙은 제자가 입고 있는 누더기옷을 안쓰러운 눈으로 쳐다보는 모습에서 성인의 따뜻한 인간미가 전해온다. 베풂은 거창하지 않아도 감동적이다. 이런 말씀이 성경에 나온다. "곡식 떠는 소에게 망을 씌우지 마라"〈구약성경 신명기〉짐승에게조차 베풀 것을 명하고 있으니 하물며 하나님의 모상이라고 하는 인간에게는 어떠해야 하는지 짐작하고도 남는다.

3) 보시

보시(布施)는 베풂의 불교 용어다. 초기불교에서 도달해야 할 이상적인 인간상은 아라한 또는 나한이라고 한다. 그래서 대표적인 제자들은 모두 아라한의 경지에 이르렀다고 말한다. 후기불교라고 할 수 있는 대승불교에 오면 보살사상이 등장하여 새로운 인간상을 제시한다. 그 보살이 닦는 도를 보살도라고 한다. 그리고 보살이 불법을 완성하기 위해서 닦는 중요한 여섯 가지 수행을 육바라밀이라고 하며 보시도 그중 하나다. 바라밀은 바라밀다의 준말이며 산스크리트어 '파라미타'의 음역이고 한자로는 도피안(到彼岸)이라고 번역된다. 도피안은 피안에 도달한다는 말이며 피안은 열반이나 극락세계를 말한다. 육바라밀은 보시바라밀, 지계바라밀, 인욕바라밀, 정진바라밀, 선정바라밀, 반야바라밀의 여섯 가지다. 지계(持戒)는 계율을 지킴이고, 인욕(忍辱)은 참음이며, 정진(精進)은 팔정도의 정정진과 같은 의미로 선을 키우는 노력이다. 선정(禪定)은 고요히 욕망을 끊음이고,

반야(般若)는 지혜로서 육바라밀의 근간이 된다. 이 중에 보시바라밀을 가장 먼저 드는 것은 베풂이 어떤 교리보다도 중요한 수행이라는 의미를 내포한다.

> 부처님께서 비구들에게 설하셨다… 널리 보시를 행하면 인간과 천상의 복을 받고 열반을 증득하게 되니 보시를 행하라
>
> 〈증일아함경 오계품〉

보시를 행하면 복을 받는다. 여기서 말하는 인간의 복은 세속적인 복이고 천상의 복이란 영적인 복에 해당한다. 그리고 보시를 행하면 열반에 들 수 있다고 말씀한다. 불교의 교리는 매우 다양하고 어려운 면이 있는데 결국은 열반을 이루기 위한 과정들을 설명하는 것이다. 그 다양하고 어려운 과정들을 보시로써 일거에 해결할 수 있다면 그 중요함을 이해할 수 있겠다. 그래서 육바라밀 중에 가장 먼저 행해야 할 수행이 보시라고 말씀하는 것 같다.

> 그때에 사리자가 다시 만자자에게 말했다… 또 만자자여 보살들이 위없는 정등보리를 증득하고자 하면 온갖 수행 가운데서 맨 먼저 물듦이 없는 보시바라밀다를 배워야 합니다 만일 보시를 배우면 비롯함이 없는 세계로부터 익혀 오던 인색함의 때가 즉시에 멀어지고 몸과 마음이 끊임없

이 차츰차츰 온갖 지혜의 지혜로 가까워집니다

〈대반야경 보시바라밀다품〉

사리자는 사리불을 말하고 만자자는 부루나이며 둘 다 부처의 십대
제자다. 최상의 깨달음을 얻으려면 제일 먼저 보시를 행해야 하고 보
시를 행하면 온갖 지혜의 지혜로 가까워진다고 한다. 보시의 중요함
을 강조하는 말씀이다.

> 부처님께서 사위국 기수급고독원에 계실 때 새벽녘 부처
> 님을 방문한 어떤 천자가 보시에 대한 게송을 읊자 부처님
> 께서 말씀하셨다 가난에 대한 두려움과 아끼는 마음 없애
> 고 보시하되 적은 재물이라도 깨끗한 마음으로 보시하고
> 법답게 얻은 재물로 법답게 보시하며 형편이 어려운 가운
> 데 보시하는 것은 성현의 보시에 알맞으며 이 공덕으로 천
> 상에 나게 된다
>
> 〈잡아함경 간인경〉

보시를 설명하는 말씀이 평범하게 들린다. 종교인이 아니라도 그
런 행위를 하는 예는 많이 있다. 연말이면 정기적으로 베푸는 행사를
하는 단체들이 있고 많은 사람이 기꺼이 참여하는 모습을 보면 훈훈
한 인정을 느낄 수 있다. 그러나 어쩌다가 아니고 늘 그런 마음으로
살기는 쉽지 않다. 그렇기 때문에 깊은 수행 없이 열반에 이르기가

어려운지 모른다. 악행을 많이 저지른 사람도 보시를 행하면 은혜로운 시주가 될 수 있고 공덕을 성취할 수 있다는 말씀도 있다.

어느 때 부처님께서 왕사성의 죽림 칼란다카 동산에 계셨다 그때에 생문 바라문은 부처님께 나아가 서로 문안한 뒤 한쪽에 물러 앉아 이렇게 여쭈었다… 시주가 어떻게 보시를 해야 공덕을 성취하니이까 어떤 사람이 십악행을 짓더라도 여러 사문 바라문이나 가난한 이 거지에게 재물과 음식 의복 등불과 가타 물품을 보시하면 그는 은혜로운 시주가 된다

〈잡아함경 생문법지경〉

악행을 저지른 사람이 보시를 행하는 것은 기독교에서 죄인이 회개하는 것과 같은 의미를 갖는다고 볼 수 있다. 그리고 보시를 행함에는 반드시 반야에 의하여야 한다는 말씀도 하고 있다. 반야는 산스크리트어 '프라즈나'의 음역으로 프라즈나는 지혜를 말한다. 보시를 행하되 지혜롭게 하여야 비로소 보시라고 할 수 있다.

그때에 전륜성왕이 다시 부처님께 여쭈었다 보살이 보시를 수행하면 심히 깊은 반야와 다릅니까 다르지 않습니까 부처님이 말씀하셨다 보시라는 것이 반야가 없이 그저 보시의 이름만 있으면 저 언덕에 이르는 것이 아니니 반드시

지혜만찬

반야에 의하여야 비로소 보시라 할 수 있느니라 왜냐하면
심히 깊은 반야의 성품이 평등하기 때문이니라

〈대반야경 증권품〉

보시는 동정심에서 나오는 단순한 베풂으로는 도달할 수 없는 바라밀이며 반드시 반야, 즉 지혜에 근거해서 행하는 수행이 되어야 한다는 말이다. 반야에 근거한 보시는 베풂이라는 자각도 없이 행하는 보시일 것이다. 열반에 이르는 길이니 반야와 떨어질 수 없다. 불교의 대표적인 수행방법은 팔정도이지만 후기불교인 대승불교에서는 팔정도에 더하여 육바라밀을 제시한다. 육바라밀의 처음은 보시이고 마지막이 반야다. 맨 나중에 언급하고 있는 반야는 모든 바라밀의 기초가 된다. 그 점을 보시바라밀을 설명하면서 강조하고 있다. 보시는 일상에서 평범한 모습으로 행해지더라도 그 행위는 성스러움에 속한다. 유교에서 말한 박시제중이 성스러움인 것처럼 최고 경지의 수행이라고 해야 할 것이다. 제자 사리자도 이러한 뜻으로 보살들에게 보시바라밀에 대하여 설한다.

그때에 구수 사리자가 부처님께 두세 번 권고하시는 위신력에 의하여 우선 보시바라밀다로써 보살을 가르치고 경계하였다… 보살이 보시를 수행할 때에 뒷마음을 일으키어 위없는 정등보리에로 회향하지 않고 또 온갖 지혜의 지혜를 반연하지도 않으면 이 보살은 비록 보시를 하여도 보

시바라밀다가 아니어서 생사를 부르나니 온갖 지혜가 아
닙니다

〈대반야경 보시바라밀다품〉

뒷마음이란 욕심의 찌꺼기가 남은 상태를 말하며 그것은 단순한 베
풂에 그치고 세속적으로는 지혜가 되어도 영성이 있는 종교적 지혜는
되지 못한다는 뜻이다. 생사를 부른다는 것은 세상의 번뇌를 벗어나
지 못한다는 말이다. 온갖 지혜의 지혜가 바로 반야이며 반야는 세속
적 지혜와 구별되는 종교적 지혜다. 보시에도 여러 가지 형태가 있다.

병자를 보살피는 것은 보시 가운데서 가장 큰 보시요 병자
를 간호하는 것은 곧 부처를 간호하는 것과 같아서 큰 공
덕을 얻게 된다

〈증일아함경 일입도품〉

보시는 일반적으로 재보시라고 하여 재물로 베풂을 말한다. 그러
나 여기서는 병자를 간호하는 것이 큰 보시라고 말하고 있다. 성경에
도 작은 자에게 대한 베풂을 강조하면서 병들었을 때 돌보아 주는 선
행을 언급한 부분이 있었다. 재보시는 재물의 능력이 있어야 가능하
지만 병자를 돌보는 일은 정성만 있으면 되기 때문에 누구든지 할 수
있는 보시다. 그래서 특별히 병자에 대한 간호를 큰 공덕이라고 말씀
한다. 보시에는 또한 법보시가 있으니 불법을 전해주는 것을 귀한 보

지혜만찬

시라고 하여 불경의 전수를 중요시하고 있다. 금강경의 마지막 장에 이러한 말씀이 나온다. "수보리여 어떤 사람이 한량없는 아승기 세계에 칠보를 가득 채워 보시한다고 하자 또 보살의 마음을 낸 어떤 선남자 선여인이 이 경을 지니되 사구게 만이라도 받고 지니고 읽고 외워 다른 사람을 위해 연설해 준다고 하자 그러면 이 복이 저 복보다 더 뛰어나다"〈조계종 표준금강경〉 사구게(四句偈)란 네 구절로 된 운문체의 법어로서 불경의 내용을 시적인 형식으로 간결하게 표현하는 노래다. 경전을 신성시하는 것은 모든 종교에 공통이지만 특히 불교에서는 법보(法寶)라고 하여 귀하게 여긴다.

3. 영성

1) 영혼

영성은 종교의 시작점이자 종교적 지혜의 원천이고 평안의 터전이다. 그래서 평안이 있는 삶은 영성을 많이 의식하며 산다. 영적인 성품은 필연적으로 '영'과 연결된다. 그 존재는 영험, 혼령, 신령 등에서 암시하는 바와 같이 신비로운 대상이다. 영성에는 신적 존재와 교통하는 능력이 있고 그래서 초월적 신비라고 말한다. 인간은 유한한 존재임에도 무한과 영원을 꿈꾸지만 정작 현실을 초월하는 실체가 무엇인지 지식으로는 알 수가 없다.

> 하나님이 모든 것을 지으시되 때를 따라 아름답게 하셨고 또 사람들에게는 영원을 사모하는 마음을 주셨느니라 그러나 하나님이 하시는 일의 시종을 사람으로 측량할 수 없게 하셨도다
>
> 〈구약성경 전도서〉

'영원을 사모하는 마음'을 단순화하면 영성으로 이해할 수 있다. 영원은 막연하지만 영혼이 존재하는 세계로 믿어진다. 그래서 영원을 꿈꾸는 영적 세계는 앎이 아니라 믿음의 영역에 속한다. 중세 기독교 신학자인 안셀무스는 '이해하기 위해서 먼저 믿는다'는 말을 했다. 하나님이란 영적 존재는 이성의 이해력으로 알기에는 한계가 있다고 깨닫고 영성을 통한 믿음으로 이해하는 길을 찾았다. 생과 사를 넘나들며 영원을 꿈꿀지라도 육신의 삶은 유한하다. 얼마의 시간이 지나면 육신은 한 줌 재가 되든지 진토가 되든지 사라진다는 사실은 예외가 없다. 성경에는 몇몇 선지자가 죽지 않고 하늘로 들리어 올라갔다는 기록이 있지만 그것은 종교적 믿음 안에 한정되는 이야기다. 결국 영원하다는 것은 물리적인 육체를 떠난 영혼의 문제로 남는다. 그런데 이 영혼이라는 존재에 많은 견해가 엇갈린다.

'영' 또는 '영혼'에 대한 설명은 동양과 서양의 개념이 다르고 종교마다 차이가 있다. 그래서 명확하게 설명되기가 어려운 대상이기도 하다. 성경에 보면 인간의 구성요소를 영, 혼, 몸으로 구분하며 삼분법적으로 이해하기도 하고〈신약성경 데살로니가전서〉, 단순하게 영과 육으로 나누어 이분법적으로 이해하는 경우도 있다.〈신약성경 로마서〉 영과 혼을 구분할 때 영은 신적인 속성에 속하고 혼은 인간의 정신과 유사한 개념으로 우리말의 얼에 해당한다고 볼 수 있다. 그러나 영과 혼을 합해서 영혼이라 부르며 이를 줄여서 영이라고 하는 것이 일반적으로 이해하는 개념이다.

영혼의 문제를 어떻게 받아들이느냐 하는 문제는 각자의 믿음에 달렸다. 보통은 육체와 구별되지만 우리 몸을 구성하고 정신과 마음을 주관하는 비물질적 요소라고 말한다. 영혼의 존재를 인정하더라도 육체와 같이 유한하다고 생각할 수도 있고 종교가 상상하는 것처럼 영원하다고 믿을 수도 있다. 영성의 본질은 영혼이 존재하며 영원하다는 믿음이다. 그 바탕에서 종교적이라는 수식어가 의미를 갖게 된다. 영혼의 영원성이야말로 영성을 설명할 수 있는 핵심이다. 죽음 이후에 새로운 세상이 있다든지, 윤회한다든지, 영혼을 받드는 후손을 통해서 이어진다는 생각은 현생의 삶에 영향을 미친다. 현생을 어떻게 충실하게 사느냐의 여부가 다음 생을 결정할 수 있다고 믿는다. 그래서 충만한 영성은 고달픈 현실을 감내하도록 위안과 능력을 주며 적극적으로 삶을 희생할 수도 있게 한다. 육적인 현실은 지치고 곤할지라도 영혼은 평안을 누릴 수 있다는 소망이 삶에 또 다른 의미를 부여해 준다. 그것이 영성의 세계이고 종교가 꿈꾸는 세상이다.

감성은 느낌을 앞세우고 지성은 생각을 주장한다. 영성은 영적인 느낌과 영적인 생각을 포함하므로 특별히 제3의 심성으로 구분할 필요가 없다고 볼 수도 있다. 그래서 영적 세계에 의미를 두지 않는 사람에게는 영성이 차지할 공간이 없다. 감성이나 지성만으로 충분히 인간을 이해할 수 있고 세상을 설명할 수 있다고 보는 것이다. 하지만 종교적 세계에서는 영적인 문제를 이해하지 않고는 인생을 다 설명해 낼 수 없다. 인간이 경험하는 신비스러운 차원을 풀어내기가 어렵기 때문이다. 영성에 대한 이해는 종교적 지혜를 푸는 열쇠가 된다.

기독교는 영적 세계를 가장 구체적으로 언급하며 하나님을 영으로 믿는다. "하나님은 영이시니 예배하는 자가 영과 진리로 예배할지니라"〈신약성경 요한복음〉 그 하나님의 영을 성령이라고 하며 인간은 생령이라고 부른다. "여호와 하나님이 땅의 흙으로 사람을 지으시고 생기를 그 코에 불어 넣으시니 사람이 생령이 되니라"〈구약성경 창세기〉 하나님과 사람을 공히 영적 존재로 보는 입장에서는 영적 생명이 삶의 중심을 차지한다.

> 하나님이 말씀하시기를 말세에 내가 내 영을 모든 육체에 부어 주리니 너희의 자녀들은 예언할 것이요 너희의 젊은 이들은 환상을 보고 너희의 늙은이들은 꿈을 꾸리라 그 때에 내가 내 영을 내 남종과 여종들에게 부어 주리니 그들이 예언할 것이요 또 내가 위로 하늘에서는 기사를 아래로 땅에서는 징조를 베풀리니 곧 피와 불과 연기로다
> 〈신약성경 사도행전〉

이 말씀은 구약성경 요엘서의 구절을 신약성경 사도행전의 저자가 인용한 것인데 성령의 임재를 신비한 모양으로 묘사하고 있다. 예언을 하고 환상을 보고 기사와 징조가 나타나는 것은 종교의 신비성을 표현하고 있다. 신약시대에도 성령이 사람에게 임하는 모습을 묘사하는 장면이 나온다. "오순절 날이 이미 이르매 그들이 다 같이 한 곳에 모였더니 홀연히 하늘로부터 급하고 강한 바람 같은 소리가 있

어 그들이 앉은 온 집에 가득하여 마치 불의 혀같이 갈라지는 것들이 그들에게 보여 각 사람 위에 하나씩 임하여 있더니"〈신약성경 사도행전〉 여기서는 강한 바람이나 불의 혀 같다고 묘사한다. 예수는 세례 요한으로부터 세례를 받을 때 성령이 임하는 체험을 한다. 그때는 비둘기 같이 내렸다고 묘사되고 있다. "예수께서 세례를 받으시고 곧 물에서 올라오실 새 하늘이 열리고 하나님의 성령이 비둘기 같이 내려 자기 위에 임하심을 보시더니"〈신약성경 마태복음〉

이러한 신비를 보통은 영성의 특징으로 이해한다. 지금도 기독교에서는 이런 종류의 신비체험이 종종 간증되고 있다. 그러나 경전에 드러난 성현들의 가르침을 통해서 보면 그 신비에는 인간의 내적 변화로 전환하는 과정이 포함되며 그래서 영성의 의미가 확장되는 것을 알 수 있다. 영혼은 우리가 그 실체를 알 수 없기 때문에 늘 의문이 따르며 신비의 베일로 가려진다. 유교에서는 영적 존재에 대해서 명확한 언급을 하지는 않지만 그 존재를 부정하지 않는다. 귀신이라고 할 때 그 신은 불멸의 존재이지만 사람이 죽은 후의 영혼은 시간이 지나면 점차로 사라지는 존재로 이해한다. 불교는 윤회사상에 따르면 영이 불멸하거나 소멸하지 않고 계속 순환한다고 본다. 종교마다 영에 대한 이해는 각기 다르게 나타나고 있지만 전체적으로 보면 종교는 영적 존재임을 전제로 영성의 세계에서 펼쳐지는 신비현상이라고 말할 수 있다.

우리 주 예수 그리스도의 하나님 영광의 아버지께서 지혜

지혜만찬

와 계시의 영을 너희에게 주사 하나님을 알게 하시고

〈신약성경 에베소서〉

여기서 지혜와 계시의 영이란 우리의 영성에 비친 성령이며 이 성령이 하나님을 알게 해준다고 말씀한다. 지혜와 계시는 종교의 두 가지 속성을 나타내는 말이다. 지혜는 내 의지나 수행을 거쳐 깨우치는 것이고 계시는 외부에서 들어오는 신비스러운 작용이다. 지혜가 자력이라고 한다면 계시는 타력이다. 그러나 지혜의 깨우침에 외적인 능력이 작용하기도 하고 계시를 받는 과정에 의지나 열망이 상호작용을 하기도 한다. 계시는 지극히 개인적인 차원에서 나타나는 경험이기 때문에 신비를 더하는 측면이 있다. 그래서 앞에서 본 성령이 임하는 장면이 여러 모양으로 묘사된다. 영성은 신비의 세계이며 그 신비가 현실로 나타나는 것을 일반적으로 기사(奇事)와 이적(異蹟)이라고 부른다. 무지했던 고대인들이 기적이라고 불렀던 사건들이 현대에 와서 과학적으로 설명되고 있는 것을 볼 수 있다. 기적을 종교의 중요한 요소로 보는 입장에서는 이러한 현상이 불만스러울지 모른다. 신비가 과학의 이름으로 한 겹씩 벗겨져 나가는 현상을 역사적으로 살펴볼 수 있다.

그러나 이러한 부류의 신비나 기적이 종교의 본질이 아니라는 것을 이미 예수, 부처, 공자는 오래전에 깨우쳐 주었다. 앞에서 살펴본 바와 같이 새로운 깨달음의 종교에서는 기복신앙이나 신비주의를 극복하고 있다. 현세에서 행복을 누릴 수 있다는 기복은 영원한 평안을 기원하는 신앙으로 바뀌었고, 신비주의는 인간의 감각이나 지각으로 인식되는 외적인 기적보다는 인간의 내면에서 일어나는 변화로 전환되었다.

기독교에서는 기도를 통하여 하나님의 임재를 영성으로 체험하면 혼란스러웠던 마음에 평안이 찾아온다. 불교에서는 선정(禪定)에 들어 현세를 초탈하면 그러한 경지가 나타난다. 유교에는 경(敬)이라는 수련을 통해서 그런 결과를 본다. "자로가 군자에 대하여 물으니 공자께서 말씀하셨다 경으로써 나를 닦는 것이니라"〈논어 헌문편〉 경을 닦은 군자는 불우불구라는 평안의 경지를 누린다. 경은 경건하게 하늘의 뜻을 성찰하는 것이다. 그 실천적 모습이 '신독'(愼獨)으로 나타나는데 하늘이 보고 있으니 홀로 있을 때라도 조심한다는 뜻이다.

군자는 보이지 않는 곳에서 경계하고 삼가며 남이 듣지 못하는 곳에서도 두려워한다. 숨기지만 잘 나타나고 미세하지만 잘 드러난다. 그러므로 군자는 홀로 있을 때 조심한다

〈중용〉

기도나 선정이나 경은 신비를 내재화하는 영성의 작용이라고 이해할 수 있다. 고대인들이 경외심으로 바라보던 외적인 기적은 내적인 기적을 표상하는 상징적인 의미를 갖는다. 예수는 당신이 하나님의 아들이라는 것을 믿을 수 있도록 기적을 보여 달라는 유대인들의 요구를 거절했다. 사도 바울도 신비를 말하면서 자신은 누구보다 방언

을 잘 할 수 있고 또 하늘나라에 올라갔던 체험도 있지만 그러한 일들이 신앙의 본질일 수 없다는 점을 강조했다. 내적인 기적은 기독교적으로 표현하면 '변하여 새사람이 되는 것'이다. 이것을 거듭남이라고도 하는데, 종교 일반에서는 깨달음의 터득이다. 유교에서는 '활연관통'(豁然貫通)이라는 경지이고, 불교의 해탈이나 열반과 같은 경지이다. 일찍이 그러한 깨달음의 경지는 세 성인의 삶과 가르침 속에 녹아 있다. 그러나 예수, 부처, 공자는 속세를 초탈하여 유유자적하는 생활을 말씀하지 않는다. 오히려 초월적 신비를 경험하였으되 적극적인 현세의 삶 속에서 선을 위한 헌신과 희생을 가르쳤다.

2) 희생

희생은 남을 위해서 고통과 손해를 기꺼이 감수하는 것이다. 남을 위한 행위는 이타심의 발로이다. 희생에는 여러 가지가 있을 수 있지만 가장 극적인 것은 생명을 바치는 일이다. 종교에서는 절대자를 위하여 자신의 목숨을 희생하는 것을 순교라고 부른다. 그래서 순교를 가장 고귀한 종교행위로 찬양한다. 불교의 소신공양은 자신의 몸을 태워서 부처에게 바치는 것으로 희생에 대한 극적인 표현이다. 그러나 이 희생공양은 스스로 행하는 행위라는 점에서 예외적인 현상으로 볼 수 있다. 희생의 일반적인 모습은 타의적인 현상으로 나타난다. 그 의미는 피할 수 있다면 피하고 싶지만 절대자를 위해서 또는 남을 위해서 기꺼이 감수하겠다는 뜻이다.

이러한 희생의 모습을 예수가 보여주고 있다. 그는 로마군에 붙잡혀 순교하기 직전에 홀로 동산 숲에 들어가 이렇게 기도했다. "내 아버지여 만일 할 만하시거든 이 잔을 내게서 지나가게 하옵소서 그러나 나의 원대로 마옵시고 아버지의 원대로 하옵소서"〈신약성경 마태복음〉 기독교는 순교를 가장 많이 겪은 종교다. 예수가 십자가 형틀에 매여 순교하는 장면을 이렇게 기록하고 있다. "제 구시쯤에 예수께서 크게 소리 질러 이르시되 엘리 엘리 라마 사박다니 하시니 이는 곧 나의 하나님 나의 하나님 어찌하여 나를 버리셨나이까 하는 뜻이라… 예수께서 다시 크게 소리 지르시고 영혼이 떠나시니라"〈신약성경 마태복음〉 그리고 성경의 다른 부분에서는 '다 이루었다'는 말씀을 하였다고 하며〈요한복음〉 또 자신을 못 박으라고 한 사람들을 용서하는 기도를 하는 장면도 나온다.〈누가복음〉 예수 사후에 초기 기독교에서는 유명한 스데반이라는 집사의 순교 사건이 있었다.

스데반이 성령 충만하여 하늘을 우러러 주목하여 하나님의 영광과 및 예수께서 하나님 우편에 서신 것을 보고 말하되 보라 하늘이 열리고 인자가 하나님 우편에 서신 것을 보노라 한 대 그들이 큰 소리를 지르며 귀를 막고 일제히 그에게 달려들어 성 밖으로 내치고 돌로 칠 새 증인들이 옷을 벗어 사울이라 하는 청년의 발아래 두니라 그들이 돌로 스데반을 치니 스데반이 부르짖어 이르되 주 예수여 내 영혼을 받으시옵소서 하고 무릎을 꿇고 크게 불러 이르되

지혜만찬

주여 이 죄를 그들에게 돌리지 마옵소서 이 말을 하고 자
니라

<신약성경 사도행전>

스데반은 예수가 하나님인 것을 공개적으로 증언하다가 돌에 맞아
죽는다. 그도 예수의 마지막 순간처럼 용서하는 기도를 하며 순교했
다. 예수의 마지막은 영혼이 떠났다고 한 반면 스데반의 경우에는 잔
다고 표현하고 있다. 잠에 들었다는 말에는 기독교에 고유한 영생을
믿는 신앙이 내포되어 있다고 볼 수 있고, 영혼이 떠났다는 말은 죽
음을 암시하는데 예수는 십자가 위에서 처형된 지 삼일 만에 부활하
여 죽음을 이긴 첫 사례로 설명된다.

공자께서 말씀하셨다 지사와 인인은 생명을 구하려고 인
을 해치는 일이 없고 자신을 죽여서 인을 이루는 경우는
있다 (殺身成仁)

<논어 위령공>

살신성인이란 인이라는 대의명분을 위해서 자신을 희생한다는 뜻
이다. 인이 무엇이냐는 제자의 물음에 공자께서는 사람을 사랑하는
것이라고 답한 적이 있다.<논어 안연편> 그러므로 살신성인은 곧 내
몸을 죽여서 남을 사랑한다는 의미가 된다. 맹자도 이와 비슷한 말씀
을 한다.

생명도 내가 원하는 바요 의도 내가 원하는 바이지만 둘 다
취할 수 없다면 목숨을 버리고 의를 취할 것이다(舍生取義)

〈맹자 고자상편〉

목숨을 버리고 의를 취한다는 사생취의는 살신성인과 같은 맥락이
다. 맹자는 인보다는 주로 의에 대하여 말씀하였다. 그래서 유교의
핵심교리를 인에 의를 더하여 '인의'(仁義)라고 한다. 자신을 죽여서
인을 이룬다든지 목숨을 버리고 의를 취한다는 이 말씀은 인과 의라
는 큰 명분을 위해서 자신의 목숨을 희생한다는 것이다. 대의를 위해
희생하는 것은 현세적 유익으로는 설명할 수 없는 영성의 차원에서
이해되는 현상이라고 해야 할 것이다.

공자께서 말씀하셨다 맹지반은 공을 자랑하지 않는다 패
주하면서 군대 후미에 처져 있다가 장차 도성문으로 들어
가려고 할 적에 말을 채찍질하며 내 감히 용감하여 뒤에
있는 것이 아니요 말이 앞으로 나아가지 못하여 뒤에 처졌
을 뿐이다라고 하였다

〈논어 옹야편〉

맹지반은 노나라 대부다. 후퇴하는 전쟁터에서 맨 뒤에 있으면서
자신이 용감해서가 아니라 말이 느려서 그랬다고 핑계를 댄다. 말을
탔으면 남보다 먼저 도망갈 수 있었을 터인데 그는 일부러 맨 뒤에

지혜만찬

섰던 것이다. 공자는 자랑하지 않는 예로서 맹지반의 행위를 칭찬하였지만 다른 사람을 위해서 스스로 목숨을 잃을 위험한 상황을 감수하는 행위는 희생하는 모습이다. 그리고 그것은 자랑하지 않는다는 사실을 주목한다. 남을 위해 희생했다고 하면서 자랑으로 드러내려고 한다면 그 희생은 지혜가 되지 못한다. 지혜는 자랑하는 순간 날아가 버리기 때문이다. 그래서 공자는 맹지반이 자랑하지 않음을 칭찬하였을 것이다.

> 또 무리에게 이르시되 아무든지 나를 따라오려거든 자기
> 를 부인하고 날마다 제 십자가를 지고 나를 따를 것이니라
> 누구든지 제 목숨을 구하고자 하면 잃을 것이요 누구든지
> 나를 위하여 제 목숨을 잃으면 구원하리라
>
> 〈신약성경 누가복음〉

목숨을 구하고자 하면 잃고 잃으면 찾는다는 말씀은 생사를 초월하는 말씀이다. '생즉사 사즉생'(生卽死 死卽生)이라는 우리에게도 익숙한 말씀인데 세상적인 목숨을 구하려고 하늘의 명을 저버리면 영적인 목숨을 잃게 되고 하나님을 위하여 세상적인 목숨을 희생하면 구원, 즉 영적인 목숨을 얻게 된다는 뜻이다. 세상적인 목숨을 잃으면 모든 것이 끝이라고 믿는 사람에게는 이해될 수 없고 영원에 대한 소망이나 내세에 대한 믿음이 없이는 깨달을 수 없는 영성의 세계다. 십자가를 진다는 것은 희생이다. 그 희생에 대한 보상은 구원이라고

말씀하고 있지만 현실에서 우리가 누리는 구원의 징표는 바로 평안이다. 희생은 남을 위해서 내가 받을 손해를 감수하고 고통을 참아낸다. 세상적으로 판단한다면 일방적인 희생은 어리석은 짓이다. 나만 손해 보는 일이라고 한다면 억울한 생각이 먼저 든다. 그러나 영성을 발휘하여 무엇이든 희생을 각오한다면 우리가 예상하지 못했던 평안이 찾아든다. 그런 것이 신비다. 이러한 신비가 마력처럼 작용하고 있기 때문에 인간의 역사에는 희생이 끊이지 않고 일어났다.

부모가 보여주는 자식에 대한 희생은 숭고한 사랑의 대명사로 통한다. 그래서 하나님이 인간에게 베푸는 사랑도 부모의 사랑에 비유되어 표현된다. 자식에 대한 숭고한 헌신은 다시 자식의 부모에 대한 순종으로 이어진다. 그래서 부모에 대한 효도를 희생에 대한 보답으로 모든 종교에서 강조하고 있다. 기독교에서는 십계명 중 제 오계명이 부모에 대한 효도다. 일계명에서 사계명까지는 하나님을 섬기는 계율이고 오계명부터 십계명까지가 사람을 섬기라는 계명이다. 사람을 섬기는 첫째 계명이 부모에게 효도하라는 명령이다. 불교에는 부모의 희생을 기리는 〈부모은중경〉이라는 경전이 있다. 이 경전은 중국에서 유교의 영향으로 형성된 경전이라고 알려져 있는데 여기에서 부모가 자식을 낳아 기르는 열 가지 은혜를 말씀하고 있다.

첫째 어머니가 자신의 몸은 돌보지 않고 자식을 품는 은혜, 둘째 산모가 죽음을 각오하고 아이를 낳는 은혜, 셋째 아이를 낳은 후에 자식이 병들지 않을까 노심초사하는 은혜, 넷째 쓴 것은 자신이 삼키고 단 것은 자식에게 먹이는 은혜, 다섯째 진자리 마른자리를 살펴서 자식이 병에 들지 않도록 살피는 은혜, 여섯째 젖을 먹여 기르는 은혜, 일곱째 손발이 부르트고 닳도록 자식을 씻기는 은혜, 여덟째 자식이 먼 길을 떠날 때 염려하는 은혜, 아홉째 자식이 나쁜 짓을 했을 때 그 나쁜 일까지 감당하는 은혜, 열째 세상을 떠날 때까지 자식을 연민하고 사랑해주는 은혜다.

유교는 부모에 대한 효도를 가장 중요한 실천교리로 삼고 있으며 모든 가르침이 '효(孝)'로부터 시작된다. 이처럼 종교에서는 부모의 희생을 승화시켜서 인간과 신의 관계를 표상하는 상징으로 삼는다. 그래서 기독교는 하나님을 아버지 하나님이라 부르며, 불경에도 부처를 아버지라고 부른 예가 있고, 유교에서는 하늘이 사람을 낳았다고 말한다.

희생은 여러 가지 형태로 나타나지만 남을 위한 것이라야 본래의 의미를 찾을 수 있다. 자신을 위한 희생은 끝없는 욕망의 연속에서 벗어나지 못한다. 내 자식이나 내 부모만을 위한 것이라면 종교적으로 의미를 찾기 어렵다. 그 희생이 영성의 본질로서 의미를 가지려면 남을 위한 희생으로 승화되어야 한다. 맹자는 이점을 이렇게 말씀한다.

내 노인을 공경해서 남의 노인에게 미치며 내 아이를 사랑
해서 남의 아이에게 미치면 천하를 손바닥에 놓고 움직일

수 있다

<맹자 양혜왕상편>

이 말씀은 정치는 어떻게 하여야 하는가를 묻는 양혜왕에게 한 대답이다. 공자와 맹자는 현실정치에 직접 참여했다. 인과 의를 실현하는 일을 하늘로부터 부여받은 사명으로 알고 덕치(德治)를 펴려고 노력하였지만 현실에서는 성공하지 못했다. 그러나 그 사상은 종교적인 믿음이 되어 유교라는 큰 종교를 형성하는 기초가 된다. 여기서는 남의 부모를 생각하고 남의 자식을 생각하면 정치는 저절로 이루어진다고 말씀하고 있다 거칠고 고달프기만 한 것 같은 세상살이가 그래도 살 만하다고 느껴지는 이유는 누군가의 남모르는 희생이 있기 때문이라는 사실은 동서고금을 막론하고 진리다.

3) 평안

종교인이든 아니든 누구든지 행복하고 평안하기를 기원한다. 세상이 험악해질수록 그런 바람은 더 절실해진다. 희생은 원치 않을지라도 평안만은 간절히 바라는 바다. 평안은 행복감과 다르다. 행복은 늘 불행과 짝지어 오니 마냥 행복할 수만 없는 것이 인생이다. 그래서 행과 불행을 여러 번 겪다 보면 덧없고 허무하다는 생각에 젖게 된다.

지혜만찬

여호와여 나의 종말과 연한이 언제까지인지 알게 하사 내
가 나의 연약함을 알게 하소서 주께서 나의 날을 한 뼘 길
이만큼 되게 하시매 나의 일생이 주 앞에서는 없는 것 같
사오니 사람은 그가 든든히 서 있는 때에도 진실로 모두가
허사 뿐이니이다 진실로 각 사람은 그림자같이 다니고 헛
된 일로 소란하며 재물을 쌓으나 누가 거둘지는 알지 못하
나이다

<구약성경 시편>

헛된 일로 소란하게 지내다 보면 저도 모르게 고요한 평안을 그리
게 된다. 그리고 그것은 얼마큼 희생을 감수할 때 누릴 수 있으리라
고 어렴풋이 짐작한다. 남에게 지고는 못 산다거나 손해 보고는 못
산다고 하는 이들은 늘 계산을 하고 경계해야 하니 긴장감에 마음이
편치 않다. 희생이란 내려놓음과 같다. 내 몫을 먼저 챙겨야 한다는
강박관념과도 같은 불안을 떨쳐버리는 것이다. 내려놓으면 비로소
가질 수 있다는 말은 역설이다. 허사뿐인 것 같은 인생길에 거친 광
야도 아름다운 밭이 되고 숲이 될 수 있다.

마침내 위에서부터 영을 우리에게 부어주시리니 광야가
아름다운 밭이 되며 아름다운 밭을 숲으로 여기게 되리라
그때에 정의가 광야에 거하며 공의가 아름다운 밭에 거하
리니 공의의 열매는 화평이요 공의의 결과는 영원한 평안

과 안전이니라

〈구약성경 이사야〉

위에서부터 오는 영을 받으면 의롭고 공평함에 화평과 영원한 평안이 깃든다. 인간에게는 이기심이라는 원죄가 있기 때문에 저절로 공평하기를 기대하기가 어렵다. 실질적으로 공평함이란 모든 사람이 조금씩 손해도 감수한다는 마음을 가질 때 이루어질 수 있다. 그리고 부족하다고 느끼는 부분은 하늘이 채워 주리라고 믿는 것이 신앙이다. '내 잔이 넘치나이다'는 고백은 영성으로 느끼는 만족감이다. 이스라엘의 위대한 왕 다윗은 여호와 하나님 안에서 누리는 평안을 이렇게 노래한다.

여호와는 나의 목자시니 내게 부족함이 없으리로다
그가 나를 푸른 풀밭에 누이시며 쉴만한 물가로 인도하시는도다
내 영혼을 소생시키시고 자기 이름을 위하여 의의 길로 인도하시는도다
내가 사망의 음침한 골짜기로 다닐지라도 해를 두려워하지 않을 것은
주께서 나와 함께 하심이라 주의 지팡이와 막대기가 나를 안위하시나이다
주께서 내 원수의 목전에서 내게 상을 차려 주시고

기름을 내 머리에 부으셨으니

내 잔이 넘치나이다

내 평생에 선하심과 인자하심이 반드시 나를 따르리니

내가 여호와의 집에 영원히 살리로다

〈구약성경 시편〉

여호와의 집은 성전을 말하나 천국에 비유할 수 있다. 그곳에 영원히 산다는 것은 영혼이 만족을 누리는 새로운 세상이다. 그것은 한번 마시면 영원히 목마르지 않는 샘물과도 같다.

예수께서 대답하여 이르시되 이 물을 마시는 자마다 다시 목마르려니와 내가 주는 물을 마시는 자는 영원히 목마르지 아니하리니 내가 주는 물은 그 속에서 영생하도록 솟아나는 샘물이 되리라

〈신약성경 요한복음〉

세상의 행복은 다시 목마르는 샘물이고 예수가 주는 물은 영원히 목마르지 않는 샘물이다. 그 물이 평안이다. 그것은 세상이 줄 수도 없고 알 수도 없는 것이다. 사도 바울은 이렇게 말씀한다.

주 안에서 항상 기뻐하라 내가 다시 말하노니 기뻐하라 너희 관용을 모든 사람에게 알게 하라 주께서 가까우시니라

아무것도 염려하지 말고 모든 일에 기도와 간구로 너희 구
할 것을 감사함으로 하나님께 아뢰라 그리하면 모든 지각
에 뛰어나신 하나님의 평강이 그리스도 예수 안에서 너희
마음과 생각을 지키시리라

<신약성경 빌립보서>

하나님의 평강이란 평안의 다른 이름이다. 마음이 흔들리거나 생
각이 혼란하면 근심과 두려움이 일어난다. 그럴 때 기도와 간구로 구
할 것을 감사함으로 아뢰라고 권면한다. 감사할 조건은 각자 믿음의
분량대로 생각하기에 달렸다. 하나님의 평강은 궁극적으로 구해야
할 기도 제목이다.

육신의 생각은 사망이요 영의 생각은 생명과 평안이니라

<신약성경 로마서>

핍박받는 로마 교인을 향한 바울의 격려이다. 영의 생각이란 영성
인데 종교적으로 판단한다면 영성이 없으면 생명 없는 삶이요 평안
을 모르는 삶이다. 살아있으나 진정한 삶이 아니라고 본다. 내 생명
은 천하와도 바꿀 수 없는 귀중한 것이라고 예수가 말씀했다. 영의
생각이 생명이라고 할 때 그것은 세속적 의미가 아닌 영적이고 영원
한 생명이다.

불교에서의 평안은 모든 집착에서 벗어나고 생사를 초월하는 해탈

한 상태인 열반이라고 할 수 있다. 그리고 그 경지에서는 모든 것이 무상함을 깨닫게 된다.

> 그때에 만자자가 부처님께 사뢰었다 세존이시여 온갖 법이 모두가 실제로 있는 것이 아니라면 보살들이 보시바라밀다를 닦은 때에 무엇을 버리나이까 아무것도 버릴 것이 없느니라 아무것도 버릴 것이 없다면 이 보살들이 위없는 정등보리를 증득할 때에 무엇을 얻나이까 온갖 법에서 얻을 바가 없으며 아무것도 손해될 것이 없느니라 왜냐하면 온갖 법이 허깨비 요술쟁이 같기 때문이니라 마치 공교한 요술쟁이나 그의 제자들이 네거리에서 여자를 변해 냈는데 그 여자가 홀연히 아기를 배고 다시 잠깐 사이에 아기를 낳고 또 잠깐 사이에 그 아기가 죽었다면 네 뜻이 어떠하냐 그 여자가 아기를 낳았을 때에 기뻐하거나 죽었을 때에는 근심하는 일이 있겠느냐 그 여자나 아기가 모두 허깨비로 있는 것이어서 실제로 나고 죽음이 없거늘 누가 누구에게 기쁨과 근심을 품겠습니까 그렇다 네 말이 옳다
>
> 〈대반야경 보시바라밀다품〉

버릴 것도 없고 얻을 것도 없다는 말은 공사상이다. 모두가 허깨비로 있는 것이어서 실제로 나고 죽음도 없다고 깨닫는다면 기쁨도 없고 근심을 품을 일도 없다. 공자가 말씀한 '근심이 없고 두려움이 없

다'는 상태이다. 예수도 '너희는 마음에 근심하지도 말고 두려워하지도 말라'고 말씀했다. 예수나 부처나 공자가 말은 조금씩 달라도 세상사는 동안 너무 걱정하지 말고 평안하라고 독려하고 있다. 그러나 원치 않는 근심과 두려움은 늘 따라다닌다. 부처가 언급한 삶과 죽음을 넘나드는 경지는 보통 사람들이 도달하기는 너무 멀어 보인다. 영성으로 살아가는 영적 세계는 현실을 넘어서는 단계인데 얼마나 수행해야 그 경지를 이룰 수 있는지 알기 어렵다. 부처는 자신이 체득한 깨달음의 경지를 이렇게 말씀한다.

> 너희들은 마땅히 알라 나는… 욕계의 악을 떠나는 데서 생기는 기쁨과 즐거움이 있는 경지를 얻고[初禪] 안으로 고요하여 어지러운 생각도 세밀한 생각도 없고 정(定)에서 생기는 기쁨과 즐거움이 있는 경지를 얻었으며[二禪] 기쁨까지도 떠나 모든 것을 버리고 구함이 없이 바른 지혜와 바른 생각이면서 버림·바른 생각·의식의 즐거움이 있는 경지를 얻고[三禪] 모든 기쁨과 괴로움을 멸하여 외롭지도 않고 즐겁지도 않아서 청정한 즐거움이 있는 경지를 얻었다[四禪]
>
> 〈장아함경 유행경〉

임종이 가까워 비구들에게 설하신 말씀인데 초선으로부터 사선에 이르는 선정의 과정을 설명한다. 초선에서 욕망을 벗어나고, 이선에서 고요의 경지를 얻고, 삼선에서 모든 것을 내려놓은 바른 생각으로 즐거움을 얻고, 사선에서는 그런 즐거움까지도 초월한 청정한 즐거움을 얻었다고 한다. 기쁨과 괴로움을 멸하여 외롭지도 않고 즐겁지도 않은 청정한 즐거움이 평안을 말씀한다. 이 단계가 열반인데 부처가 깨우친 열반은 특별히 구분해서 반열반 또는 대반열반이라고 부른다.

유교 경전인 〈대학〉에는 중요한 '삼강령'과 '팔조목'에 관한 규정이 나온다. 대학이란 말 그대로 큰 학문이고 삼강령은 큰 학문을 이루기 위한 세 가지 목표이다.

> 대학의 도는 밝은 도를 밝히며 백성을 친하게 하며 지극한 선에 머묾에 있다… 밝은 덕을 천하에 밝히려는 사람은 먼저 나라를 잘 다스리고 나라를 잘 다스리려면 집안을 바르게 하고 집안을 바르게 하려면 몸을 닦고 몸을 닦으려면 마음을 바르게 하고 마음을 바르게 하려면 뜻을 성실히 하고 뜻을 성실히 하려면 지혜를 궁구하는 것이니 지혜를 궁구히 함은 사물을 직접 탐구하는 데에 있다 사물이 탐구된 후에 지혜가 이르고 지혜가 이른 후에 뜻이 성실해 지고 뜻이 성실한 후에 마음이 바르게 되고 마음이 바른 후에 몸이 닦이고 몸이 닦인 후에 집안이 바르게 되고 집안이 바른 후에 나라가 다스려지고 나라가 다스려진 후에 천하가 평안해 진다
>
> 〈대학〉

삼강령이란 명명덕(明明德), 친민(親民), 지어지선(止於至善)이고 첫 번째가 밝은 덕을 밝힌다는 '명명덕'이다. 그 과정이 팔조목(八條目)인데 격물(物格), 치지(致知), 성의(誠意), 정심(正心), 수신(身修), 제가(齊家), 치국(治國), 평천하(平天下)의 8가지이다. 마지막 단계가 천하를 평안케 하는 '평천하'다. 평안한 천하는 유교에서 상상하는 유토피아다. 그것은 격물치지에서 시작하며 사물을 탐구하여 지혜를 궁구한다는 뜻이다. 평안은 결국 지혜를 궁리하고 추구함에서 시작하며 곧 '지혜 너머 평안'이라는 말로 이해된다. 여기에 이르는 8단계는 그대로 수련과정이고 정진이다.

4. 정진

1) 노력

무슨 일이든 노력하지 않고서 되는 일은 없겠지만 초월적 신비라고 하는 영성이 단순히 노력으로 이루어지는지 확인해 볼 문제다. 그것도 성품의 하나이기 때문에 소질의 차이는 있을 것이다. 부처는 정미롭고 둔탁함의 차이를 말씀했다. 이 점에 대해서 공자는 이렇게 말씀한다.

> 어떤 사람은 나면서부터 알고 어떤 사람은 배우면서 알고 어떤 사람은 어려움을 겪으면서 알기도 하지만 그 안다는 데 이르러서는 한가지이다 혹은 편안하게 행하며 혹은 이롭게 여기며 행하고 혹은 힘써 노력하며 행하나니 그 성공에 미쳐서는 한 가지이다
>
> 〈중용〉

여기서 '안다'(知)는 의미는 하늘의 뜻, 즉 도를 아는 영성의 지혜를 말한다. 그것을 타고난 사람도 있고 배워서 아는 사람도 있으며 어려움을 겪고 경험을 통해서 아는 사람도 있다. 그 시작과 경과는 다르지만 다 같은 지혜라고 한다. 타고난 사람은 행하기가 쉬울 것이고, 경험으로 터득하는 사람은 어려움을 겪을 수도 있겠지만 성취한다는 점에서는 차이가 없다는 말씀이다. 그리고 자신도 생이지지자(生而知之者) 곧 '나면서부터 지혜로운 사람'이 아니라고 한다.〈논어 술이편〉 어떤 면에서는 좋은 소질을 타고나서 쉽게 깨우친 사람보다 역경을 견디며 보잘 것없는 능력을 갈고닦아 공을 이룬 사람이 더 큰 감동일 수 있다.

> 공자께서 말씀하셨다 성과 인으로 말하면 내가 감히 자처할 수 없다 그러나 성과 인을 행하기를 싫어하지 않았고 그것을 남에게 가르치기를 게을리하지 않았다고 말할 수 있을 뿐이다
>
> 〈논어 술이편〉

성(聖)과 인(仁)이라고 할 때 성은 인의 상위개념이면서 하늘을 의식한 언급이다. 그러므로 성과 인은 하늘을 섬기고 사람을 섬기는 일이라고 할 수 있다. 그 일을 싫증내지 않았고 남에게 가르치고 전파하는 데 게으르지 않았을 뿐이라는 겸양을 보인다. 또 이런 말씀을 한다.

　　　　　　　　　　　　　지혜만찬

남이 한 번에 잘하면 나는 백 번을 하고 남이 열 번에 잘하
면 나는 천 번을 한다

〈중용〉

소질을 타고나지 못한 사람이라면 남보다 백배의 노력을 하면 된다
는 격려가 담겨 있다. 이만한 노력을 할 수 있는 정성이라면 이루지
못할 일이 없을 것이다. 백배의 노력이 성패를 가른다. 발명의 천재
라고 불리는 어느 과학자는 자신의 천재성을 1퍼센트의 영감과 99퍼
센트 노력의 결과라고 말했다. 공자의 말씀을 실천한 듯하다. 불경에
도 비슷한 말씀이 나온다.

그때에 구수 선현이 부처님께 아뢰었다… 세존이시여 이
와 같이 간략히 포섭하는 반야의 미묘한 법문은 근기가 영
리한 보살이어야 깨쳐 들어갈 수 있으리이다 부처님이 말
씀하셨다 근기가 영리한 이거나 중간의 근기를 지닌 이거
나 근기가 무딘 이거나 간에 모두가 이와 같은 법의 문에
깨쳐 들어가서 막힘도 없고 걸림도 없나니 모든 보살로서
근기가 정해지거나 정해지지 않은 이거나 간에 마음을 오
로지 하여 배우면 모두가 깨쳐 들어갈 수 있느니라

〈대반야경 방편선교품〉

구수는 존자나 장로와 같은 뜻으로 높은 자에 대한 경칭이고 선현

은 제자 수보리다. 수보리는 불교의 핵심교리인 공사상을 제일 잘 안다고 하여 해공제일이라는 별칭을 듣는 제자인데 그런 그가 근기에 대하여 의문을 갖는다. 불법은 어려운데 뛰어난 소질이 없어도 도를 깨우칠 수 있겠는가 하는 생각으로 부처에게 물었다. '근기'(根機)는 사람의 소질을 말하며 상근기, 중근기, 하근기가 있다고 한다. 누구나 소질에 차이는 있겠지만 공자의 가르침과 같이 부처도 노력만 하면 깨칠 수 있다고 말씀하고 있다. 상근기라고 자만할 일이 아니고 하근기라고 실망할 필요도 없다. '오직 마음을 오로지하여 배우면 모두가 깨쳐 들어갈 수 있느니라.' 지혜는 타고나기보다는 노력이 큰 작용을 하는 것 같다. 사도 바울은 나의 믿음을 본받으라고 할 만큼 신앙에 자신감을 갖고 있었지만 자신도 여전히 노력하는 과정 중에 있을 뿐이라고 말씀한다.

> 내가 이미 얻었다 함도 아니요 온전히 이루었다 함도 아니라 오직 내가 그리스도 예수께 잡힌 바 된 그것을 잡으려고 달려가노라 형제들아 나는 아직 내가 잡은 줄로 여기지 아니하고 오직 한 일 즉 뒤에 있는 것은 잊어버리고 앞에 있는 것을 잡으려고 푯대를 향하여 그리스도 예수 안에서 하나님이 위에서 부르신 부름의 상을 위하여 달려가노라
>
> 〈신약성경 빌립보서〉

하나님이 주시는 상은 구원의 확신이고 믿음이다. 그리고 그 확신

과 믿음이 삶 속에서 발휘되는 모습은 평안으로 나타난다. 바울은 자신이 그러한 경지를 이루었다고 자만하지 않았으며 앞을 향하여 계속 정진할 뿐이라고 한다.

> 그런즉 너희가 어떻게 행할지를 자세히 주의하여 지혜 없는 자같이 하지 말고 오직 지혜 있는 자같이 하여 세월을 아끼라 때가 악하니라
>
> 〈신약성경 에베소서〉

지혜로운 자가 되도록 정진하라는 당부다. 부처는 자신의 치열했던 정진의 과정을 비구들에게 자세히 설명한다.

> 어느때 부처님께서 사위국 기수급고독원에 계시면서 여러 비구들에게 말씀하셨다 나는 두 가지 법을 의지하고 살았다 어떤 것이 둘인가 모든 착한 법에 대해 아직 만족한 일이 없었고 악한 법 끊는 일에서 멀리 떠나지 못하였다 착한 법에 대해 일찍이 만족한 일이 없고 악한 법 끊는 일에서 일찍이 멀리 떠나지 못하였기 때문에 살이 빠지고 힘줄이 드러나고 뼈가 불거졌지마는 끝끝내 노력을 그치지 않았다 그래서 방편으로 꾸준히 노력하면서 섣불리 만족하는 일 없이 언제나 즐거이 더욱 나아가 윗길로 윗길로만 올라갔다 그렇게 꾸준히 노력하였기 때문에 아뇩다라삼먁

삼보리를 빨리 얻었느니라

〈잡아함경 이법경〉

아뇩다라삼먁삼보리는 산스크리트어의 음역이며 무상정등각으로 번역되고 최상의 깨달음이라는 말이다. 부처도 꾸준히 노력해서 그러한 경지를 이루었다는 말씀이다. 부처라는 명칭은 '붓다'의 한역으로 깨달은 자라는 보통명사다. 그 부처를 고유명사로 고착시킨 장본인이 선한 일에서 만족함을 알지 못했고 악한 일에서 멀리 벗어나지 못했다고 하며 그래서 더욱 노력하였다고 한다. 부처가 팔십 세의 일생을 마치며 제자들에게 마지막 유훈으로 남긴 말씀도 게으름 피우지 말고 정진하여 수행을 완수하라는 당부였다.〈장아함경 유행경〉 불교에는 네 가지 기본적인 진리라고 하는 사성제(四聖諦)와 불도를 달성하기 위한 팔정도(八正道)라는 가르침이 있다. 사성제는 고제(苦諦), 집제(執諦), 멸제(滅諦), 도제(道諦)의 네 가지로, 인생은 고해이며 그 고통은 집착에서 생기고 이 집착을 끊어야 열반에 들 수 있으며 마지막으로 열반에 들 수 있는 도가 있다는 것이다. 팔정도는 이 도를 터득하기 위해서 힘써야 할 여덟 가지 덕목을 말한다.

바른 견해(正見)로 사물을 바르게 관찰하여 거짓은 거짓으로 진리는 진리로 보고 바른 생각(正思惟)으로 고뇌로부터 해탈하였으며 바른 말(正語)로 거짓말 욕하는 말 이간질하는 말 두가지 말 등을 하지 않고 바른 행동(正業)으로 살생

이나 도둑질 사음 등의 악한 행위를 하지 않고 바른 생활
(正命)이란 뜻으로 잘못된 생활을 버리고 이웃과 사회에
이익된 생활을 영위하였다 또 바른 노력(正精進)으로 모든
사악을 끊고 모든 선을 키우려 노력하였고 바른 의지(正
念)로 일념으로 수행하고 일념으로 생업에 열중하였으며
바른 선정(正定)으로 모든 욕망과 악을 끊고 조잡하고 미
세한 생각을 버리고 초선으로부터 이선 삼선 사선 공처 식
처 무소유처 비상비비상처 등을 지나 상지멸정에 이르러
해탈을 얻었다

〈장아함경 유행경〉

정견, 정사유, 정어, 정업, 정명, 정정진, 정념, 정정 이 여덟 가지
를 잘 수행하면 불도를 깨우치고 최고의 경지인 해탈을 얻을 수 있
다. 불교의 교리에는 불가사의한 내용이 많아서 어렵게 생각되지만
그 길에 이르는 방법은 현실적이고 구체적으로 제시되고 있다. 이 중
에 '바른 정진'(正精進)은 팔정도를 포괄하는 의미를 갖는다고 볼 수
있다. 정진이란 곧 실천이다. 그런데 어느 바라문이 이 팔정도가 모
든 수행의 끝이냐고 묻는 장면이 나온다.

이때에 다시 홍광 바라문이 이렇게 말하였다… 고오타마
여 진실로 내 마음을 아시나이다 이 팔정도는 중생으로 하
여금 모두 멸하게 할 수 있습니까 그때에 세존께서는 잠자

코 대답하지 않으셨다 바라문이 말하였다 고오타마여 이
미 나의 마음을 아시면서 내가 지금 묻는 것은 무슨 연고
로 잠자코 대답하지 않나이까 이때 교진여가 말하였다 대
바라문이여 만일 세상의 갓이 있고 갓이 없음을 물으면 여
래께서는 항상 잠잠하시고 대답하지 않으시느니라 팔정도
는 곧은 것이요 열반은 항상한 것이니 팔정도를 닦으면 곧
멸진함을 얻으려니와 닦지 아니하면 얻지 못하느니라

〈대반열반경 교진여품〉

대신 대답하는 교진여는 부처의 제자인 최초의 다섯 비구 중의 하
나다. 부처가 대답하지 않은 뜻은 수행은 이론에 그쳐서는 이룩될 수
없고 새상 끝이 있는지 따지는 것은 공론일 뿐이라는 깨달음을 주기
위함이다. 그런 것 따질 시간에 가서 수행하라는 묵언의 충고다. 이
바라문이 하고 싶은 말은 그렇게 해도 안되는 경우에는 어떻게 해야
하느냐는 것인데, 그렇지 않기를 바라지만 노력해서 안 되는 일도 있
을 것이다. 그러나 미리 염려해서 노력을 게을리하면 될 일도 안되는
수가 있으니 즐거이 행하였으면 평안히 하늘의 뜻을 기다림이 순리
일 것이다.

예수, 부처, 공자는 태어나면서부터 하나님의 아들이고 깨달은 자
이고 아는 자라고 이해하면 이 성인들이 정진했던 진정한 삶의 모습
을 잃어버리는 것이다. 날마다 사람들을 찾아다니며 복음을 전하고
병을 고치며 하나님 나라를 선포하고 마지막에는 겟세마네 동산에 올

지혜만찬

라 핏방울을 떨구듯 땀을 흘리면서 기도하던 예수, 살이 빠지고 힘줄이 드러나고 뼈가 불거졌지만 노력을 그치지 않았던 부처, 평생에 누구보다 더 열심히 학문하고 가르치기를 게을리하지 않았다고 자처하는 공자를 통해서 어떻게 정진하여 깨우쳤는지를 알아차려야 희망이 있다. 지혜가 말로는 쉬우나 그대로 실천하기는 참으로 어렵다. 공자는 특히 말만 잘하는 사람을 싫어했으며 그래서 이런 말씀을 한다.

군자는 말은 어눌하게 하고 행동은 민첩하게 하려고 한다
〈논어 이인편〉

우리가 배워야 할 것은 지혜는 물론 그것을 깨우치기 위한 노력이라고 해야 옳을 것이다. 노력만 하면 누구든 깨우칠 수 있다는 말씀이 공통된 가르침이다. 불경에 부처가 제자 가섭에게 어리석은 선성이라는 제자에 대하여 설하는 재미있는 일화가 있다.

선남자여 내가 어느 때 왕사성에 있을 적에 선성이 나에게 시중들었는데 내가 초저녁에 제석천을 위하여 법을 연설하였다 제자의 도리가 스승보다 나중에 자는 법인데 선성은 내가 오래 앉아 있다고 마음으로 좋지 않은 생각을 하였다 그 시절에 왕사성에서 어린아이들이 울고 그치지 않으면 그 부모가 달래는 말이 네가 울음을 그치지 않으면 너를 박구라 귀신에게 주겠다고 하는 말이 있는데 선성이

그 말에 집착되어 내게 말하기를 빨리 선실에 들어가십시
오 박구라가 옵니다 하기에 어리석은 사람아 여래는 두려
움이 없는 줄을 너는 듣지 못하였느냐고 하였느니라 그때
에 제석이 나에게 말하기를 세존이시여 저런 사람이 불법
중에 들어왔나이까 하기에 교시가여 이런 사람도 불법 중
에 들어온 것은 불성이 있어서 무상보리를 얻을 수 있는
연고니라 하였노라

〈대반열반경 가섭보살품〉

　부처의 시중을 들던 선성이라는 비구의 유치한 어리석음을 말하는
대목이다. 저런 사람이 불법 중에 들어왔나이까 하고 물으니 이런 어
리석은 사람도 불성이 있어서 정진만 한다면 무상보리를 얻을 수 있
다고 대답한다. 깨우침을 얻는 데 어려움이 있을지언정 불가능한 사
람은 없다. 공자도 같은 뜻으로 말씀한다.

　　하루라도 그 힘을 인에 쓴 사람이 있느냐 나는 힘이 부족
　　한 사람을 아직 보지 못하였다 아마도 그런 사람이 있을
　　터인데 내가 아직 보지 못하였나보다

〈논어 이인편〉

　유교의 최고 이상인 인을 깨닫고 실천하는 일을 능력이 부족해서
못하는 사람은 없다는 말씀을 완곡하게 표현하고 있다. 아마 있을 터

지혜만찬

인데 나는 아직 보지 못했다는 말씀은 겸사로 표현하면서 강한 부정의 뜻을 나타낸다. 능력이 문제가 아니라 노력을 해야 한다는 지적이다. 맹자는 자신도 성인의 경지를 이루어야 한다는 뜻으로 이런 말씀을 한다.

> 군자는 종신토록 하는 근심은 있어도 하루아침의 걱정거리는 없다 근심하는 바로 말하면 순임금도 사람이며 나도 사람인데 순임금은 천하에 모범이 되어서 후세에 전할 만하시거늘 나는 아직도 향인에 머물고 있으니 이는 근심할 만한 일이다
>
> 〈맹자 이루하편〉

종신토록 하는 근심이란 예를 들면 어떻게 천하를 평안하게 할 수 있을까 하는 종류이고 하루아침의 걱정거리란 내 한 몸을 위한 소소한 것이다. 향인은 촌사람이라는 말이다. 순임금은 성인으로 추앙받는 존재인데 맹자는 자신도 그러한 경지를 이루어야 한다는 소망을 보인다. 호연지기를 가지고 있다는 맹자의 기개를 볼 수 있는 대목이면서 한편 누구든지 성인의 경지에 이를 수 있고 또 그래야 한다는 정진의 정신을 표현한다. 정진은 나의 의지로 스스로 해야 하는 것이다.

가미니여 나는 너에게 묻노니 너는 아는 대로 대답하라 만일 한 마을에 어떤 남녀가 게을러서 정진하지 않고 그러면

서도 악한 법을 행하여 십악법을 지었다고 하자 그럼에도
불구하고 여러 사람들이 그를 위하여 합장하고 축원했다고
해서 그들이 천상에 날 수 있겠느냐 아닙니다 세존이시여

〈중아함경 가미니경〉

누가 나를 대신해서 정진해 줄 수 없다. 그리고 올바른 진리를 위한 노력이어야 한다. 진리란 절대적으로 지켜야 할 대명제이지만 지혜의 문으로 들어서지 않으면 위험할 수 있다. 각 종파의 근본주의나 종교라는 이름으로 떠도는 이단 사설들은 저마다 진리를 찾았다고 주장하며 특이한 정진의 모습을 보이지만 그 편협성은 지혜와 한참 거리가 먼 어리석음을 보이는 경우가 많다.

2) 믿음

예로부터 누구에게든지 죽음이 이르지만 사람은 믿음이
없으면 제대로 설 수가 없다

〈논어 안연편〉

정사를 도모하는데 마지막까지 지켜야 할 것은 무엇이냐는 자공의 물음에 공자가 한 대답이다. 믿음(信)이 다른 무엇보다 중요하다는 말씀이다. 이때 믿음은 신의나 신뢰와 같은 뜻인데 사람에 대한 신의나 하늘을 향한 신뢰라고 할 수 있다. 제대로 '선다'(立)는 말은 천명을 따

지혜만찬

르는 인간의 도리를 갖춘다는 의미로 이해된다. 죽음을 당할지라도 지켜야 할 믿음이라면 그것은 종교적 차원으로 설명되어야 한다. 희생을 속성으로 하는 지혜는 쉽사리 접근하기가 어렵지만 그것을 가능하게 하는 요인을 종교적으로 표현하면 '믿음'이라고 할 수 있다. 믿음은 절대자와 하나이고자 하는 마음이다. 예수는 이렇게 말씀한다. "나와 아버지는 하나이니라"〈신약성경 요한복음〉 절대적 존재가 나를 알아주고 이끌어준다는 믿음이 있다면 근심이나 두려움도 사라질 것이다.

> 두려워하지 말라 내가 너와 함께 함이라 놀라지 말라 나는
> 네 하나님이 됨이라 내가 너를 굳세게 하리라 참으로 너를
> 도와주리라 참으로 나의 의로운 오른손으로 너를 붙들리라
> 〈구약성경 이사야〉

이스라엘 민족이 바빌론에 포로로 잡혀가 있을 때 이 민족에게 하나님이 준 구원의 메시지이다. 하나님이 함께하리라 나를 도우리라는 믿음은 절망 속에 있던 이스라엘 민족이 살아갈 수 있는 힘이었다. 전지전능한 절대자에 대한 믿음만 확실하다면 근심이나 두려움은 극복될 수 있다. 공자는 탄식하며 이런 말씀을 한 적이 있다.

> 공자께서 말씀하셨다 나를 알아주는 사람이 없구나 자공
> 이 말하였다 어찌하여 선생님을 알아주는 사람이 없다고
> 하십니까 공자께서 말씀하셨다 하늘을 원망하지 않으며

사람을 탓하지 않고 아래로 사람의 일을 배워서 위로 천리
를 통달하니 나를 알아주는 이는 하늘이실 것이다
〈논어 헌문편〉

공자는 일생동안 도를 깨우쳐 주고 인을 가르치려고 애썼지만 제대
로 알아주는 사람이 없다는 말씀을 하면서 세상은 모를지라도 하늘
이 인정해 주고 있다는 믿음을 보인다. 불경에는 믿음을 신심(信心)
이라 하며 이렇게 설명한다.

문수보살이 현수보살에게 수행하던 좋은 공덕을 묻자 게
송으로 답했다
신심은 도의 근본이고 공덕의 어머니라 일체의 선한 법을
길러내고
의심의 그물 끊고 애정을 벗어나 열반의 위없는 도 열어
보이네
신심은 때가 없어 마음이 깨끗 교만을 멸제하고
공경의 근본 법광의 첫째가는 재물도 되며
청정한 손이 되어 모든 행 받네
신심은 보시 잘해 인색치 않고
신심은 환희하게 불법에 들고
신심은 지혜 공덕 증장케 하며 여래 지위 이르게 하네
〈화엄경 정행품〉

지혜만찬

신심이 없이는 도를 깨우칠 수 없고 지혜를 터득할 수 없다. 불교는 기본적으로 깨우침의 종교로 이해되지만 정성스럽게 기도하는 신심에 대한 강조는 지나침이 없다.

> 믿음은 바라는 것들의 실상이요 보이지 않는 것들의 증거니 선진들이 이로써 증거를 얻었느니라… 믿음이 없이는 하나님을 기쁘시게 하지 못하나니 하나님께 나아가는 자는 반드시 그가 계신 것과 또한 그가 자기를 찾는 자들에게 상 주시는 이심을 믿어야 할지니라
>
> 〈신약성경 히브리서〉

종교인들이 바라는 삶의 궁극적인 목표는 천국이고 극락이며 하늘인데 그것들은 보이지 않는다. 은밀하게 감춰져 있는 세계이기 때문이다. "우리가 주목하는 것은 보이는 것이 아니요 보이지 않는 것이니 보이는 것은 잠깐이요 보이지 않는 것은 영원함이라"〈신약성경 고린도후서〉 믿음만이 그 증거가 될 뿐이다. 예수가 전도여행 중에 맹인 거지를 만나 치료하는 장면이 성경에 나온다. "예수께서 이르시되 네 믿음이 너를 구원하였느니라 하시니 그가 곧 보게 되어 예수를 길에서 따르더라"〈신약성경 마가복음〉 맹인을 치료한 능력은 물론 하나님의 역사이지만 그 능력을 믿은 맹인의 믿음이 그를 구원했다는 말씀이다. 그러므로 천국이나 극락이나 하늘은 믿음이 있는 사람에게만 그 존재를 드러낸다고 할 수 있다. 앞서 믿음이 없이는 설 수 없

다는 공자의 말씀은 천명을 전하는 계시가 아닐 수 없다. 지혜는 천국에 이르는 계단이고 그것은 믿음으로 쌓여간다. 믿음이 없이 종교적 지혜가 생길 수 없고 그 도움 없이 진리의 세계인 하늘나라에 올라갈 수 없다. 하나님을 믿는다는 것은 첫째 하나님의 존재를 인정하는 것이고 둘째는 자기에게 오는 사람을 상 준다는 사실을 믿는 것이다. 하나님이 주는 상이 지혜이고 지혜로운 삶 속에 찾아오는 평안이다. 이런 믿음이나 신심이 영성 안에서 일어난다. 그러므로 영성, 믿음, 지혜, 평안은 동의어처럼 서로 뜻이 연결된다. 예수는 또 이런 말씀을 한다.

> 너희는 마음에 근심하지 말라 하나님을 믿으니 또 나를 믿
> 으라 내 아버지 집에 거할 곳이 많도다 그렇지 않으면 너
> 희에게 일렀으리라 내가 너희를 위하여 처소를 예비하러
> 가노니 가서 너희를 위하여 거처를 예비하면 내가 다시 와
> 서 너희를 내게로 영접하여 나 있는 곳에 너희도 있게 하
> 리라
>
> 〈신약성경 요한복음〉

믿음이란 이런 영적인 말씀을 실상이라고 믿는 것이다. 하늘이 알아준다는 믿음, 신심으로 해탈하여 극락에 이를 수 있다는 믿음, 하나님의 집에 거할 곳이 많고 그곳에 갈 수 있다는 믿음, 이러한 믿음을 영성 안에서 세워나가는 노력이 정진이다.

한편, 종교를 떠나서 절대적 존재에 대한 믿음이나 신심이 없이도 지혜에 이를 방법이 있다는 주장이 가능하다. 명상이나 자기수련 등을 통하여 경건한 삶을 사는 사람도 있기 때문이다. 그들 또한 베풀기도 하며 때로는 희생을 감수하기도 한다. 이른바 휴머니즘이나 영성 자체를 종교처럼 신봉하는 것이다. 영성 자체에 의미를 두는 것으로 네오샤머니즘이나 뉴에이지운동 같은 예들이 있다. 휴머니즘은 일반적으로 인문주의라고 번역되며 그 내용은 인간주의 또는 인본주의라고 할 수 있다. 그런데 이런 주의는 예수, 석가, 공자의 깨달음과 유사한 측면이 있다. 세 성인의 깨달음도 인간성에 대한 새로운 각성이라고 볼 수 있으며 그런 면에서 휴머니즘의 원류가 이들 성인에게서 나왔다고 해석할 여지도 있다. 특히 공자의 가르침은 인간을 중심으로 하늘을 설명하는 경향이 강해서 인본주의라고 해도 이상하게 들리지 않는다. 하지만 현재 우리가 경험하는 휴머니즘이 영성이 빠져 있는 인간주의라고 한다면 세 성인의 가르침은 영성이 기반이 되는 인간주의다.

> 그러므로 회개에 합당한 열매를 맺고 속으로 아브라함이 우리의 조상이라고 생각하지 말라 내가 너희에게 이르노니 하나님이 능히 이 돌들로도 아브라함의 자손이 되게 하시리라
>
> 〈신약성경 마태복음〉

선지자 세례요한이 동족인 이스라엘 민족을 향해 일갈한다. 회개에 합당한 선한 행위가 있어야지 하나님에게 선택받은 민족이라는 타고난 믿음만으로는 안된다는 말씀이다. 영국의 한 통계에서는 무종교인 가정의 아이가 종교인 가정의 아이들보다 더 윤리적이라는 조사결과를 발표한 적이 있다. 이런 상황이라면 종교적이라는 것이 허구라는 주장이 나올 만하다. 믿음생활도 지혜로와야 한다. 그리고 지혜는 모든 사람에게 열려있다.

> 그는 지혜의 창을 통하여 들여다보고 지혜의 문전에서 귀를 기울인다 그는 지혜의 집 가까이에 거처를 마련하고 지혜의 벽에 말뚝을 박는다 그가 지혜 곁에 천막을 치니 좋은 거처에서 살리라
>
> 〈가톨릭성경 집회서〉

믿음은 험한 인생살이에 좋은 거처를 마련해 주고 지친 영혼을 위로하며 다시 일어설 수 있는 희망을 불어넣는다. 우리는 믿음의 생명샘 곁에 심겨진 한 그루 나무와 같은 존재면 좋겠다. 아무것도 걸친 것 없이 무심히 서 있는 겨울나무라도 괜찮다. 그 안에 움트는 생명만 붙어있다면 더 바랄 게 없으리라.

지혜만찬

6장

에필로그

1. 일장춘몽

내 나이가 얼마 못되니 우리 조상의 나그네 길의 연조에
미치지 못하나 험악한 세월을 보냈나이다

〈구약성경 창세기〉

이스라엘 열두 지파의 조상이 되는 야곱이 가나안 땅에 정착하지
못하고 아들 요셉이 기회가 되어 이집트로 이주해 왔을 때 왕 파라오
앞에서 한 말이다. 그의 나이 100세가 훨씬 넘었다. 험악한 세월이
란 말에서 사연 많은 인생의 고달픔이 전해진다. 지혜를 단순하게 통
찰력이라고 한다면 종교적 지혜는 영적 통찰력이다. 그리고 그 핵심
은 삶과 죽음에 대한 해석이다. 죽으면 영면에 든다는 표현은 모두에
게 위로가 되는 말이기는 하지만 솔직한 감정을 표현하지 못하고 비
켜가는 방편일 뿐이다. 그런 방편 중에 인생을 일장춘몽과 같은 한바
탕 꿈이라고 하는 말도 듣기에 편하기는 하다. 도교 경전이라고 할
수 있는 〈남화경〉에 보면 꿈속에서 나비가 되어 훨훨 날아다니다가
꿈을 깨고 난 후에 자신이 꿈속에서 나비가 된 것인지 아니면 나비가

지혜만찬

자기로 살아가는 꿈을 꾸고 있는 것인지 분간할 수 없다는 이야기가 나온다.

언젠가 장주는 나비가 된 꿈을 꾸었다 즐겁게 훨훨 날아다니면서 자신이 장주라는 사실을 알지 못했다 그러다 문득 깨어보니 틀림없는 장주였다 도대체 장주가 꿈에 나비가 된 것인가 아니면 나비가 장주가 된 것인가 장주와 나비 사이에는 반드시 구분이 있을 터인데 이것을 일러 물화(物化)라고 한다

〈남화경 제물론〉

주는 장자의 이름이다. '호접몽'(胡蝶夢)이라는 이 예화는 나와 세상 사물이 구분될 수 없다는 물아일체를 의미하기도 하고 한편 인생이 꿈처럼 무상함을 말하기도 한다. 이 이야기를 영성이라는 측면에서 진전시켜 보면 이 세상에 잠깐 존재하는 나와 죽음 이후에도 영원히 존재하는 나는 어느 쪽이 진정한 나인가 하는 의문을 가져 볼 수 있다. 물론 죽음 후의 나는 실체적이라고 할 수는 없고 상상 속의 존재라고 해야 할 것이다.

삶과 죽음은 동전의 양면이다. 삶 속에 죽음의 그림자가 있고 죽음 속에 삶의 흔적이 남는다. 부처는 모든 삶의 과정은 다 지나가고야 마는 것이니 머뭇거리며 인생 일대를 보내지 말고 착한 업을 닦아 깨달음의 경지를 얻으라고 말씀한다.

부처님은 미륵보살과 하늘사람과 여러 대중들에게 이렇게 말씀하셨다… 인간은 애욕 속에서 혼자서 태어났다가 혼자서 죽어간다 곧 자신이 지은 선악의 행위에 따라 괴로움과 즐거움의 경계에 이른다 자신이 지은 행위의 과보는 그 누구도 대신하여 받아 줄 이가 없느니라 착한 일을 한 사람은 좋은 곳으로 악한 일을 저지른 사람은 나쁜 곳에 태어난다 태어난 곳은 다를지라도 그 과보는 당초부터 기다리고 있으므로 그는 혼자서 과보의 경계로 가는 것이니라 멀리 떨어진 다른 세계로 따로따로 가버리기 때문에 이제는 서로 만날 길이 없으니 이는 선악의 행위 결과로 제대로 태어나는 것이니라 한번 헤어지면 그 가는 길이 서로 다르므로 다시 만나기는 너무도 어렵다 이는 선악의 행위의 결과에 따라 태어나기 때문이다 그럼에도 어째서 사람들은 세상의 지저분한 일을 버리지 못하고 심신이 건강할 때 부지런히 착한 업을 닦아 생사가 없는 깨달음의 경지에 이르려고 하지 않는가 무엇 때문에 사람들은 길을 찾지 않는가 도대체 이 세상에서 무엇을 바라고 있단 말인가 어떠한 즐거움을 꿈꾸고 있는 것일까 이와 같이 세상 사람들은 선한 일을 하면 반드시 선한 과보가 오고 도를 닦으면 꼭 깨닫게 된다는 사실을 믿지 않는다 그들은 선악에 대한 인과의 도리를 믿지 않고 세상에 그런 게 어디 있느냐고 한사코 믿으려 들지 않는다 이렇기 때문에 비뚤어진 소견을

지혜만찬

가지고 있으면서도 자기는 바른 소견을 가졌다고 내세운 다… 나고 죽는 일은 하나의 상식으로 변함없이 이어가는 것이다 부모는 자식을 여의고 통곡하며 자식들은 부모를 잃고 운다 형제와 부부도 서로 죽는 것을 슬퍼한다 나이의 많고 적음에 관계없이 언제 누가 먼저 죽을지 모르는 것은 무상의 본질이다 모든 것은 다 지나가는 것 뿐 늘 그대로 있는 것은 아무 것도 없다… 이렇게 머뭇머뭇하는 사이에 인생 일생을 마치게 된다

〈불설무량수경(하)〉

일장춘몽처럼 스쳐 지나는 인생은 고락을 다 겪은 후에 그가 쌓은 업에 따라 좋은 곳으로 혹은 나쁜 곳으로 간다. 무상한 인생을 무상하게 보내지 않으려면 살아있는 동안 선한 업을 많이 지으면 된다는 말씀이 윤리성을 나타내는 실용적인 상상이다. 생사가 없는 깨달음의 경지란 영원에 속하는 세계라고 할 수 있다. 사랑했던 가족의 죽음으로 당하는 고통은 무상의 본질이라고 해도 그런 말로 위로가 되기에는 이생에서 맺는 인연의 줄이 너무나 질기다. 비명에 간 자식을 가슴에 묻고 사는 부모의 마음을 무슨 말로 위로할 것인가. 예수는 이런 말씀을 한다. "아버지나 어머니를 나보다 더 사랑하는 자는 내게 합당하지 아니하고 아들이나 딸을 나보다 더 사랑하는 자도 내게 합당하지 아니하며"〈신약성경 마태복음〉 합당하지 않다는 말은 함께 천국에 살기 어렵다는 의미로 해석된다. 부모 자식보다 하나님을

먼저 생각하고 이 세상 인연에 너무 매이지 않아야 천국에 들어가기
가 수월하다는 말씀으로 들린다. 무상한 세상을 떠나 영원의 세계로
들어가는 과정이 종교에서 제시하는 수행의 길이기는 하지만 거기로
들어서기가 보통의 심성으로는 너무나 힘들다.

사람은 존귀하나 장구하지 못함이여 멸망하는 짐승 같도다
〈구약성경 시편〉

영원의 세계를 꿈꾸지만 그 길을 찾을 수 없어 이러한 탄식이 나온
다. 천하보다 귀하다고 하는 인생은 죽음과 더불어 끝이 나는지 아니
면 새로운 세상이 시작되는지 아무리 알려고 해도 알 수가 없고, 아
마도 모든 사람이 했을 풀리지 않는 물음이다. 언제쯤 확실한 답을
알 수 있을지 짐작도 할 수 없다. 불경에 죽음에 관한 재미있는 대화
가 나온다.

마하가섭에게 폐숙이라는 바라문이 환생과 인과응보가 없
다고 생각하는데 가섭의 주장은 어떠한가고 물었다 가섭
은 열두 가지 비유로써 환생과 인과응보가 있음을 설득시
켰다 해와 달은 이 세상에 있는가 다른 세상에 있는가 다
른 세상에 있습니다 그러나 나는 다른 세상에 있다는 것을
믿지 않습니다 내 아는 사람이 죽을 때 저세상이 있으면
꼭 와서 나에게 알려주기로 했는데 죽은 지 십 년이 넘어

도 소식이 없습니다… 선행을 하면 천당에 태어난다고 하
여 지극한 마음으로 선행을 하고 죽었는데 아직까지 천당
에 가 났다는 말을 알려주지 않았습니다

〈장아함경 폐숙경〉

죽은 사람이 다시 와서 알려주지 않았다고 불평하는 모습이 천연덕
스럽다. 선업을 쌓으면 좋은 곳에 다시 태어난다는 부처의 말씀이 믿
기지 않은 모양이다. 죽은 사람을 만나는 일이 가능하려면 상상을 하
거나 꿈을 꾸는 수밖에 없다. 상상만으로 즐거움을 느끼고 또 괴롭기
도 하다. 상상이라는 작용은 신의 모상이라고 하는 인간에게만 허용
된 영역인지 모른다. 인류가 이 기능을 상실한다면 종교는 더 이상
존속하기가 어려울 것이다.

죽음을 어떻게 해석해야 하는지 대부분은 아는 듯 모르는 듯 체념
하며 지나간다. 죽음이 무엇인지 아는 사람은 이미 죽었으니 말할 수
없고 말을 하는 사람은 죽어보지 않았으니 진실을 알지 못한다. 나이
들어 체력이 소진되고 정신도 혼미해져서 이생에 미련도 없어지고
여한도 없이 죽음을 맞는 경우라면 사후세계에 대한 동경이나 기대
도 필요 없을지 모른다. 다만 살아남은 자들이 위안 삼아 고인에 대
한 이별의 아쉬움을 면하기 위해서 좋은 세상을 이야기하거나 영면
이라는 단어를 떠올린다. 한편으로 세상살이를 경험해볼 틈도 없이
어려서 죽거나 한창 젊은 나이에 갑자기 당하는 경우라면 훨씬 애통
하고 안타까운 상황이 벌어진다. 죽음 이후에 또 다른 세상이 없다고

한다면 그 허망함이란 형언하기도 어렵다.

아 죽음아 자기 재산으로 편히 사는 인간에게 아무 걱정도
없고 만사가 잘 풀리며 아직 음식을 즐길 기력이 남아있는
사람에게 너를 기억하는 것이 얼마나 괴로운 일인가 아 죽
음아 너의 판결이 궁핍하고 기력이 쇠잔하며 나이를 많이
먹고 만사에 걱정이 많은 인간에게 반항적이고 참을성을
잃은 자에게 얼마나 좋은가 죽음의 판결을 두려워하지 마
라 너보다 앞서간 자들과 뒤에 올 자들을 기억하라 그것은
모든 생명체에게 주어진 주님의 판결이다
〈가톨릭성경 집회서〉

앞서간 사람은 다 죽었고 뒤에 올 사람도 결국 같은 운명이니 두려
워할 일이 아니라는 의미 같은데 이 말로 위로가 된다면 다행이다.
듣는 이에 따라 해석은 제각각일 수 있겠으나 다른 이는 몰라도 나만
은 장차 가는 곳을 알고 싶은 것이 무의식중에 갖게 되는 물음이다.
이 세상에서 아무 일 없다는 듯이 사라져 버린다면 지나온 삶의 자취
들은 무엇이며 그동안 애지중지했던 것들은 또 무슨 소용인가.

지혜만찬

2. 상상

이스라엘 민족이 하나님과 소통하는 방법은 환상과 꿈이었다. 바
울도 환상 중에 하나님의 말씀을 들었다. 우리나라 인구의 절반 정도
가 종교인이고 믿는 사람 중에도 종교가 양분되어 갈린다. 죽음 해석
에 대하여 어느 편이 옳은지 알려줄 사람은 폐숙 바라문의 푸념처럼
죽었다가 다시 돌아온 사람뿐일 텐데 그런 경우는 인류사에 없었다.
이 문제는 과학이 첨단의 극치를 이루어서 생과 사의 비밀을 완전히
밝혀내기까지는 상상의 영역에서 벗어나기 어려울 것이다. 죽으면
천당이나 극락에 간다고 믿는 종교인도 오늘 죽기는 싫어한다. 사후
의 일은 상상의 세계이기 때문에 그렇다. 기독교에서는 장차 맞이할
내세를 '새 하늘과 새 땅'이라고 부르며 이렇게 묘사한다.

보라 내가 새 하늘과 새 땅을 창조하나니 이전 것은 기억
되거나 마음에 생각나지 아니할 것이라 너희는 내가 창조
하는 것으로 말미암아 영원히 기뻐하며 즐거워 할지니라

〈구약성경 이사야〉

영원한 기쁨과 즐거움이 있는 곳, 그곳은 천국이다. 거기에는 죽는
슬픔도 없고 아픈 고통도 없다고 상상한다. "모든 눈물을 그 눈에서
닦아 주시고 다시는 사망이 없고 애통하는 것이나 곡하는 것이나 아
픈 것이 다시 있지 아니하리니 처음 것들이 다 지나갔음이러라"〈신
약성경 요한계시록〉 슬픔과 고통이 없는 곳에서 영원히 살 수 있다면
짧게 지나가는 인생길에 미련을 둘 이유가 없다. 종교를 상상이라고
하면 그 의미를 훼손하는 일이 될 수도 있겠지만 상상은 단순히 허구
에만 머물지 않는다.

어느때 부처님께서는 사위국 기수급고독원에 계셨고 존자
아니룻다는 자기가 태어난 곳인 쿠시나가라에 있었다 그
때에 제석천과 범천 그리고 사천왕 및 오백 천자와 이십팔
귀왕은 존자 아니룻다에게 나아가 예배하고 찬탄하고 돌
아갔다 이때 마침 사발타라는 바라문도 아니룻다를 방문
하였는데 그는 머리를 조아려 예배한 뒤에 물러나 앉아서
는 아주 기이한 향기가 난다고 말했다 이에 아니룻다가 조
금 전에 제석천 등의 무리들이 다녀갔기 때문이라고 대답

하자 사발타는 어찌하여 자기 눈에는 그들이 보이지 않는
가 하고 물었다 그러자 아니룻다가 대답했다 너는 천안(天
眼)이 없기 때문에 제석천 범천 사천왕 오백 천자 이십팔
귀왕을 보지 못하는 것이다 만일 천안을 얻는다면 곧 그들
을 볼 수 있을 것이다

〈증일아함경 화멸품〉

아니룻다는 아나율이라고도 하며 부처의 십대 제자 중 하나다. 그
는 설법을 듣는 중에 졸았다고 부처로부터 꾸중을 듣고는 그 후에 잠
을 자지 않고 용맹정진하다가 실명을 한다. 그리고 육안을 잃은 대신
천상의 일을 꿰뚫어 보는 천안을 얻었다고 하여 천안제일이라는 별
명을 얻는다. 제석천 등의 무리는 실존인물이 아닌 천상에 거한다는
존재들이다. 그런 영적 존재를 천안이 없는 사발타 바라문은 보지 못
하고 아니룻다는 보았다고 한다. 천안은 종교적 상상력의 표현이다.
여기에 사발타 바라문은 보지는 못했지만 기이한 향기가 난다고 했
으니 그의 상상력이 전무했던 것은 아닌 모양이다. 공자도 그런 상상
력을 발휘한 적이 있다.

동네 사람들이 역귀를 쫓는 굿을 할 적에는 조복을 차려입
고 동쪽 섬돌 위에 서 계셨다

〈논어 향당편〉

논어 향당편은 공자의 일상생활을 설명하며 행동거지와 습관을 기록하고 있어서 평상시에 공자가 가지고 있던 의식세계를 엿볼 수 있다. 조복을 차려입었다는 것은 경건하게 예를 갖췄다는 말이다. 공자는 제자를 가르칠 때 귀신에 관한 일은 거의 말씀을 하지 않았다. 그런데 여기서는 잡귀나 다름없는 역신을 쫓는 굿에 정성스럽게 참여하는 모습을 보인다. 공자가 역귀의 실체를 믿었다고 보기는 어려울 것이고 마을 사람들의 공동 행사에 함께 어울리며 참여하려는 의도로 다른 사람들처럼 역귀를 상상하며 그와 관련된 행위인 굿을 인정한 것으로 이해된다.

사람은 누구나 어떤 종류든지 상상을 하며 산다. 그러나 지나치면 쓸모없는 공상이 되고 더 하면 해로운 망상이 되는 수가 있다. 상상이 실제상황으로 변하는 일은 과학의 세계에서 종종 경험한다. 요즘 가상현실이라는 산업이 유망한 사업으로 떠오르고 있다. 가상으로 만들어진 형상을 보고 실제는 아니지만 실제와 같은 체험을 가능케 하는 기술이다. 어찌 보면 종교현상도 비슷한 면이 있다. 당장 현실에 변화가 없더라도 마음으로 그리는 기쁨이나 위로를 받을 수 있다는 것이 종교의 속성이기 때문이다.

그런데 상상을 구별하지 못하고 곧 현실과 일치하는 것으로 착각하는 경우에는 심각한 문제가 발생할 수 있다. 종교에서 그런 현상이 종종 일어난다. 예전에 모월 모일에 최후의 심판이 있으니 세상 일을 다 정리하고 하늘나라로 올라갈 준비를 하라는 기독교 종파가 있었다. 여기에 휩쓸렸던 사람들은 일상이 파괴되고 삶은 폐허가 되어버렸다. 상상은 하더라도 좋은 느낌, 선한 생각으로 해야 한다.

상상력이 풍부할수록 인생도 풍성해진다. 지적 상상은 학문의 세계에서 큰 업적을 이루고 예술적인 상상은 감성을 자극하여 걸작을 만들어 내기도 한다. 그리고 영적 상상력이 뛰어난 인물들은 인류구원을 위한 위대한 유산을 남겼다. 종교는 참으로 위대한 상상이다. 인류가 긴 역사 속에서 쌓아온 문명이라는 산물은 상상력의 결과라고 해도 크게 틀린 말은 아닐 것이다.

불교에서 말하는 극락세계는 아미타불이 다스리는 천국이다. 서쪽지방에 있다고 하여 서방정토라고 부른다. 불자들이 소망하는 극락왕생은 바로 이 불국토에 들어가는 것이다. 그곳을 이렇게 묘사하고 있다.

> 법장보살은 이미 성불하여 지금 서쪽에 계신다 그 이름을 무량광불 혹은 무량수불이라 하며 그 나라는 여기서부터 십만억 번째에 있는데 그 부처님이 계시는 세계를 극락이라 하느니라… 그 불국토는 금 은 유리 산호 호박 자기마노 등 칠보로 되었고 너무 광대해서 끝이 없느니라 그 칠보는 서로 뒤섞이어 빛나기 때문에 눈이 부시다
>
> 〈불설무량수경(상)〉

법장보살은 아미타불이 부처가 되기 전의 이름이고 무량광불, 무량수불은 아미타불의 다른 이름이다. 법장보살은 48가지 서원을 빌

고 마침내 부처가 되었다고 하는데 그중 몇 가지를 보면 다음과 같다. '1.내 불국토에 삼악도의 불행이 있고 10.내 불국토에 태어나는 중생들이 번뇌의 근본이 되는 아집을 일으키고 25.내 불국토에 태어나는 보살이 누구든지 부처님의 온갖 지혜를 얻어 불법을 연설할 수 없다면 34.시방세계의 어떤 중생이나 내 이름을 듣기만 해도 보살의 무생법인과 깊은 지혜를 얻지 못한다면 48.다른 세계의 보살들로서 내 이름을 들은 이가 첫째 설법을 듣고 깨닫고 둘째 진리에 수순하여 깨닫고 셋째 나지도 않고 죽지도 않는 도리를 깨달아 부처님의 가르침에 물러나지 않게 되지 못한다면, 저는 결코 부처가 되지 않겠습니다.'〈불설무량수경(상)〉 이를 '법장보살의 48대원'이라고 한다. 중생을 구제하지 못한다면 부처가 되지 않겠다는 비장한 각오를 담은 선언문이다. 이런 자비심으로 아미타불이 되어 세운 나라가 극락이다. 기독교에서는 천국을 새 예루살렘에 비유하며 그 광경을 이렇게 기술하고 있다.

또 내가 보매 거룩한 성 새 예루살렘이 하나님께로부터 하늘에서 내려오니 그 준비한 것이 신부가 남편을 위하여 단장한 것 같더라… 그 성곽은 벽옥으로 쌓였고 그 성은 정금인데 맑은 유리 같더라 그 성의 성곽의 기초석은 각색 보석으로 꾸몄는데 첫째 기초석은 벽옥이요 둘째는 남보석이요 셋째는 옥수요 넷째는 녹보석이요 다섯째는 홍마노요 여섯째는 홍보석이요 일곱째는 황옥이요 여덟째는

녹옥이요 아홉째는 담황옥이요 열째는 비취옥이요 열한째
는 청옥이요 열두째는 자수정이라 그 열두 문은 열두 진주
니 각 문마다 한 개의 진주로 되어 있고 성의 길은 맑은 유
리 같은 정금이더라

〈신약성경 요한계시록〉

각종 보석으로 치장하는 모습이 극락세계와 유사하다. 최상의 것
으로 묘사하다 보니 비슷한 결과가 되었다. 유교에서는 불교나 기독
교와 같은 천국을 상상하지 않는다. "맹자가 말씀하였다… 성스럽고
알 수 없는 것을 신이라고 한다"〈맹자 진심하편〉 성스러워 알 수 없
는 존재란 다른 말로 하면 상상으로 가능한 세계라는 말이 되는데 그
래서 굳이 표현하려고 하지 않는 것이 유교의 성격이기도 하다.

상상만으로 현실을 살아갈 수는 없다. 그렇게 되면 정신이상이라
는 진단을 받게 될 것이다. 유명한 정신분석학자인 프로이트는 종교
를 정신이상의 일종인 '신경증'(노이로제)이라고 진단하기도 했다. 상
상은 현실이 아니지만 밀접한 상관관계를 갖는다. 어떤 상상을 하며
사느냐에 따라 운명이 달라진다. 인생살이는 먹고살기에 어렵고 근
심 걱정거리로 힘이 들어도 위대한 상상을 하면 평안이 찾아든다.

3. 영원

영적 통찰력인 종교적 지혜는 삶과 죽음의 경계를 넘어서는 영원에 대한 상상으로 인도한다. 상상을 하는 까닭은 우리가 입고 있는 육신의 삶이 무상하기 때문이다. 육신이라는 물질은 언젠가는 사라진다. 그 사라져가는 모습이 너무나 허망하고 험악하기도 하다.

부처님은 교진여에게 말씀하시었다 만약에 어떤 사람이 두골을 보고서 그 마음이 안정되지 않거나 즐거워하지 않는다면 이는 아직 조복을 못함이라 이미 조복하지 못하였고 또 해탈할 수도 없다면 저 사람은 그때 마땅히 시체 버린 숲에 나아가서 죽은 사람을 관찰하되 그 시체의 푸른 빛깔과 부풀어 오름과 피의 흩어짐을 보기도 하고 고름이 흘러서 군데군데 고임과 살 살갗이 허물어짐과 힘줄 맥이 서로 뒤바뀜과 새 짐승이 오고 가면서 빨아먹는 것을 보기도 하고 흰 뼈의 빛깔이 옥가루 같음과 해골이 턱에 섞임과 손발이 흩어짐을 보기도 하여서 이러한 모양을 보고는

지혜만찬

마음이 어느 곳에 즐거이 머무는가를 깊이 관찰해야 할 것
이며 관찰하여 알고 나서는 항상 모든 물질의 헐고 무너짐
이 이와 같다고 생각해야 하리라

〈방등대집경 일장분 정품〉

고대 인도에서는 시신을 숲속에 유기하는 일이 많았던 모양이다. 시체나 해골을 보고서 마음에 안정을 잃는다면 조복하지 못함이라 한다. 조복이란 마음을 제어함이다. 사람의 육신은 죽고 나면 여느 물질과 다름없이 썩고 허물어진다. 고대 이집트인들은 미이라를 만들어 육신의 소멸을 피해보려고 하였지만 흉물로 남은 모습은 허망함을 더할 뿐이다. 그래서 생전의 생생한 모습을 기억하며 헐고 무너짐으로 흔들리는 마음에 위안을 받으려고 물질 너머로 변함없이 존재하는 세계가 있다는 상상을 하게 된다.

영원히 살아계시는 분께서 만물을 함께 창조하셨다… 인
간의 수명은 기껏 백년이지만 영면의 시간은 누구도 헤아
릴 수 없다 바다의 물 한 방울과 모래 한 알처럼 인간의 수
명은 영원의 날 수 안에서 불과 몇 해일 뿐이다

〈가톨릭성경 집회서〉

영원의 날수를 얼마로 산정하고 있는지 모르지만 아마도 상상의 끝자락일 것이다. 그런데 상상의 한계도 고대인과 현대인에 차이가 있

다. 성경에 나오는 최초의 인간인 아담이 등장한 역사는 성경 상으로만 본다면 5천여 년 정도밖에 안 된다. 현대는 과학이 발전되어 우주의 나이를 백억 년 단위로 계산한다. 물론 성서의 나이는 신화적으로 해석되어야 하고 우주의 나이도 추정에 가깝기 때문에 피차 상상의 영역을 벗어나기는 어렵다. 그래서 정확한 비교가 어렵기는 하지만 한 가지 상상의 범위가 크게 확장되었다는 사실은 확인할 수 있다. 영원할 것 같은 이 우주도 몇십억 년 후에는 끝난다고 한다. 그런 점에서는 세상의 종말을 예언하는 기독교가 옳은 것 같지만 초기 기독교는 예수 사후에 곧 세상의 종말이 올 것으로 믿었다. 종말론이 없는 불교에서는 영원을 '겁'(劫)으로 나타낸다. 겁이란 길고 영원한 시간 단위를 말하는데 일정하지는 않지만 길게는 몇억 년으로 상상하기도 한다. 일설에는 사방 40리 되는 바위를 백 년마다 한 번씩 옷으로 스쳐서 그 바위가 닳아 없어지는 시간에 비유한다. 여기에 다시 영겁이라고 하면 가히 영원이라고 할 만하다. 유교에는 영원이라는 개념이 나타나지 않는다. 다만 변함없이 항상 존재하는 하늘을 상상한다. 인간의 영혼은 후손이나 후대인이 기억하는 만큼 존속한다고 할 수 있는데 소위 4대 봉사를 하는 조상은 그동안 만큼이 영원에 해당한다고 볼 수 있다. 불천위라고 하는 조상은 정해진 존속 기간이 없이 계속 제사를 받기도 한다. 그러므로 유교적으로 표현하면 영원이란 시간적 개념이라기보다는 잊혀지지 않는다는 '불망'(不忘)의 개념이라고 볼 수도 있다.

이 세상에 불과 몇 해를 사는 인간이 영원을 상상한다는 사실은 꿈

같은 일이다. 영원히 존재할 수 없다면 상상을 해서 무엇할까. 그것이 행인지 불행인지 모르지만 인간은 영원을 사모하며 산다. 그리고 덧없이 무상한 인생이 영원히 지속할 수 있는 방법을 찾는다.

우리는 이처럼 태어나자마자 사라져 버린 것 남에게 보일 만 한 덕의 형적 조차 남기지 못하고 악으로 우리 자신을 소모하였을 뿐이다 악인의 희망은 바람에 날리는 검불 같고 태풍에 흩날리는 가벼운 거품 같다 그것은 바람 앞의 연기처럼 흘러가 버린다 그러나 의인들은 영원히 산다 주님께서 그들에게 보상하시고 지극히 높으신 분께서 그들을 보살피신다

〈가톨릭성경 지혜서〉

의인들은 영원히 산다고 한다. 선한 삶을 사는 것이 영원을 사는 길이다. 그래서 대부분 종교에는 착하게 살라는 교훈이 핵심 교리를 이루고 있다. 예수가 '선생님 내가 무엇을 하여야 영생을 얻으리이까' 하는 물음에 답하는 장면이 성경에 나온다. 영생이란 영원한 생명이다. 누가복음 10장에서는 선한 사마리아인의 비유를 들면서 너희도 이같이 이웃에게 선행을 베풀라고 말씀하였고, 18장에서는 부자 청년에게 말씀하기를 가서 재산을 팔아 가난한 사람에게 나누어 주고 그리고 나를 따르라고 하였다. 인간이 만물의 영장이 될 수 있었던 요인이 여러 가지로 설명될 수 있겠지만 종교적 상상력에서 나온 윤

리성이 가장 중요한 요인으로 보인다. 과학적 두뇌와 이성의 판단력을 생각할 수 있지만 아마도 윤리성이 없다면 그러한 능력이 다 발휘되기 전에 스스로 파멸의 길로 나가게 될지 알 수 없다. 종교적 윤리성이 희박해지고 AI와 같은 과학이 극성하는 현대에 그러한 현상이 나타나고 있다는 경고가 자주 들린다. 영원에 대한 소망을 윤리성으로 연결시키는 발상이 종교가 전해주는 귀중한 메시지가 아닐까 생각한다.

> 지혜자도 우매자와 함께 영원토록 기억함을 얻지 못하나
> 니 후일에는 모두 다 잊어버린 지 오랠 것이니라 오호라
> 지혜자의 죽음이 우매자의 죽음과 일반이로다
>
> 〈구약성경 전도서〉

인생을 일장춘몽이요 허무라는 생각에 머문다면 선한 삶이나 악한 삶이라는 것도 별것이 아니고 지혜자나 우매자라는 차이도 별 의미가 없다고 할 수 있다. 인간이 선한 삶을 통해서 영원할 수 있다는 말씀도 사실인지 아닌지 알 수 없다. 그러나 그러한 상상을 하는 인생은 분명히 차이가 날 것이다.

> 악인이 이긴다는 자랑도 잠시요 경건하지 못한 자의 즐거
> 움도 잠깐이니라 그 존귀함이 하늘에 닿고 그 머리가 구름
> 에 미칠지라도 자기의 똥처럼 영원히 망할 것이라 그를 본

자가 이르기를 그가 어디 있느냐 하리라 그는 꿈같이 지나
가니 다시 찾을 수 없을 것이요 밤에 보이는 환상처럼 사
라지리라

〈구약성경 욥기〉

어떻게 살든지 인생은 이 세상에서 백 년을 넘기기 힘들다. 그런
인생을 아무 흔적도 없이 사라지게 한다면 굳이 백 년을 채울 필요도
없으리라. 먹고살기도 힘든 인생이라면 더욱 그럴 것이다. 인생살이
에 급급하고 심적으로도 고단한 형편이라면 위대한 상상을 해 보는
것이 도움이 될 터이고, 상상에 너무 빠져서 한쪽에만 올인하는 사람
이라면 현실의 문제에 더 충실해야 육신의 고달픔을 면할 것이다.

사람들이 사는 동안에 기뻐하며 선을 행하는 것보다 더 나
은 것이 없는 줄을 내가 알았고 사람마다 먹고 마시는 것
과 수고하고 낙을 누리는 그것이 하나님의 선물인 줄도 또
한 알았노라

〈구약성경 전도서〉

기쁜 마음으로 선을 행하며 살다 보면 먹고 마시는 문제는 하나님
이 선물로 해결해 주신다. 어느 전도자의 이 말씀은 무엇을 먹을까
무엇을 입을까 염려하지 말고 먼저 하나님의 나라와 의를 구하라는
예수의 말씀과 뜻이 통한다. 먹고사는 일이 내 능력이 아니고 하나님

의 선물인 줄 알면 감사하는 마음이 생기고 평안을 얻으니 선을 행할 여유를 가질 만하다.

> 그러므로 비구들이여 마땅히 이 나지도 않고 늙지도 않으
> 며 병들지도 않는 영원히 고요한 열반을 구하라
>
> 〈증일아함경 사의단품〉

　괴로운 생로병사의 인생길에서 벗어날 수 있는 방법을 상상한다. 그것이 열반이다. 열반은 영원히 고요하다. 바로 평안이 그 경지다. 그러나 현실에서 그것을 누리며 살기가 쉽지 않다. 세상의 온갖 염려가 가로막고 끝없는 욕망이 가만두지 않기 때문이다. 그래도 그런 상상을 하며 살면 그렇지 않은 경우보다 괴로움과 고단함이 덜할 것이다. 기독교에서는 선한 삶을 살다 죽으면 이후에 부활하여 천국에서 영원한 삶이 이어진다고 믿는다. 예수 당시에 천국에서의 생활이 어떠한지에 대하여 의문을 품는 사람이 많았던 것 같다. 그래서 어떤 이들이 천국 생활에 대하여 묻는 장면이 성경에 나온다.

> 선생님이여 모세가 일렀으되 사람이 만일 자식이 없이 죽
> 으면 그 동생이 그 아내에게 장가들어 형을 위하여 상속자
> 를 세울지라 하였나이다 우리 중에 칠 형제가 있었는데 맏
> 이가 장가들었다가 죽어 상속자가 없으므로 그 아내를 그
> 동생에게 물려주고 그 둘째와 셋째로 일곱째까지 그렇게

하다가 최후에 그 여자도 죽었나이다 그런즉 그들이 다 그
를 취하였으니 부활 때에 일곱 중의 누구의 아내가 되리이
까 예수께서 대답하여 이르시되 너희가 성경도 하나님의
능력도 알지 못하는 고로 오해하였도다 부활 때에는 장가
도 아니 가고 시집도 아니 가고 하늘에 있는 천사들과 같
으니라

<신약성경 마태복음>

천국의 생활은 천사와 같은 삶이 되리라고 말씀한다. 보통 그리운
사람이 죽으면 하늘나라에서 다시 만나자고 위안 삼아 말하지만 정
작 그곳에서는 이생에서 맺었던 인연이 별 상관이 없는 것처럼 보인
다. 하늘에 있는 천사들이 친인척 관계로 얽혀있다는 설정은 아무래
도 자연스럽지는 않다. 많은 사람이 나름대로 천국을 상상하며 살아
가지만 예수의 말씀으로 보면 오해의 소지가 있을 듯하다. 사도 바울
은 천국 생활을 이렇게 묘사한다.

하나님의 나라는 먹는 것과 마시는 것이 아니요 오직 성령
안에 있는 의와 평강과 희락이라

<신약성경 로마서>

먹고 마시는 일은 인생살이의 기본이다. 천국에서는 이런 먹고살
기에서 해방되어 평안과 즐거움을 누린다고 상상한다. 살아생전에

배고픔으로 고생한 사람이라면 매일 진수성찬으로 먹고 마시는 상상을 하겠지만 천국은 그런 게 아니라는 말씀이다. 상상의 내용은 종교마다 다를 수 있고 어쩌면 다른 것이 당연하기도 하다. 중요한 것은 그 내용보다는 상상 자체라고 할 수 있기 때문이다. 위대한 상상이란 결국 죽음을 어떻게 받아들이는가 하는 문제에 귀착된다.

> 공자께서 말씀하셨다 아침에 도를 들으면 저녁에 죽더라
> 고 괜찮다 (朝聞道 夕死可矣)
>
> 〈논어 이인편〉

요즘 유행하는 '웰다잉'을 일찍이 공자가 가르쳤다. 도가 무엇이기에 듣기만 하면 죽어도 좋다고 할까. 그렇게 좋은 도라면 누구든지 만사를 제쳐놓고 찾아야 할 일이다. 이 말씀은 도를 깨우치고 나면 언제든지 죽음도 평안하게 맞을 수 있다는 뜻으로 이해된다. 〈중용〉에 "천명(天命)을 성(性)이라고 하며 성을 따르는 것을 도(道)라고 한다"는 말씀이 나온다. 도란 천명을 따름이다. 하늘의 명령은 사람의 본성 안에 있으니 내 안에서 청정하게 울려오는 소리가 도다.

> 그러나 내가 혼자 있는 것이 아니라 아버지께서 나와 함께
> 계시느니라 이것을 너희에게 이르는 것은 너희로 내 안에
> 서 평안을 누리게 하려 함이라
>
> 〈신약성경 요한복음〉

예수가 잡히기 전에 마지막으로 제자들에게 한 말씀이다. 죽음이 임박한 상황에서 평안을 말씀한다. 그것은 '하나님과 함께'라는 믿음에서 나온다.

> 잠들지 못하는 사람에게 밤이 길고
> 피곤한 사람에겐 길이 멀고
> 바른 법을 모르는 어리석은 사람에게는 생사가 길다
>
> 〈법구경〉

생사가 길다는 말은 인생이 고달파진다는 뜻이다. 바른 법을 모르면 살기도 어렵고 죽기도 어렵다. 위대한 상상은 영원을 꿈꾸게 하고 고달픈 인생살이를 살만한 세상으로 변화시킨다. 그러나 상상은 자유라도 욕심이나 어리석음으로부터 나오면 위험하다. 공상이나 망상은 해를 끼치는 결과를 가져오기도 한다. 천국이 무엇이냐고 어디 있느냐고 찾아 헤매며 머뭇거리다 보면 인생 일대가 바람처럼 지나간다. 어떤 묘비명에 '우물쭈물하다가 내 이럴 줄 알았다.'는 글귀가 있다고 한다. 삶의 무상함을 경계하는 경전의 한 구절을 닮았다.

많은 재산과 자손을 거느리며 풍요롭고 안락한 삶을 살다가 어느날 느닷없이 이해할 수 없는 재난을 당하고서 감당하기 힘든 고통을 한탄하며 그 이유를 두고 하나님과 논쟁을 벌이던 욥이라는 인물이 성경에 나온다. 그는 고대 동방에서 의인으로 인정을 받던 인물이었다.

하지만 결국에 가서는 자신의 무지와 인간으로서 깨달음의 한계를
절감하고 이렇게 고백한다.

> 무지한 말로 이치를 가리는 자가 누구니이까 나는 깨닫지
> 도 못한 일을 말하였고 스스로 알 수도 없고 헤아리기도
> 어려운 일을 말하였나이다
>
> 〈구약성경 욥기〉

　스스로 알 수도 없고 헤아리기도 어려운 일이 인생살이가 아닌가
생각된다. 여러 해 경전을 뒤적이면서 나름 애써 보았지만 여전히 인
생살이도 위대한 상상도 여의치만 않다. 마음은 정함이 없이 쉬이 흔
들리고 평안은 멀어 보인다. 그래도 부지런히 정진하면 누구든 깨칠
수 있다는 말씀을 위안으로 삼고, 무지와 무능을 토로하는 욥의 고백
에도 무한 공감하면서, 이제껏 살아오며 지은 허다한 어리석음들을
얼마쯤 면해 보기를 바라는 마음으로 부족한 글을 맺는다.

　거칠고 험한 인생길을 함께 걷는 이 시대 님들에게 평안이 늘 함께
하소서.

　성호(聖號). 합장(合掌). 배(拜).

　　　　　　　　　　　　　　　　　　지혜만찬

인용경전

〈개역개정 성경전서(신약, 구약)〉 대한기독교서회

〈성경(가톨릭)〉 한국천주교주교회의

〈축역한국대장경〉 불교정신문화연구원

1권 아함부

2권 방등부

3권 반야부1

4권 반야부2

5권 법화부 열반부

6권 화엄부

7권 계율부

〈논어집주〉 학민문화사 영인본

〈맹자집주〉 학민문화사 영인본

〈중용장구〉 학민문화사 영인본

〈대학장구〉 학민문화사 영인본